21세기 지식 정보화 시대
대한민국의 IT 인재로 만드는 비결!

Digital Information Ability Test
워드프로세서
한글 (2022)

발 행 일 : 2024년 11월 01일(1판 1쇄)
I S B N : 979-11-92695-38-9(13000)
정　　가 : 17,000원

집　　필 : KIE 기획연구실
진　　행 : 김동주
본문디자인 : 앤미디어

발 행 처 : (주)아카데미소프트
발 행 인 : 유성천
주　　소 : 경기도 파주시 정문로 588번길 24
홈페이지 : www.aso.co.kr / www.asotup.co.kr

※ 이 책은 저작권법에 따라 보호를 받는 저작물이므로 무단 전재와 무단 복제를 금지하며,
   이 책 내용의 전부 또는 일부를 이용하려면 반드시 (주)아카데미소프트의 서면동의를 받아야 합니다.

MEMO

CONTENTS

PART 01 DIAT 시험 안내 및 자료 사용 방법

시험안내 01	DIAT 시험 안내	04
시험안내 02	DIAT 회원 가입 및 시험 접수 안내	06
시험안내 03	DIAT 자료 사용 방법	15

PART 02 출제유형 완전정복

출제유형 01	기본 문서 작성과 저장	26
출제유형 02	글맵시 및 문단 첫 글자 장식	32
출제유형 03	특수 문자 입력과 글자/문단 모양 설정	40
출제유형 04	머리말 삽입/쪽 번호 매기기	50
출제유형 05	다단 설정/글상자 입력	60
출제유형 06	다단 내용 입력과 한자/각주 입력	68
출제유형 07	그림 삽입과 쪽 테두리 설정	80
출제유형 08	표 작성	88
출제유형 09	차트 작성	98

PART 03 출제예상 모의고사

모의고사 01	제 01 회 출제예상 모의고사	110
모의고사 02	제 02 회 출제예상 모의고사	114
모의고사 03	제 03 회 출제예상 모의고사	118
모의고사 04	제 04 회 출제예상 모의고사	122
모의고사 05	제 05 회 출제예상 모의고사	126
모의고사 06	제 06 회 출제예상 모의고사	130
모의고사 07	제 07 회 출제예상 모의고사	134
모의고사 08	제 08 회 출제예상 모의고사	138
모의고사 09	제 09 회 출제예상 모의고사	142
모의고사 10	제 10 회 출제예상 모의고사	146
모의고사 11	제 11 회 출제예상 모의고사	150
모의고사 12	제 12 회 출제예상 모의고사	154
모의고사 13	제 13 회 출제예상 모의고사	158
모의고사 14	제 14 회 출제예상 모의고사	162
모의고사 15	제 15 회 출제예상 모의고사	166
모의고사 16	제 16 회 출제예상 모의고사	170
모의고사 17	제 17 회 출제예상 모의고사	174
모의고사 18	제 18 회 출제예상 모의고사	178
모의고사 19	제 19 회 출제예상 모의고사	182
모의고사 20	제 20 회 출제예상 모의고사	186

PART 04 최신유형 기출문제

기출문제 01	제 01 회 최신유형 기출문제	192
기출문제 02	제 02 회 최신유형 기출문제	196
기출문제 03	제 03 회 최신유형 기출문제	200
기출문제 04	제 04 회 최신유형 기출문제	204
기출문제 05	제 05 회 최신유형 기출문제	208
기출문제 06	제 06 회 최신유형 기출문제	212
기출문제 07	제 07 회 최신유형 기출문제	216
기출문제 08	제 08 회 최신유형 기출문제	220
기출문제 09	제 09 회 최신유형 기출문제	224
기출문제 10	제 10 회 최신유형 기출문제	228

※ 부록 : 시험직전 모의고사 3회분 수록

암 빅데이터

1. 암 공공 라이브러리

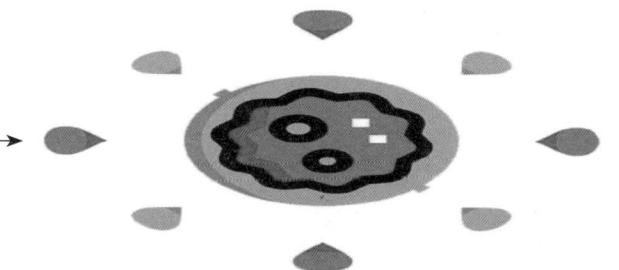

암 관리법에 근거해 중앙암등록본부에 등록된 암환자를 기준으로 국민건강보험공단 검진(檢診) 및 자격자료, 건강보험 심사평가원 청구자료, 통계청 사망자료와 새로운 결합한 암 중심 개방형 데이터이다. 암 진단 이전부터 치료, 생존(生存), 말기에 이르는 암 환자 전주기 분석을 목표로 하고 있으며, 신속한 암 관리 정책 수립, 질병(disease) 진단, 최적화 치료법, 헬스케어, 인공지능⊙ 등 암 환자 중심의 성과를 창출할 것으로 기대한다. 암 환자의 개인정보를 철저하게 보호하면서 연구자들에게 양질의 데이터를 제공(提供)해 보건의료 연구, 기술, 의료 발전에 기여하고, 국민 삶의 질 향상에 도움을 줄 수 있을 것을 기대되고 있다.

2. 암 조기 발견의 중요성

세계보건기구에서는 의학적인 관점으로 보았을 때 암 발생 인구는 1/3이 예방할 수 있고, 1/3은 조기 진단이 가능하다는 전제하에 완치까지 기대할 수 있으며, 나머지 1/3은 적극적으로 치료한다면 완화가 가능한 것으로 보고 있다. 물론 암을 예방하는 것이 가장 중요하지만 대부분 명확한 원인을 특정할 수 없어 예방하기 어려운 편이다. 따라서 조기에 발견하는 것이 높은 치료 성적을 얻을 수 있고 좋은 예후를 기대한다. 암의 조기 발견을 위한 주기적인 검진은 일반적으로 신체 또는 증상이 없는 상태에서 스스로 건강하다고 생각할 때 검사를 받음으로써 조기에 발견하여 적합한 치료을 하기 위함이다.

암 5년 상대 생존율(단위:%)

연도	남자	여자
2006	56.9	74.5
2011	63.1	78.3
2016	65.6	77.9
2021	66.1	78.2
평균	62.93	77.22

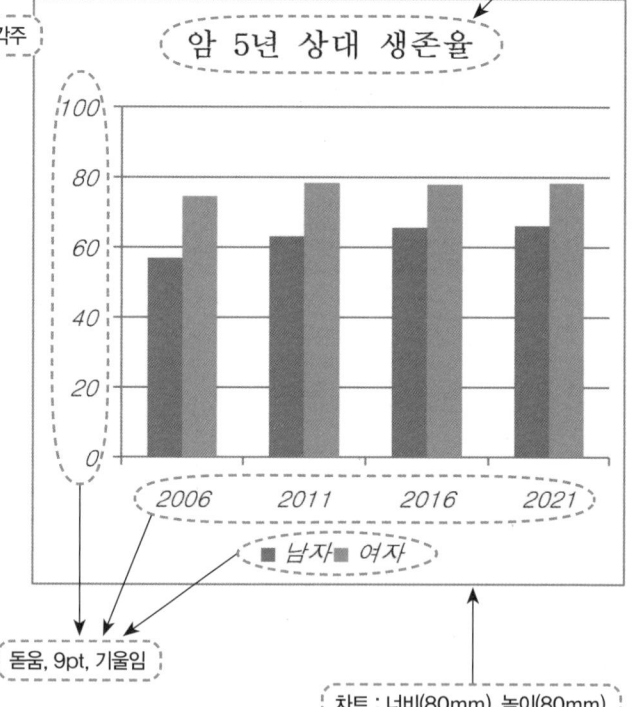

암 5년 상대 생존율

⊙ 인간의 인지, 추론, 판단 등의 능력을 컴퓨터로 구현하기 위한 기술 연구 분야 등을 총칭하는 용어.

PART 01

DIAT 시험 안내 및 자료 사용 방법

암병원데이터센터공동세미나

암진단 기술의 발달로 조기 진단율이 증가하고 있고, 치료 방법의 향상 등으로 무병 생존 기간이 증가하고 있는데, 이는 빅데이터의 활발한 활용이 있었기에 가능했습니다. 암 빅데이터 활용의 중요성을 알리고자 국립암센터에서는 암 빅데이터의 가치라는 주제로 지식 및 경험을 나누고 소통을 할 수 있는 공동세미나를 마련하였습니다. 암 빅데이터 분야에 *저명한 석학들의 특강*도 마련되어 있으니, 현대인들의 건강한 삶과 암 연구의 발전을 위해 여러분의 많은 관심과 참여를 부탁드립니다.

◆ 행사안내 ◆

1. 행사일시 : 2024년 9월 21일(토) ~ 9월 22일(일), 2일간
2. 행사장소 : 국가암데이터센터 미디어센터 별관 2층
3. 사전등록 : *2024년 9월 19일(목) 18:00까지 온라인으로 등록(http://www.ihd.or.kr)*
4. 참 가 비 : 암 빅데이터에 관심 있는 의료진, 데이터과학자, 일반 시민 모두 무료

※ 기타사항

- 행사 당일 오전 9시부터 현장 등록이 가능하며, 국내외 암 빅데이터 관련 서적 및 논문, 연구보고서 등을 볼 수 있는 부스를 마련하였으니 참고하십시오.
- 본 포럼은 국립암센터와 보건복지부, 한국보건의료정보원이 함께합니다.

2024. 08. 24.

국가암데이터센터

시험안내 01

PART 01 DIAT 시험 안내 및 자료 사용 방법

DIAT 시험 안내

☑ 디지털정보활용능력(DIAT) 시험 과목 및 합격 기준
☑ 디지털정보활용능력(DIAT) 검정 기준

1. 디지털정보활용능력(DIAT / Digital Information Ability Test)

- 컴퓨터와 인터넷을 이용한 정보가 넘쳐나고 사물과 사물 간에도 컴퓨터와 인터넷이 연결된 디지털정보시대에 기본적인 정보통신기술, 정보처리기술의 활용분야에 대해 학습이나 사무업무를 수행할 수 있도록 종합적으로 묶어 효과적으로 구성한 자격종목
- 총6개 과목으로 구성(작업식 5개 과목, 객관식 1개 과목)되어 1개 과목만으로도 자격취득이 가능하며 합격점수에 따라 초·중·고급자격이 부여
- 과목별로 시험을 응시하며 시험 당일 한 회차에 최대 3개 과목까지 응시 가능

2. 필요성

- 사무업무에 즉시 활용 가능한 작업식 위주의 실기시험
- 정보통신·OA·멀티미디어·인터넷 등 분야별 등급화를 통한 실무능력 인증

3. 자격 종류

- 자격구분 : 공인민간자격
- 공인번호 : 과학기술정보통신부 제2020-2호
- 등록번호 : 2008-0265

4. 시험 과목

검정과목	사용프로그램	검정방법	문항수	시험시간	배점
프리젠테이션	- MS 파워포인트 2021 - 한컴오피스 한쇼 2022	작업식	4문항	40분	200점
스프레드시트	- MS 엑셀 2021 - 한컴오피스 한셀 2022	작업식	5문항	40분	200점
워드프로세서	- 한컴오피스 한글 2022	작업식	2문항	40분	200점
멀티미디어제작	- 포토샵/곰믹스 for DIAT	작업식	3문항	40분	200점
인터넷정보검색	- 인터넷	작업식	8문항	40분	100점
정보통신상식	- CBT 프로그램	객관식	40문항	40분	100점

합격기준
- 고급 : 해당과제의 80% ~ 100% 해결능력
- 중급 : 해당과제의 60% ~ 79% 해결능력
- 초급 : 해당과제의 40% ~ 59% 해결능력

※ 검정 수수료 및 시험 일정은 www.ihd.or.kr 홈페이지 하단의 [자격안내]에서 확인할 수 있습니다.

디지털정보활용능력 한글 [시험시간 : 40분]

【문제】 첨부된 문제를 다음의 조건을 적용하여 문서를 작성하시오.

① 문서는 A4(210mm×297mm) 크기, 세로 용지 방향으로 작성한다.

② 페이지 여백은 아래와 같이 설정한다.

왼쪽	오른쪽	위쪽	아래쪽	머리말	꼬리말	제본
20mm	20mm	20mm	20mm	10mm	10mm	0mm

③ 아래와 같이 "자동 글머리 기호 넣기"와 "자동 번호 매기기" 기능을 해제한다.

> 도구 → 빠른 교정 → 빠른 교정 내용 → 입력 자동 서식 ⇒ 자동 글머리 기호 넣기(해제)
> 자동 번호 매기기(해제)

※ 만약 입력 자동 서식 메뉴가 없는 경우에는 "자동 글머리 기호 넣기"와 "자동 번호 매기기" 기능이 설정되어 있지 않은 것이므로 별도의 기능 해제 없이 그대로 시험에 응시하시면 됩니다.

④ 글자는 별도의 지시사항이 없는 한 **바탕, 10pt, 양쪽정렬, 줄간격 160%**로 작성한다.

⑤ 영문, 숫자 등은 별도의 지시가 없는 한 반각(1byte) 문자를 사용한다.

⑥ 특수문자는 문자표(전각 기호)를 이용하여 작성한다.

⑦ 교정부호 및 화살표로 기재된 지시사항대로 처리하되, ⌈⋯⋯⌉→ 은 지시사항이므로 작성하지 않는다.

⑧ 1페이지에 [문제1]을 작성하고, 구역을 나누어 2페이지에 [문제2]를 작성한다.

※ 해당 페이지에 작성하지 않거나 의도적으로 텍스트 작성을 하지 않은 경우 0점 처리

⑨ [문제2]는 문제지와 같이 2단으로 다단을 나누어 작성한다.

⑩ '그림 삽입' 시에는 반드시 "KAIT 수검 프로그램"을 통해 다운로드 한 그림 파일을 사용한다.

⑪ 총점 : 200점

[공통사항1(기본설정, 용지설정)] : 8점, [공통사항2(오탈자)] : 40점
[문제1] : 46점, [문제2] : 106점

⑫ 기타 특별히 지시되어 있지 않은 사항은 문제지에 준하여 작성한다.

5. DIAT 워드프로세서 검정 기준

과목	대분류	중분류	소분류	문제수
워드프로세서		스타일	1-1. 새 스타일 작성	2
			1-2. 스타일 편집	
		표	2-1. 표 작성/여백	
			2-2. 셀 나누기/합치기	
			2-3. 셀 배경/테두리	
			2-4. 블록 계산	
		차트	3-1. 차트 종류	
			3-2. 차트 속성	
			3-3. 차트 제목/범례	
		그림	4-1. 그림 삽입	
			4-2. 본문과의 배치	
			4-3. 그림 크기 수정	
		그리기	5-1. 개체 그리기	
			5-2. 개체 묶기/풀기	
			5-3. 본문과의 배치	
			5-4. 개체 색 채우기	
		기타	6-1. 용지 설정	
			6-2. 글상자 작성/속성	
			6-3. 글꼴/속성 변경(밑줄, 진하게, 기울임 등)	
			6-4. 한자/영문 변환	
			6-5. 들여쓰기/내여쓰기	
			6-6. 다단 나누기	
			6-7. 글맵시 작성 및 편집	
			6-8. 교정 부호/문장 부호 작성	
			6-9. 머리말/꼬리말 삽입 및 편집	
			6-10. 쪽번호 삽입 및 편집	
			6-11. 주석(각주, 미주) 작성 및 편집	
			6-12. 문자표/특수문자 삽입	
			6-13. 하이퍼링크 삽입/제거	
			6-14. 매크로 작성	
			6-15. 메일 머지 작성	
			6-16. 문단 첫 글자 장식	
			6-17. 파일 저장	
합 계				2

제 10 회 디지털정보활용능력 최신유형 기출문제

- ☑ 시험과목 : 워드프로세서(한글)
- ☑ 시험일자 : 20XX. XX. XX. (X)
- ☑ 응시자 기재사항 및 감독위원 확인

한컴오피스 한글 2022 버전용

수검번호	DIW - XXXX -	감독위원 확인
성 명		

·응시자 유의사항·

1. 응시자는 신분증을 지참하여야 시험에 응시할 수 있으며, 시험이 종료될 때까지 신분증을 제시하지 못 할 경우 해당 시험은 0점 처리됩니다.

2. 시스템(PC작동여부, 네트워크 상태 등)의 이상여부를 반드시 확인하여야 하며, 시스템 이상이 있을시 감독위원에게 조치를 받으셔야 합니다.

3. 시험 중 부주의 또는 고의로 시스템을 파손한 경우는 응시자 부담으로 합니다.

4. 답안 전송 프로그램을 통해 파일을 다운로드하여 답안 파일을 작성하시기 바랍니다.

5. 작성한 답안 파일은 답안 전송 프로그램을 통하여 전송됩니다. 감독위원의 지시에 따라 주시기 바랍니다.

6. 다음 사항의 경우 실격(0점) 혹은 부정행위 처리됩니다.
   1) 답안 파일을 저장하지 않았거나, 저장한 파일이 손상되었을 경우
   2) 답안 파일을 지정된 폴더(바탕화면 – "KAIT" 폴더)에 저장하지 않았을 경우
      ※ 답안 전송 프로그램 로그인 시 바탕화면에 자동 생성됨
   3) 답안 파일을 다른 보조 기억장치(USB) 혹은 네트워크(메신저, 게시판 등)로 전송할 경우
   4) 휴대용 전화기 등 통신기기를 사용할 경우

7. **시험지에 제시된 글꼴이 응시 프로그램에 없는 경우, 반드시 감독위원에게 해당 내용을 통보한 뒤 조치를 받아야 합니다.**

8. 시험의 완료는 작성이 완료된 답안을 저장하고, 답안 전송이 완료된 상태를 확인한 것으로 합니다. 답안 전송 확인 후 문제지는 감독위원에게 제출한 후 퇴실하여야 합니다.

9. 답안 전송이 완료된 경우에는 수정 또는 정정이 불가능합니다.

10. 시험 시행 후 결과는 홈페이지(www.ihd.or.kr)에서 확인하시기 바랍니다.
    ※ 합격자 발표 : 20XX. XX. XX. (X)
    ※ 시험지 공개 : 20XX. XX. XX. (X)

DIAT 회원 가입 및 시험 접수 안내

시험안내 02

PART 01 DIAT 시험 안내 및 자료 사용 방법

☑ 회원 가입하기
☑ 본인인증하기(본인 명의 휴대폰이 있는 경우, 본인 명의 휴대폰이 없는 경우)
☑ 로그인하고 사진 등록하기

1. 회원 가입하기

❶ 인터넷 익스플로러를 실행한 후 주소 표시줄에 'www.ihd.or.kr'를 입력하고 Enter 키를 눌러 자격 검정 사이트에 접속합니다.

❷ 회원 가입을 하기 위해 화면 오른쪽의 [회원가입]을 클릭합니다.

❸ 회원 가입에서 [14세 미만 가입]을 클릭합니다.

※ 응시자가 14세 이상일 경우에는 [14세 이상 가입]을 눌러 가입을 진행합니다.

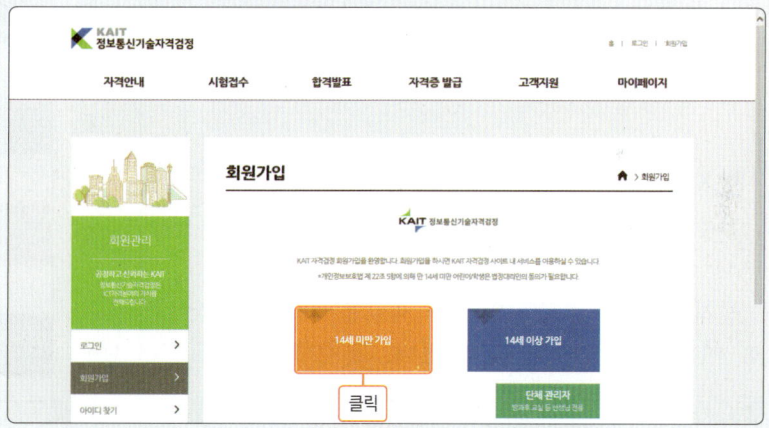

❹ [약관동의]에서 '한국정보통신진흥협회 자격검정 회원서비스 이용을 위한 필수 약관에 모두 동의합니다.' 체크 박스를 클릭합니다.

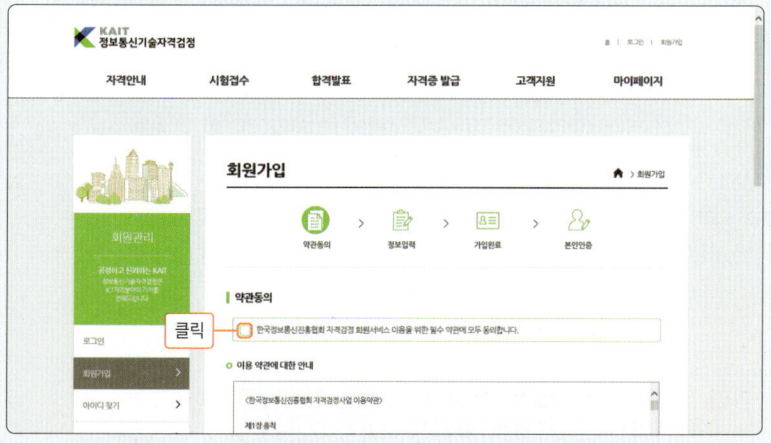

챗지피티 시대

1. 챗지피티는?

2022년 11월 30일, 오픈 AI가 세상에 내놓은 챗지피티는 인간의 고유 영역이라 여겨지던 창작의 기능을 파괴하는 혁신적인 사건이 분명했다. 사용자가 대화창에 텍스트를 입력하면 그에 맞춰 대화를 함께 나누는 서비스로 공개 단 5일 만에 하루 이용자가 100만 명을 돌파하면서 돌풍을 일으키기 시작했다. 특히 질문에 대한 답변은 물론 논문 작성, 번역, 작사, 노래, 작곡 코딩 작업 등 광범위한 분야의 업무(業務) 수행까지 가능하다는 점에서 기존 AI와는 확연히 다른 면모(面貌)를 보이고 있고 앞으로의 확장성의 향방(向方)에 따라 더 기대가 커질 것이다.

2. 챗지피티의 영향

전 세계는 챗지피티를 통해 기존의 단순 정보 제공에서 벗어나 정제된 문서 제공을 경험하고 있다. 챗지피티는 '생성하기'라는 새로운 패러다임⑦으로 전환하는 역할을 하고 있다. 챗지피티가 내놓는 정보의 신뢰도에 대한 문제가 많이 언급되고는 있지만 그 무한한 잠재력(潛在力)을 보고 많은 기업들은 다양한 사업 모델에 적용해 발전할 기회를 엿보고 있다. 발 빠르게 움직이고 있는 기업들은 챗지피티와 같은 생성형 AI를 적극적으로 도입하여 업무영역, 산업 등에서 챗지피티를 도입(導入)하였다. 공공기관에서도 경찰 등이 업무 효율을 높이기 위해 챗지피티를 도입하고 있다. 국내 스타트업도 빠르게 챗지피티를 도입하여 혁신적인 서비스를 선보이고 있다.

챗지피티 방문자 수(단위:억명)

월별	2023년	2024년
3월	16	20
5월	19	22
7월	15	19
9월	15	18
합계	65	79

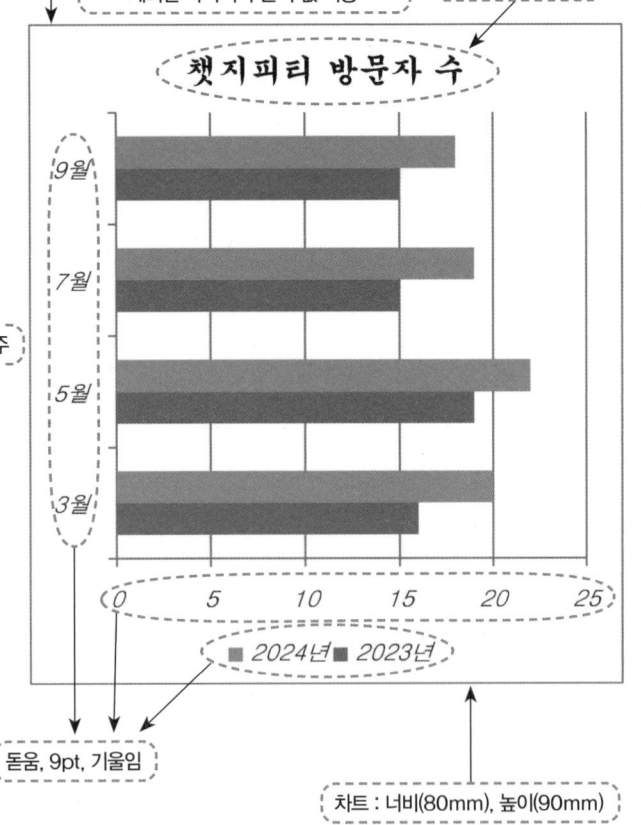

---

⑦ 어떤 한 시대 사람들의 견해나 사고를 지배하고 있는 이론적 틀이나 개념의 집합체

⑤ [보호자(법정대리인)동의]에서 '보호자 성명'과 '생년월일', 'e-mail'을 입력합니다. '[필수] 14세미만 자녀의 회원가입에 동의합니다.' 체크 박스를 클릭하고 [약관동의]를 클릭합니다.

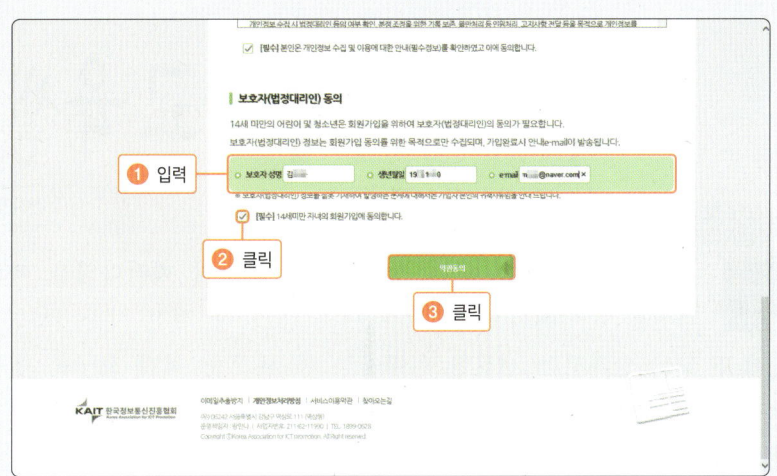

⑥ [정보입력]에서 항목별로 정보를 정확하게 입력하고 [회원가입하기]를 클릭합니다.

영문, 숫자, 특수문자(〈, 〉, (,), #, ;, / 제외)를 각 1자 이상 포함하여 8자이상 20자 이내로 입력합니다.

만약 본인의 휴대폰이 없는 경우에는 부모님 휴대폰 번호를 입력합니다.

학교 및 단체를 통해 접수하는 경우에 '단체접수'를 선택하고 차례로 '지역', '학교/기관명', '담당선생님'을 선택합니다.

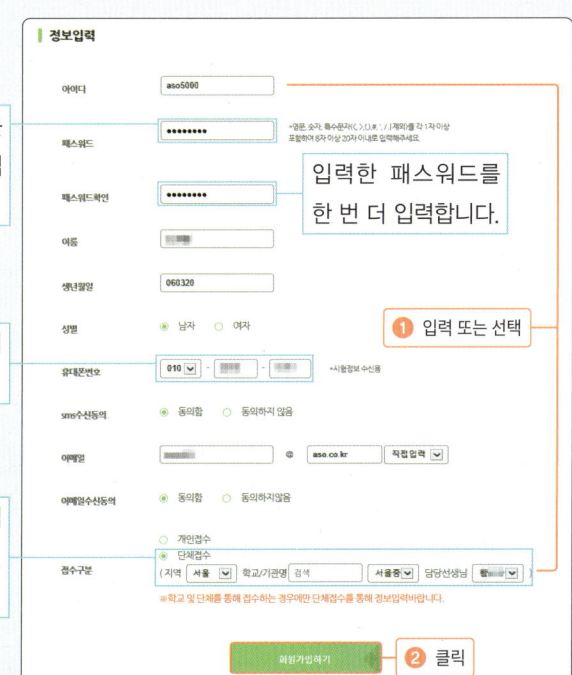

⑦ '저장하시겠습니까?' 메시지 창이 나타나면 〈확인〉 버튼을 클릭합니다.

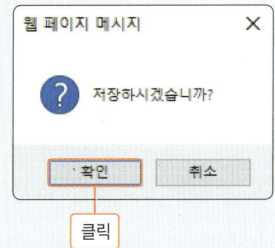

챗지피티활용교육생모집안내

최근 가장 주목받고 있는 챗지피티는 <u>**기존의 패러다임을 빠르게 전환하는 역할**</u>을 하고 있습니다. 다양한 분야에서 도입을 추진하고 있으며 점점 시장 규모도 확대되고 있습니다. 그런 흐름에 발맞춰 본 교육원에서는 생성형 인공지능 등 새로운 첨단 도구를 선용하여 인공지능을 윤리적이고 생산적으로 사용할 수 있도록 새로운 교육과정을 개설하였습니다. 평소 챗지피티에 관심이 있으셨던 분들의 많은 참여 바랍니다.

■ 교육안내 ■

1. 교 육 일 시 : 2024. 06. 29.(토) ~ 06. 30.(일) 10:00~19:00
2. 교 육 장 소 : 강남교육센터 12층 제1교육장
3. 교 육 비 : 1인당 34만원(내일배움카드 결제 가능)
4. 문 의 처 : *<u>신지식아카데미 홈페이지(http://www.ihd.or.kr) 참조</u>*

※ 기타사항

- 본 과정은 실습이 포함되어 해당 과정 참여시 개인 노트북 지참이 필수이며, 비전공자도 바로 따라 할 수 있는 도구 및 사이트 활용으로 과정 몰입도가 높습니다.
- 교육비 결제는 개강 여부 확인 후 담당자가 별도로 연락드립니다.

2024. 06. 22.

신지식아카데미

2. 본인인증하기(본인 명의 휴대폰이 있는 경우)

❶ 본인 인증하기 화면에서 [본인인증하기]를 클릭합니다.

※ 시험 접수 및 합격정보 확인 등을 이용하기 위해서 본인인증이 필요합니다.

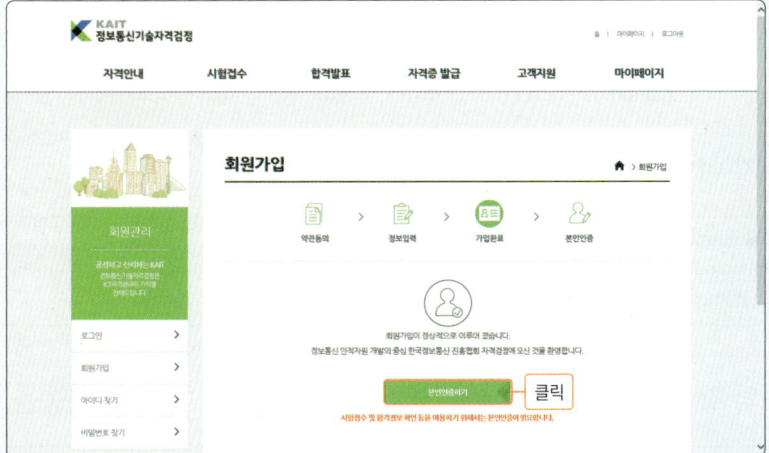

❷ 본인 인증 방법에서 [휴대폰]이 선택된 것을 확인하고 [인증하기]를 클릭합니다.

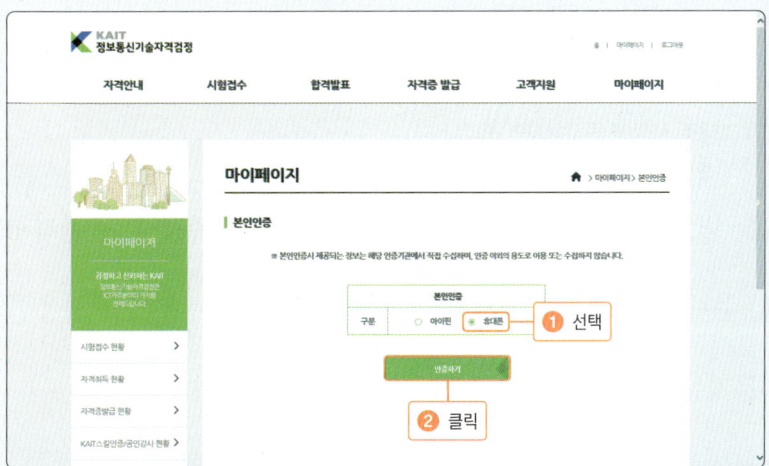

❸ '통신사 확인' 창에서 사용 중인 이동통신사를 선택합니다.

❹ '본인확인' 창에서 [휴대폰 본인 확인(문자)]를 클릭하고 개인 정보를 입력하고 〈확인〉 버튼을 클릭합니다.

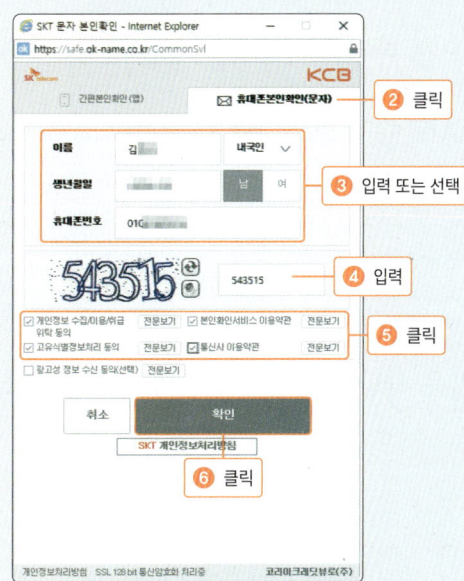

출제유형 02　08　DIAT 회원 가입 및 시험 접수 안내

| 디지털정보활용능력 | 한글 [시험시간 : 40분] | 1/1 |

【문제】 첨부된 문제를 다음의 조건을 적용하여 문서를 작성하시오.

① 문서는 A4(210mm×297mm) 크기, 세로 용지 방향으로 작성한다.

② 페이지 여백은 아래와 같이 설정한다.

왼쪽	오른쪽	위쪽	아래쪽	머리말	꼬리말	제본
20mm	20mm	20mm	20mm	10mm	10mm	0mm

③ 아래와 같이 "자동 글머리 기호 넣기"와 "자동 번호 매기기" 기능을 해제한다.

도구 → 빠른 교정 → 빠른 교정 내용 → 입력 자동 서식 ⇒ 자동 글머리 기호 넣기(해제) 자동 번호 매기기(해제)

※ 만약 입력 자동 서식 메뉴가 없는 경우에는 "자동 글머리 기호 넣기"와 "자동 번호 매기기" 기능이 설정되어 있지 않은 것이므로 별도의 기능 해제 없이 그대로 시험에 응시하시면 됩니다.

④ 글자는 별도의 지시사항이 없는 한 **바탕, 10pt, 양쪽정렬, 줄간격 160%**로 작성한다.

⑤ 영문, 숫자 등은 별도의 지시가 없은 한 반각(1byte) 문자를 사용한다.

⑥ 특수문자는 문자표(전각 기호)를 이용하여 작성한다.

⑦ 교정부호 및 화살표로 기재된 지시사항대로 처리하되, ┆┄┄┄┆→ 은 지시사항이므로 작성하지 않는다.

⑧ 1페이지에 [문제1]을 작성하고, 구역을 나누어 2페이지에 [문제2]를 작성한다.

※ 해당 페이지에 작성하지 않거나 의도적으로 텍스트 작성을 하지 않은 경우 0점 처리

⑨ [문제2]는 문제지와 같이 2단으로 다단을 나누어 작성한다.

⑩ '그림 삽입' 시에는 반드시 "KAIT 수검 프로그램"을 통해 다운로드 한 그림 파일을 사용한다.

⑪ 총점 : 200점

[공통사항1(기본설정, 용지설정)] : 8점, [공통사항2(오탈자)] : 40점
[문제1] : 46점, [문제2] : 106점

⑫ 기타 특별히 지시되어 있지 않은 사항은 문제지에 준하여 작성한다.

❺ 휴대폰에 수신된 본인확인인증번호를 입력하고 〈확인〉 버튼을 클릭합니다.

❻ '휴대폰본인확인완료' 메시지를 확인하고 〈완료〉 버튼을 클릭합니다.

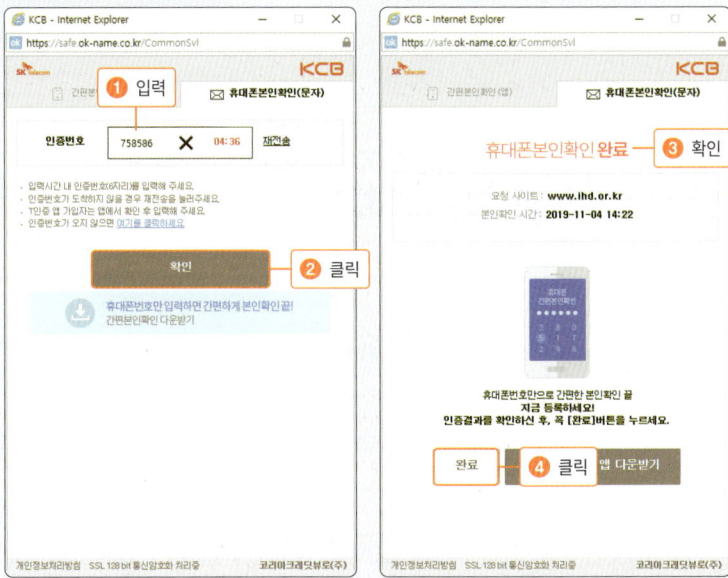

❼ '본인인증성공' 메시지 창이 나타나면 〈확인〉 버튼을 클릭합니다.

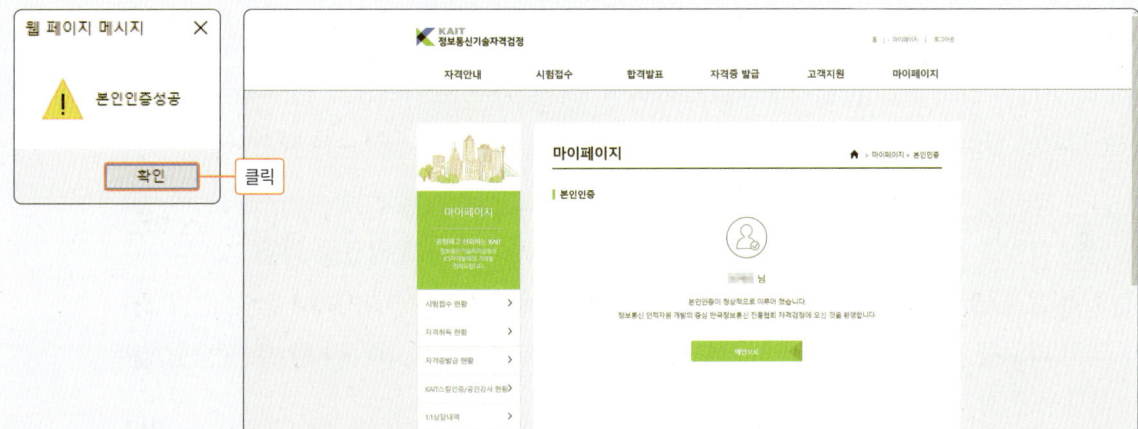

제 09 회 디지털정보활용능력 최신유형 기출문제

☑ 시험과목 : 워드프로세서(한글)
☑ 시험일자 : 20XX. XX. XX. (X)
☑ 응시자 기재사항 및 감독위원 확인

한컴오피스 한글 2022 버전용

수검번호	DIW - XXXX -	감독위원 확인
성 명		

·응시자 유의사항·

1. 응시자는 신분증을 지참하여야 시험에 응시할 수 있으며, 시험이 종료될 때까지 신분증을 제시하지 못 할 경우 해당 시험은 0점 처리됩니다.

2. 시스템(PC작동여부, 네트워크 상태 등)의 이상여부를 반드시 확인하여야 하며, 시스템 이상이 있을시 감독위원에게 조치를 받으셔야 합니다.

3. 시험 중 부주의 또는 고의로 시스템을 파손한 경우는 응시자 부담으로 합니다.

4. 답안 전송 프로그램을 통해 파일을 다운로드하여 답안 파일을 작성하시기 바랍니다.

5. 작성한 답안 파일은 답안 전송 프로그램을 통하여 전송됩니다. 감독위원의 지시에 따라 주시기 바랍니다.

6. 다음 사항의 경우 실격(0점) 혹은 부정행위 처리됩니다.
   1) 답안 파일을 저장하지 않았거나, 저장한 파일이 손상되었을 경우
   2) 답안 파일을 지정된 폴더(바탕화면 – "KAIT" 폴더)에 저장하지 않았을 경우
      ※ 답안 전송 프로그램 로그인 시 바탕화면에 자동 생성됨
   3) 답안 파일을 다른 보조 기억장치(USB) 혹은 네트워크(메신저, 게시판 등)로 전송할 경우
   4) 휴대용 전화기 등 통신기기를 사용할 경우

7. **시험지에 제시된 글꼴이 응시 프로그램에 없는 경우, 반드시 감독위원에게 해당 내용을 통보한 뒤 조치를 받아야 합니다.**

8. 시험의 완료는 작성이 완료된 답안을 저장하고, 답안 전송이 완료된 상태를 확인한 것으로 합니다. 답안 전송 확인 후 문제지는 감독위원에게 제출한 후 퇴실하여야 합니다.

9. 답안 전송이 완료된 경우에는 수정 또는 정정이 불가능합니다.

10. 시험 시행 후 결과는 홈페이지(www.ihd.or.kr)에서 확인하시기 바랍니다.
    ※ 합격자 발표 : 20XX. XX. XX. (X)
    ※ 시험지 공개 : 20XX. XX. XX. (X)

3. 본인인증하기(본인 명의 휴대폰이 없는 경우)

❶ 본인 인증 방법에서 [아이핀]을 선택한 후 [인증하기]를 클릭합니다.

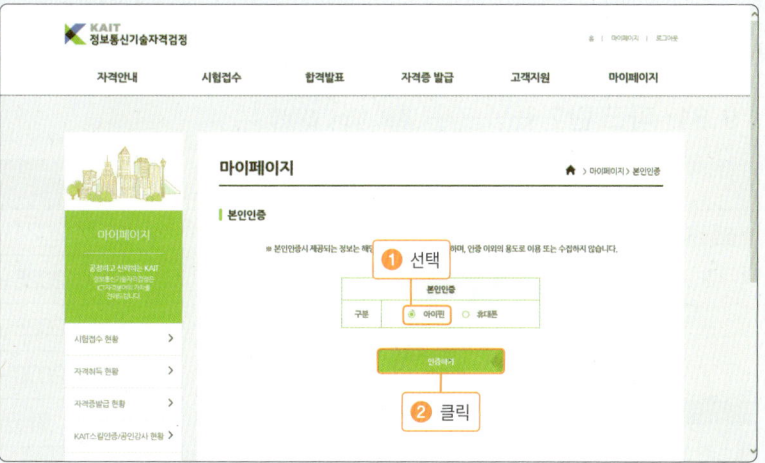

❷ '메인 화면' 창이 열리면 왼쪽 하단의 [신규발급]을 클릭합니다.

※ 만약 아이핀ID와 비밀번호가 있는 경우에는 '아이핀ID, 비밀번호, 문자입력'을 한 후 〈확인〉 버튼을 클릭합니다.

❸ '약관 동의' 창이 나오면 약관 동의에 체크한 후 〈확인〉 버튼을 클릭합니다.

> **TIP 아이핀이란?**
> 아이핀은 주민 등록 번호를 대체할 수 있는 인증방법으로 아이디와 패스워드를 이용하여 본인 확인을 하는 수단입니다. 이전에 아이핀을 가입하였다면 바로 로그인을 진행하도록 합니다.

테마파크

1. 9.81 파크란?

세계 최초(最初) 스마트 레이싱 테마파크 9.81 파크는 미래에 온 듯한 감각적인 실내 공간과 다양한 액티비티 그리고 신나는 레이싱과 함께 제주 자연을 온전히 경험할 수 있는 곳으로 애월 바다와 한라산㉠ 사이에 위치하고 있다. 자체 기술력으로 개발된 세 종류의 GR(Gravity Racer)로 4개의 코스, 총 10개 트랙의 레이스 코스에서 오직 중력 가속도(加速度)만으로 비양도를 품은 푸른 바다를 보며 다운힐 레이싱을 즐길 수 있으며, 무동력 레이싱을 마치고 나면 자동회차로 진행되는 업힐 레이싱은 아름다운 한라산(漢拏山)을 온전히 느낄 수 있다. 문화체육관광부와 한국관광공사는 2020년 우수 관광벤처 최우수상 수상자로 제주 9.81 파크를 선정했다.

2. 테마파크의 진화

코로나19로 인해 많은 상점과 공간이 문을 닫고, 특히 어려운 시기를 보냈던 장소 중 한 곳이 바로 테마파크이다. 입장객이 50% 이상 줄어들고 매출 역시 많이 감소했지만, 그 기간동안 테마파크는 다양한 최신 IT 기술을 연구하고 받아들이면서 변화를 꾀하였다. 이에 테마파크 공간에서 직접 체험(體驗)할 수 있는 기술은 물론 가상현실을 활용해 온라인, 메타버스의 테마파크도 즐길 수 있다. 즉 발전은 기술의 운영과 관리의 문제를 해결하고 수익을 비롯해 여러 효율을 높일 수 있으며, 이용객에게는 독특한 경험(經驗)을 안겨줄 수 있다. 테마파크의 혁신과 혁신은 우리 예상보다 훨씬 더 빠르게 일어나고 있다.

테마파크 입장객 전망

연도	미국	한국
2024년	29.7	15.4
2026년	34.7	16.4
2028년	38.6	17.1
2030년	39.8	22.9
평균	35.70	17.95

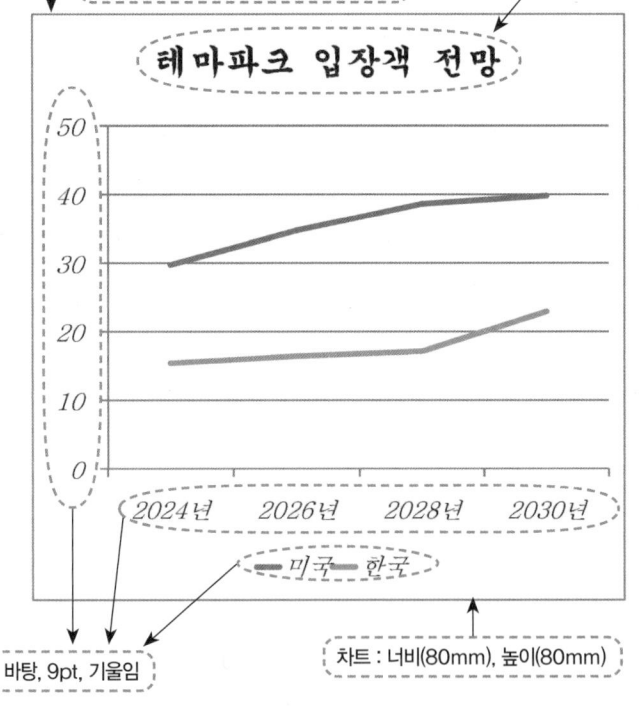

㉠ 제주도 중앙부에 솟아 있는 1,947m 높이의 화산

❹ '발급자 정보입력' 창에서 내용을 입력하고 아이핀 ID를 중복 확인한 후 〈발급하기〉 버튼을 클릭합니다.
❺ '추가 인증수단 설정' 창에서 2차 비밀번호를 선택한 후 〈확인〉 버튼을 클릭합니다.
❻ '법정대리인 동의' 창에서 법정 대리인의 정보를 입력하고, 개인정보처리 동의에 체크한 후 〈확인〉 버튼을 클릭합니다.

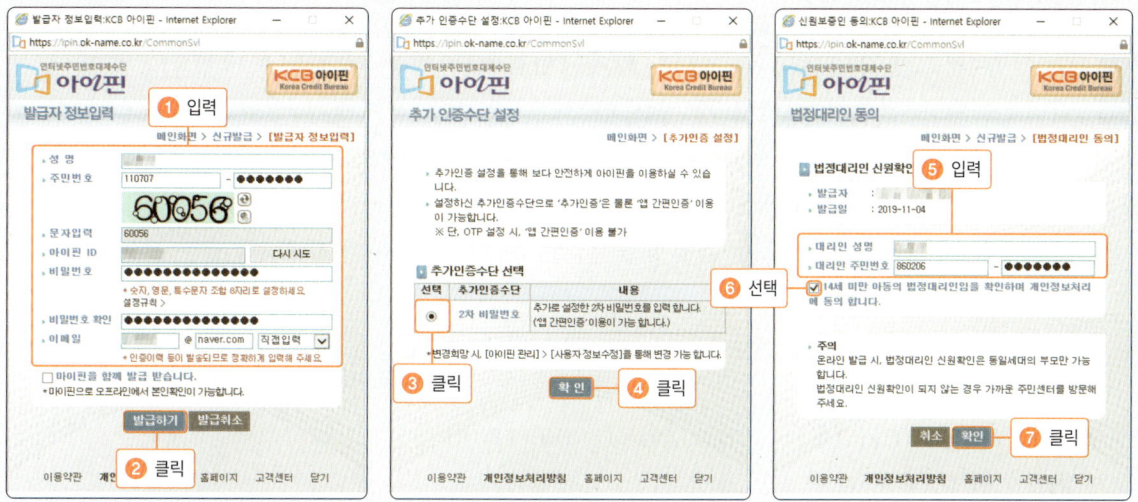

❼ '아이핀 신원확인' 창이 나오면 법정 대리인의 휴대폰 정보를 입력한 후 〈인증번호 확인〉 버튼을 클릭합니다.
  ※ 범용 공인인증서를 이용하여도 신원확인이 가능합니다.
❽ 휴대폰에 수신된 승인번호를 입력한 후 〈인증번호 확인〉 버튼을 클릭합니다.

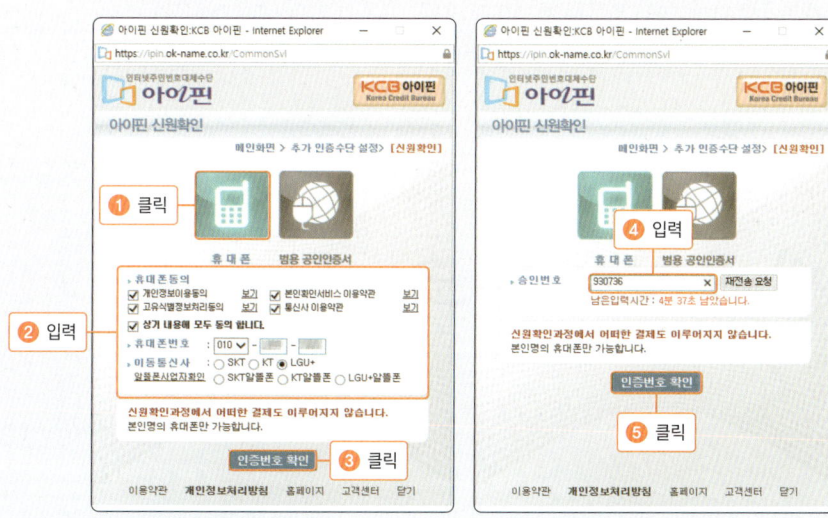

❾ '2차 비밀번호 설정' 창이 나오면 2차 비밀번호를 입력한 후 〈확인〉 버튼을 클릭하여 아이핀 발급을 완료합니다.
❿ '메인 화면' 창이 나오면 '아이핀 ID', '비밀번호', '문자입력' 내용을 입력한 후 〈확인〉 버튼을 클릭합니다.
⓫ '추가인증' 창에서 2차 비밀번호를 입력한 후 〈확인〉 버튼을 클릭하여 본인 확인 절차를 완료합니다.

청룡처럼푸른여름휴가

제주 청룡 파크가 2024년 푸른 용의 해의 <여름에도 청룡 파크와 보내세요!> 하계 행사를 진행합니다. 축제가 진행되는 기간 중 방문한 모든 용띠 고객에게 특별한 선물을 제공할 예정입니다. 1층 광장에서 여의주를 꼭 닮은 여름 한정 메뉴를 만나볼 수 있으며, 2층에서는 용과 관련된 전시를 관람하실 수 있습니다. 행사 기간 동안 마스터 레이서만이 탑승 가능한 레이싱 카트를 한 시간 동안 무제한으로 탈 수 있는 시간권을 선보여 특별함을 더했습니다. 여러분의 많은 참여를 부탁드립니다.

★ 행사안내 ★

1. 행사일시 : 2024.07.29.(월) ~ 08.09.(금) 09:00~18:00
2. 행사장소 : 제주 청룡 파크 1층 광장
3. 등록기간 : *2024년 7월 1일부터 7월 15일 18:00까지 온라인으로 등록*
4. 등록신청 : 본 축제정보는 블로그(http://www.ihd.or.kr) 참조

※ 기타사항
- 12년생, 00년생, 88년생, 76년생, 64년생, 52년생 등 용띠 고객은 나이 불문, 용띠라면 남녀노소 누구나 참여 가능하며 단체 참가는 사전에 연락주시기 바랍니다.(02-1234-5678)
- 용띠 확인을 위해 필히 신분증(학생증)을 지참하시기 바랍니다.

2024. 06. 22.

제주청룡파크

4. 로그인하고 사진 등록하기

❶ 우측 상단의 [로그인]을 클릭합니다. 이어서, 아이디와 비밀번호를 정확하게 입력하고 [로그인]을 클릭합니다.

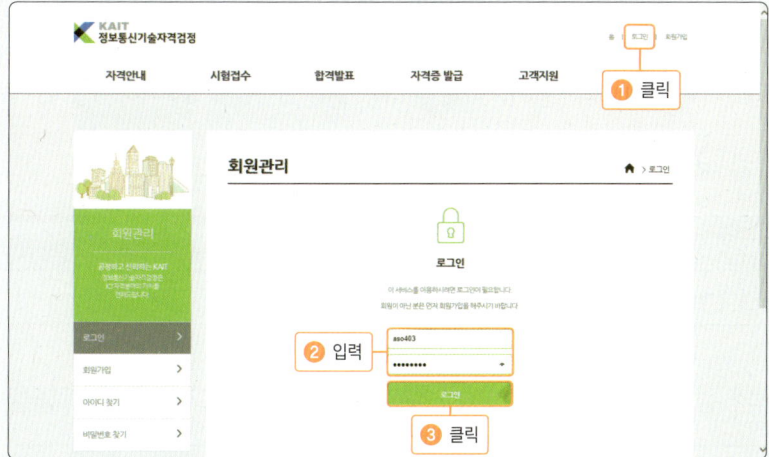

❷ [마이페이지]를 클릭합니다.

❸ 왼쪽 메뉴에서 [사진관리]를 클릭합니다.

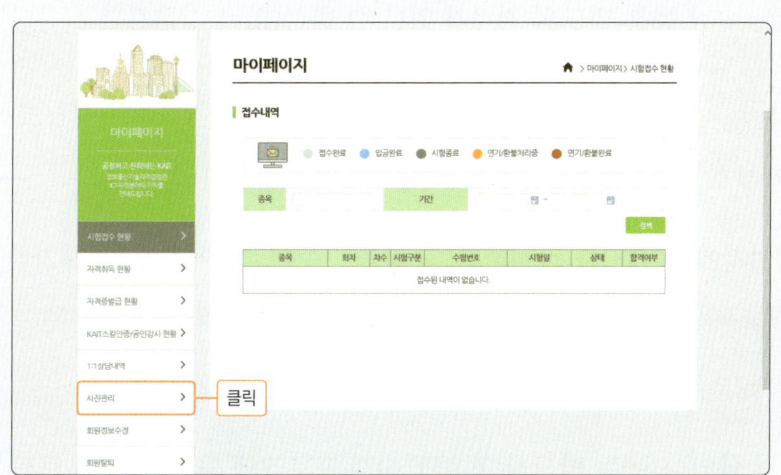

❹ [사진 선택]을 클릭합니다.

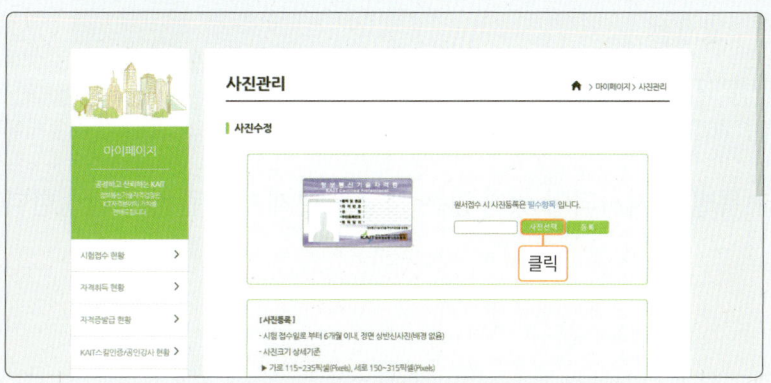

【문제】 첨부된 문제를 다음의 조건을 적용하여 문서를 작성하시오.

① 문서는 A4(210mm×297mm) 크기, 세로 용지 방향으로 작성한다.

② 페이지 여백은 아래와 같이 설정한다.

왼쪽	오른쪽	위쪽	아래쪽	머리말	꼬리말	제본
20mm	20mm	20mm	20mm	10mm	10mm	0mm

③ 아래와 같이 "자동 글머리 기호 넣기"와 "자동 번호 매기기" 기능을 해제한다.

> 도구 → 빠른 교정 → 빠른 교정 내용 → 입력 자동 서식 ⇒ 자동 글머리 기호 넣기(해제)
> 자동 번호 매기기(해제)

※ 만약 입력 자동 서식 메뉴가 없는 경우에는 "자동 글머리 기호 넣기"와 "자동 번호 매기기" 기능이 설정되어 있지 않은 것이므로 별도의 기능 해제 없이 그대로 시험에 응시하시면 됩니다.

④ 글자는 별도의 지시사항이 없는 한 **바탕, 10pt, 양쪽정렬, 줄간격 160%**로 작성한다.

⑤ 영문, 숫자 등은 별도의 지시가 없는 한 반각(1byte) 문자를 사용한다.

⑥ 특수문자는 문자표(전각 기호)를 이용하여 작성한다.

⑦ 교정부호 및 화살표로 기재된 지시사항대로 처리하되, ⟨⎯⎯⎯⟩→ 은 지시사항이므로 작성하지 않는다.

⑧ 1페이지에 [문제1]을 작성하고, 구역을 나누어 2페이지에 [문제2]를 작성한다.

※ 해당 페이지에 작성하지 않거나 의도적으로 텍스트 작성을 하지 않은 경우 0점 처리

⑨ [문제2]는 문제지와 같이 2단으로 다단을 나누어 작성한다.

⑩ '그림 삽입' 시에는 반드시 "KAIT 수검 프로그램"을 통해 다운로드 한 그림 파일을 사용한다.

⑪ 총점 : 200점

[공통사항1(기본설정, 용지설정)] : 8점, [공통사항2(오탈자)] : 40점
[문제1] : 46점, [문제2] : 106점

⑫ 기타 특별히 지시되어 있지 않은 사항은 문제지에 준하여 작성한다.

❺ [업로드할 파일 선택] 창에서 내 사진 파일을 선택하고 〈열기〉 버튼을 클릭합니다.

❻ [등록]을 클릭합니다.

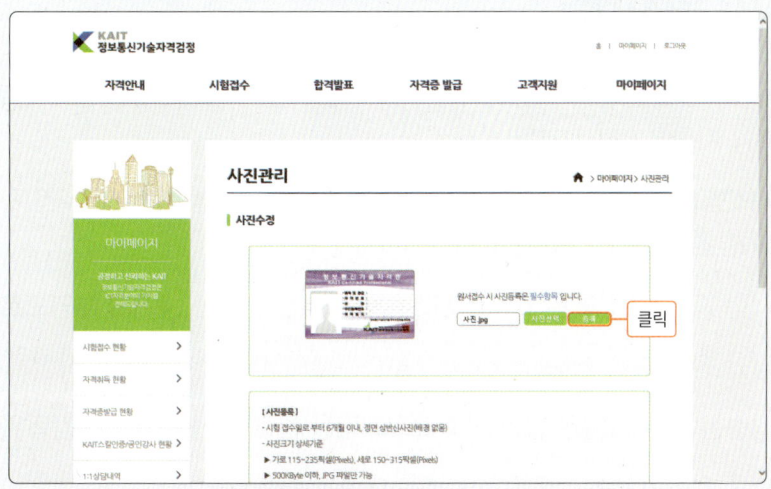

❼ '수정 하겠습니까' 메시지 창이 나타나면 〈확인〉 버튼을 클릭합니다.

❽ '저장 성공!!' 메시지 창이 나타나면 〈확인〉 버튼을 클릭합니다.

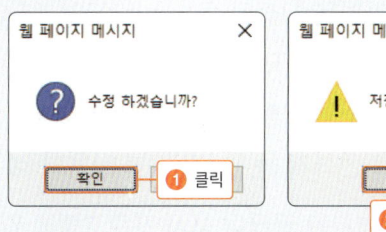

❾ 사진이 등록된 것을 확인합니다.

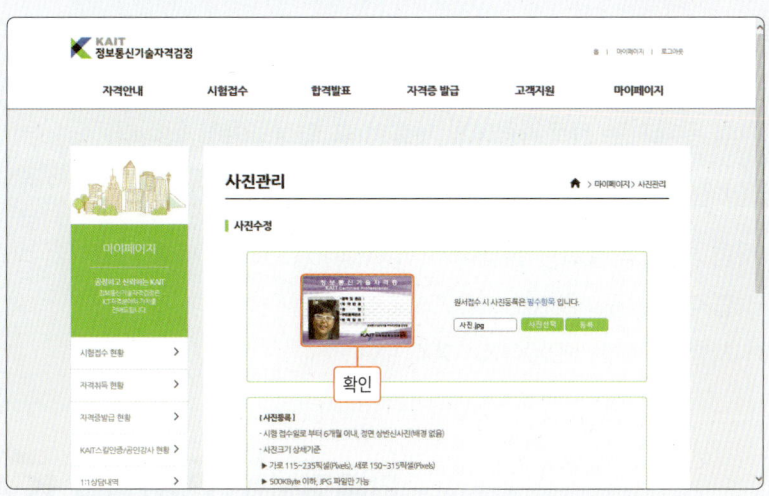

제 08 회 디지털정보활용능력 최신유형 기출문제

- ☑ 시험과목 : 워드프로세서(한글)
- ☑ 시험일자 : 20XX. XX. XX. (X)
- ☑ 응시자 기재사항 및 감독위원 확인

> 한컴오피스 한글 2022 버전용

수검번호	DIW - XXXX -	감독위원 확인
성 명		

·응시자 유의사항·

1. 응시자는 신분증을 지참하여야 시험에 응시할 수 있으며, 시험이 종료될 때까지 신분증을 제시하지 못 할 경우 해당 시험은 0점 처리됩니다.

2. 시스템(PC작동여부, 네트워크 상태 등)의 이상여부를 반드시 확인하여야 하며, 시스템 이상이 있을시 감독위원에게 조치를 받으셔야 합니다.

3. 시험 중 부주의 또는 고의로 시스템을 파손한 경우는 응시자 부담으로 합니다.

4. 답안 전송 프로그램을 통해 파일을 다운로드하여 답안 파일을 작성하시기 바랍니다.

5. 작성한 답안 파일은 답안 전송 프로그램을 통하여 전송됩니다. 감독위원의 지시에 따라 주시기 바랍니다.

6. 다음 사항의 경우 실격(0점) 혹은 부정행위 처리됩니다.
   1) 답안 파일을 저장하지 않았거나, 저장한 파일이 손상되었을 경우
   2) 답안 파일을 지정된 폴더(바탕화면 - "KAIT" 폴더)에 저장하지 않았을 경우
      ※ 답안 전송 프로그램 로그인 시 바탕화면에 자동 생성됨
   3) 답안 파일을 다른 보조 기억장치(USB) 혹은 네트워크(메신저, 게시판 등)로 전송할 경우
   4) 휴대용 전화기 등 통신기기를 사용할 경우

7. **시험지에 제시된 글꼴이 응시 프로그램에 없는 경우, 반드시 감독위원에게 해당 내용을 통보한 뒤 조치를 받아야 합니다.**

8. 시험의 완료는 작성이 완료된 답안을 저장하고, 답안 전송이 완료된 상태를 확인한 것으로 합니다. 답안 전송 확인 후 문제지는 감독위원에게 제출한 후 퇴실하여야 합니다.

9. 답안 전송이 완료된 경우에는 수정 또는 정정이 불가능합니다.

10. 시험 시행 후 결과는 홈페이지(www.ihd.or.kr)에서 확인하시기 바랍니다.
    ※ 합격자 발표 : 20XX. XX. XX. (X)
    ※ 시험지 공개 : 20XX. XX. XX. (X)

TIP 개인으로 시험 접수하는 방법 알아보기

정보통신기술자격검정(www.ihd.or.kr) 사이트에서 [시험접수]를 클릭하고 [시험접수 신청]을 클릭합니다.

시험 접수 신청 절차 알아보기

STEP 01	STEP 02	STEP 03	STEP 04	STEP 05
로그인(회원가입)	응시종목 선택	응시지역 선택	결제하기	접수완료

- **STEP 01 로그인(회원가입)**
  응시접수는 인터넷을 통해서만 가능하며, 시험접수 및 응시를 위해서는 반드시 회원으로 가입되어야 합니다.
  ※ 단체 접수시 단체관리자(회원가입 및 회원정보수정을 통해 설정)를 통해 접수바랍니다.
  ※ 마이페이지의 사진등록 이후에 시험접수가 가능합니다.

- **STEP 02 응시종목 선택**
  응시하고자 하는 종목과 시험일자를 확인한 후 '접수하기'를 선택합니다.

- **STEP 03 응시지역 선택**
  - 응시하고자 하는 응시지역과 시험장을 선택합니다.
  - 시험장 정원이 모두 마감된 경우에는 더 이상 해당 시험장을 선택할 수 없습니다.
  ※ 추후배정 시험장은 응시접수 완료 후 10일전 시험장 확인을 통해 시험장 확인 가능

- **STEP 04 결제하기**
  - 응시료 결제가 완료되어야 응시접수가 정상적으로 완료됩니다.
  - 결제수단 : 개인-신용카드, 계좌이체 입금 중 택일, 단체-가상계좌 입금만 가능, 정보이용료 별도- 신용카드/계좌이체 650원, 가상계좌 300원
    ※ 접수마감일 18:00까지 접수 및 입금 완료

- **STEP 05 접수완료**
  - 결제가 완료되면 [시험접수현황 확인]에서 접수한 내역을 확인할 수 있습니다.
  - 시험장 확인 : 시험장 확인은 시험일 10일전부터 시험 당일까지 확인 가능
  - 수험표 출력 : 수험표 출력은 시험일 5일전부터 시험 당일까지 확인 가능
  - 연기 및 환불 : 연기 및 환불규정에 따라 신청 가능

휴머노이드 로봇

1. 로봇의 발전

1973년 일본 와세다대학교에서 최초로 개발된 휴머노이드 로봇은 인간의 신체 형태를 닮은 로봇이다. 도구 및 주변 환경과 상호 작용등 기능적 목적을 염두(念頭)에 두고 일반적으로 휴머노이드 로봇은 몸통, 머리, 두 개의 팔, 두 개의 다리로 구성되어 있다. 경우에 따라 일부 휴머노이드 로봇에는 눈이나 입과 같은 인간의 얼굴 특징을 복제하도록 설계된 경우도 있다. 휴머노이드 로봇이 주목받는 가장 큰 이유는 노동력(勞動力) 부족이다. 휴머노이드 로봇은 인간과 유사한 모습을 하고 있어 인간을 위해 설계된 환경에서 작동하고 인간과 함께 일할 수 있다는 장점이 있다. 이러한 이유로 전 세계적으로 여러 기업들이 휴머노이드 로봇 상용화를 위해 경쟁(競爭)중이다.

2. 세계의 로봇

2023년 중국의 로봇 스타트업 기업 푸리에인텔리전스는 GR-1 로봇을 발표했다. 로봇 개발의 주목적은 중국의 고령화 인구가 늘어남에 따라 생기는 노동력 부족 현상에 대한 노동력 충족(充足)이다. 푸리에 대표는 인간에게 로봇이 간병인① 혹은 치료 도우미가 될 수도 있으며, 결국 환자들은 그들과 상호 작용하는 자율 로봇을 갖게 될 것이라고 발표하였다. 테슬라 역시 옵티머스 로봇을 선보였으며 출시 이후에는 우선 테슬라 자동차 공장에서 부품 운반용으로 투입할 계획이라고 밝혔다. 옵티머스는 인간과 비슷한 형태를 갖춘 인간형 로봇으로 시속 8km로 움직이며 20kg의 물건을 들어 올릴 수 있다.

국가별 휴머노이드 로봇 개발

국가	2023년	2024년
한국	175	220
미국	251	299
중국	140	320
인도	223	250
합계	789	1,089

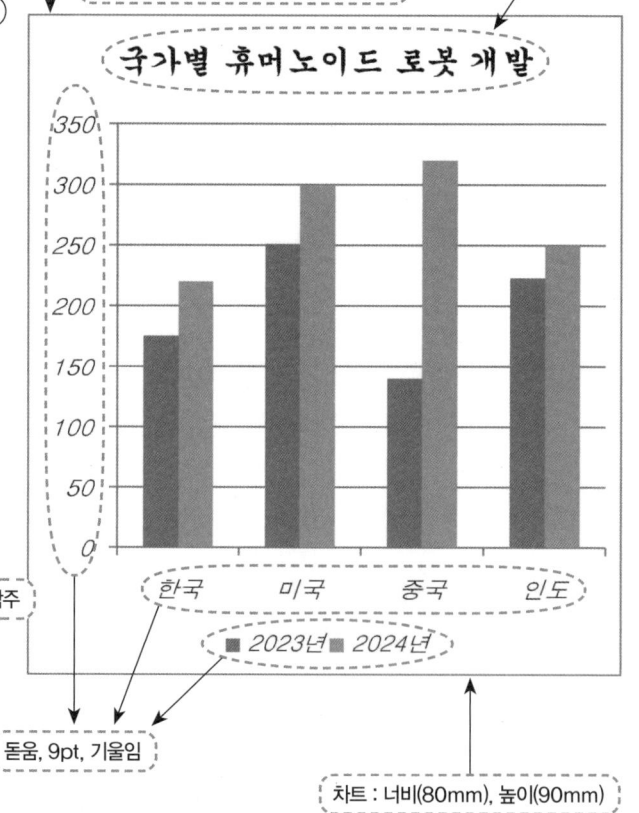

---

① 환자가 있을 때 보호자를 대신해 간병을 하는 사람

시험안내 03

DIAT 자료 사용 방법

- ☑ 자료 다운로드 방법
- ☑ 자동 채점 프로그램
- ☑ 온라인 답안 시스템
- ☑ 한글 2022 화면 구성

1. 자료 다운로드 방법

① 크롬 브라우저를 실행하여 아카데미소프트(https://aso.co.kr) 홈페이지에 접속합니다.

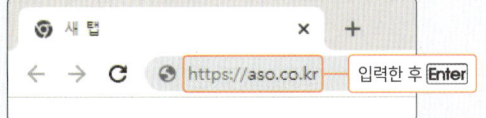

② 왼쪽 상단에 [컴퓨터 자격증 교재]를 클릭합니다.

③ [DIAT 자격증]-[2025 이공자 DIAT 워드프로세서 한글 2022(상철)] 교재를 클릭합니다.

휴머노이드로봇박람회

휴머노이드 로봇의 상용화 시대가 다가오고 있습니다. 교육용 로봇으로서의 휴머노이드 사용 증가와 가정에서 개인 보조용으로 휴머노이드 로봇에 대한 수요가 급증하는 등 로봇 시장은 *2028년까지 138억 달러 규모로 성장*할 것으로 예측하고 있습니다. 이번 박람회에서는 로봇과 관련한 여러 분야에 걸쳐 로봇공학 기술의 최신 발전을 한눈에 볼 수 있으며 국내외 로봇 산업 회사들의 양질의 프레젠테이션과 로봇 제품을 모두 만나실 수 있습니다.

◎ 행사안내 ◎

1. 행 사 명 : 휴머노이드 로봇 - 현재와 미래
2. 일　　자 : 2024년 06월 29일
3. 장　　소 : 서울시 강남구 코엑스 3층 연회장
4. 등　　록 : 체험 당일 현장 등록 <u>*10인 이상 단체는 홈페이지를 통해 가능합니다.*</u>

※ 기타사항

- 로봇 달리기와 로봇 댄스 등의 흥미로운 이벤트도 준비되어 있습니다.
- 단체 참여를 원하시면 홈페이지(http://www.ihd.or.kr)로 사전 등록해 주시기 바라며, 기타 문의사항은 본 협회로 연락바랍니다.(02-1234-1234)

2024. 06. 22.

한국로봇공동제작협회

- A -

❹ 왼쪽 화면 아래에 [학습자료]를 클릭합니다.

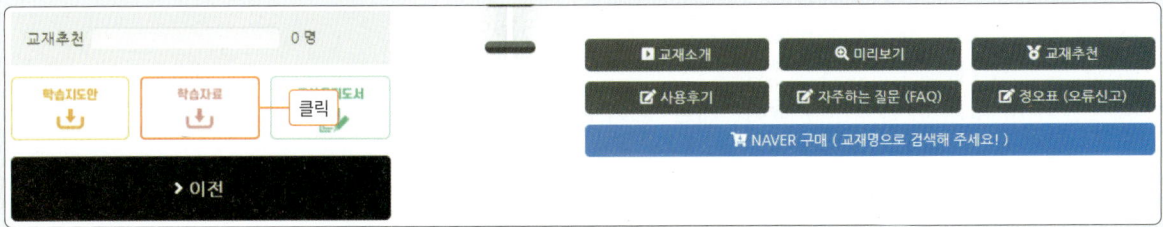

❺ [2025 이공자 DIAT 워드프로세서 한글 2022(상철)_학습 자료]를 클릭합니다.

❻ [다운로드] 단추를 클릭하여 자료를 다운로드 받으시면 됩니다.

| 디지털정보활용능력 | 한글 [시험시간 : 40분] | 1/1 |

【문제】 첨부된 문제를 다음의 조건을 적용하여 문서를 작성하시오.

① 문서는 A4(210mm×297mm) 크기, 세로 용지 방향으로 작성한다.

② 페이지 여백은 아래와 같이 설정한다.

왼쪽	오른쪽	위쪽	아래쪽	머리말	꼬리말	제본
20mm	20mm	20mm	20mm	10mm	10mm	0mm

③ 아래와 같이 "자동 글머리 기호 넣기"와 "자동 번호 매기기" 기능을 해제한다.

도구 → 빠른 교정 → 빠른 교정 내용 → 입력 자동 서식 ⇒ 자동 글머리 기호 넣기(해제) / 자동 번호 매기기(해제)

※ 만약 입력 자동 서식 메뉴가 없는 경우에는 "자동 글머리 기호 넣기"와 "자동 번호 매기기" 기능이 설정되어 있지 않은 것이므로 별도의 기능 해제 없이 그대로 시험에 응시하시면 됩니다.

④ 글자는 별도의 지시사항이 없는 한 **바탕, 10pt, 양쪽정렬, 줄간격 160%**로 작성한다.

⑤ 영문, 숫자 등은 별도의 지시가 없는 한 반각(1byte) 문자를 사용한다.

⑥ 특수문자는 문자표(전각 기호)를 이용하여 작성한다.

⑦ 교정부호 및 화살표로 기재된 지시사항대로 처리하되, ⸨⸩→ 은 지시사항이므로 작성하지 않는다.

⑧ 1페이지에 [문제1]을 작성하고, 구역을 나누어 2페이지에 [문제2]를 작성한다.

※ 해당 페이지에 작성하지 않거나 의도적으로 텍스트 작성을 하지 않은 경우 0점 처리

⑨ [문제2]는 문제지와 같이 2단으로 다단을 나누어 작성한다.

⑩ '그림 삽입' 시에는 반드시 "KAIT 수검 프로그램"을 통해 다운로드 한 그림 파일을 사용한다.

⑪ 총점 : 200점

[공통사항1(기본설정, 용지설정)] : 8점, [공통사항2(오탈자)] : 40점
[문제1] : 46점, [문제2] : 106점

⑫ 기타 특별히 지시되어 있지 않은 사항은 문제지에 준하여 작성한다.

2. 온라인 답안 시스템

❶ 온라인 답안 시스템

[MAG 답안 전송 & 채점 프로그램] 프로그램은 수험자 연습용 답안 전송 프로그램이기 때문에 서버에서 제어가 되지 않는 개인용 버전입니다. 실제 시험 환경을 미리 확인하는 차원에서 테스트하시기 바랍니다.

※ 해당 '온라인 답안 시스템'은 변경된 DIAT 시험 버전에 맞추어 수정된 최신 버전의 프로그램입니다.

❷ 필요한 자료를 [아카데미소프트 홈페이지]-[자료실]-[공지]-'MAG 답안 전송 & 채점 프로그램_240801' 파일을 다운받아 압축을 해제한 다음 바탕 화면의 [MAG 답안 전송 & 채점 프로그램_240801] 폴더에서 'MAG 답안 전송 & 채점 프로그램_실행 파일.exe'을 더블 클릭하여 실행합니다.

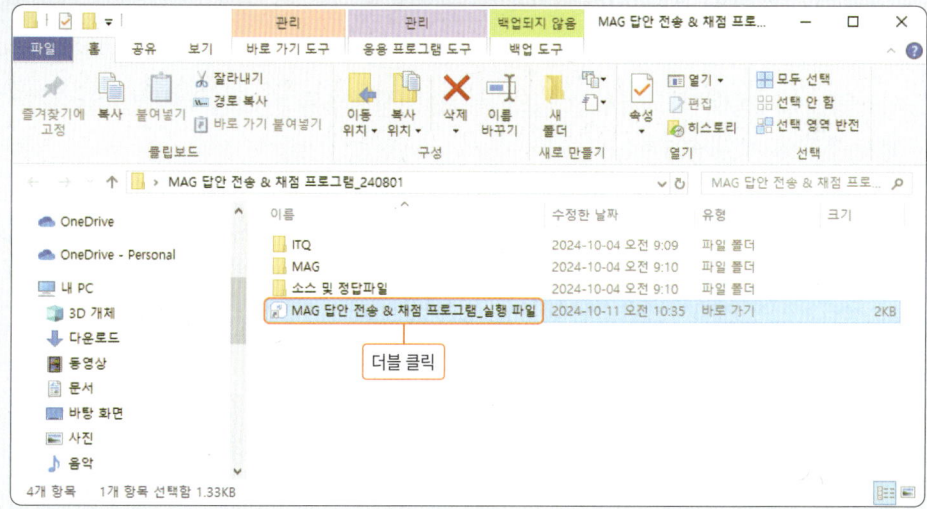

❸ <DIAT 답안 전송 프로그램> 단추를 클릭합니다.

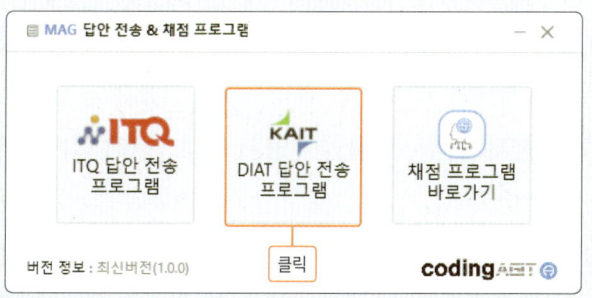

❹ 답안 전송 프로그램이 실행되면 '수검번호'에서 목록 단추를 클릭하여 해당 과목을 선택합니다.

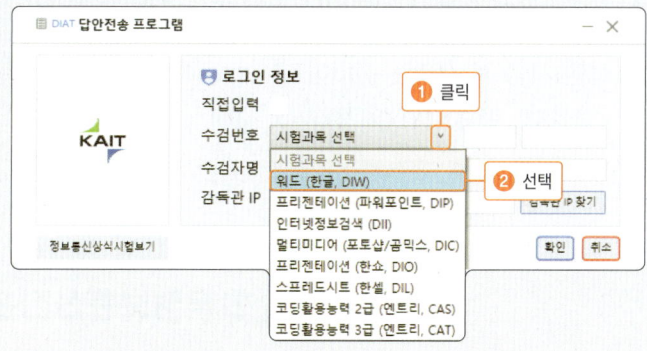

제 07 회 디지털정보활용능력 최신유형 기출문제

☑ 시험과목 : 워드프로세서(한글)
☑ 시험일자 : 20XX. XX. XX. (X)
☑ 응시자 기재사항 및 감독위원 확인

한컴오피스 한글 2022 버전용

수검번호	DIW - XXXX -	감독위원 확인
성 명		

·응시자 유의사항·

1. 응시자는 신분증을 지참하여야 시험에 응시할 수 있으며, 시험이 종료될 때까지 신분증을 제시하지 못 할 경우 해당 시험은 0점 처리됩니다.
2. 시스템(PC작동여부, 네트워크 상태 등)의 이상여부를 반드시 확인하여야 하며, 시스템 이상이 있을시 감독위원에게 조치를 받으셔야 합니다.
3. 시험 중 부주의 또는 고의로 시스템을 파손한 경우는 응시자 부담으로 합니다.
4. 답안 전송 프로그램을 통해 파일을 다운로드하여 답안 파일을 작성하시기 바랍니다.
5. 작성한 답안 파일은 답안 전송 프로그램을 통하여 전송됩니다. 감독위원의 지시에 따라 주시기 바랍니다.
6. 다음 사항의 경우 실격(0점) 혹은 부정행위 처리됩니다.
   1) 답안 파일을 저장하지 않았거나, 저장한 파일이 손상되었을 경우
   2) 답안 파일을 지정된 폴더(바탕화면 – "KAIT" 폴더)에 저장하지 않았을 경우
      ※ 답안 전송 프로그램 로그인 시 바탕화면에 자동 생성됨
   3) 답안 파일을 다른 보조 기억장치(USB) 혹은 네트워크(메신저, 게시판 등)로 전송할 경우
   4) 휴대용 전화기 등 통신기기를 사용할 경우
7. **시험지에 제시된 글꼴이 응시 프로그램에 없는 경우, 반드시 감독위원에게 해당 내용을 통보한 뒤 조치를 받아야 합니다.**
8. 시험의 완료는 작성이 완료된 답안을 저장하고, 답안 전송이 완료된 상태를 확인한 것으로 합니다. 답안 전송 확인 후 문제지는 감독위원에게 제출한 후 퇴실하여야 합니다.
9. 답안 전송이 완료된 경우에는 수정 또는 정정이 불가능합니다.
10. 시험 시행 후 결과는 홈페이지(www.ihd.or.kr)에서 확인하시기 바랍니다.
    ※ 합격자 발표 : 20XX. XX. XX. (X)
    ※ 시험지 공개 : 20XX. XX. XX. (X)

❺ 과목 선택이 끝나면 '수검번호' 및 '수검자명'을 입력한 다음 〈감독관 IP 찾기〉 단추 및 〈확인〉 단추를 클릭합니다.

※ 데모용 연습 프로그램이기 때문에 '수검번호' 및 '수검자명'은 본인이 원하는 내용을 입력하세요.

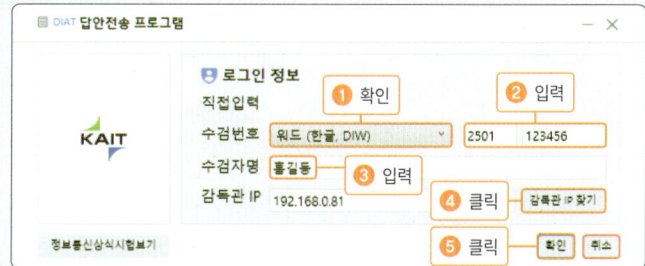

❻ 수검자 유의사항이 나오면 내용을 확인한 후 [마스터 키] 칸을 클릭하고 Enter 키를 누릅니다.

남한산성

1. 산성의 가치

남한산성은 백제, 통일신라, 고려, 조선 등 오랜 시대에 걸쳐 한강유역 및 수도에 대한 방어를 하였던 곳으로 단 한 번도 함락당한 적이 없는 천혜의 요새이다. 국가사적 제57호로 5개의 옹성과 4대문 등이 노송군락 주변 자연경관과 함께 보존(保存)되어 있으며, 특히 다양한 축성기법의 표본이 잘 남아있는 곳이다. 조선시대 행궁 중 유일하게 종묘(宗廟)와 사직(社稷)을 갖춘 남한행궁은 국가 전란시 부수도의 역할을 했으며, 왕이 실제로 가장 오래 기거한 기록이 역사적 있는 곳이다. 조선 시대에는 5군영 중 하나인 수어청의 근거지이자, 행정 시설이 290여 년간 운영되던 조선 최대의 산악 군사 행정지역이다. 1624년 남한산성의 대대적 수축을 위하여 전국 8도에서 소집된 승군이 주둔한 8개의 사찰과 중앙지휘사찰 등 총 10개의 사찰이 운영되었다. 효율적인 산성 수비를 위해 270여년간 승군 제도를 유지했던 명실상부한 호국불교의 상징지역이라고 할 수 있는 곳이다.

2. 남한산성의 자연생태

높고 낮은 봉우리가 여럿 이어져 계곡(溪谷)이 많고 물이 맑아 가재나 도롱뇽을 쉽게 볼 수 있으며, 여름밤에는 반딧불이를 만날 수 있는 곳이다. 남한산성은 숲이 넓은 만큼 나무도 많은데 그중에서 제일 많이 자라는 자생종A)은 참나무속의 신갈나무이고, 그 외에 서어나무, 물푸레나무, 귀룽나무 등이 있으며, 식재된 종으로는 아까시나무, 물오리나무, 단풍나무, 은사시나무 등이 있다.

남한산성 탐방 현황

연도	청소년(명)	성인(명)
2018년	1,521	1,436
2019년	1,657	1,743
2020년	2,003	2,118
2021년	2,103	2,349
합계	7,284	7,646

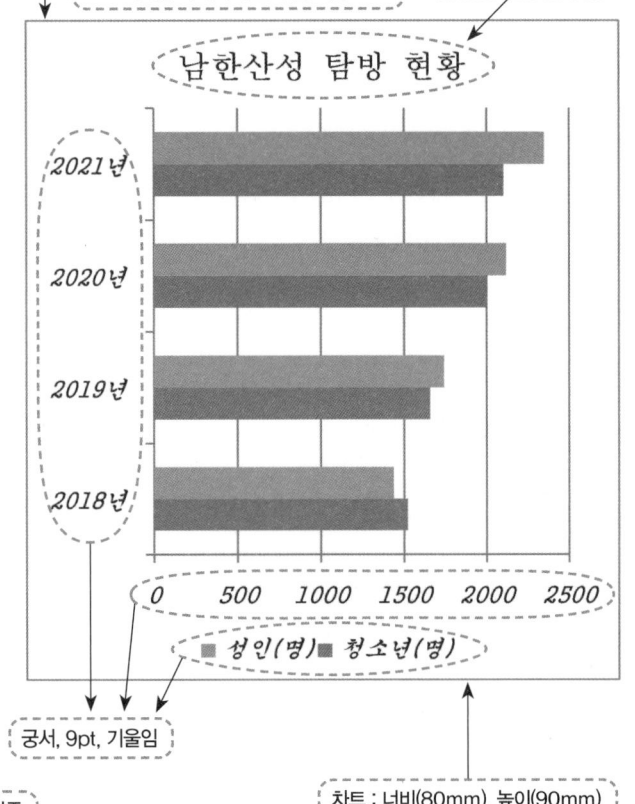

A) 옛날부터 저절로 퍼져서 살고 있는 고유한 종

❼ 시험이 시작됨과 동시에 해당 프로그램이 자동으로 실행되면서 답안 파일이 자동으로 열립니다. 이어서, 남은 시간을 확인하면서 답안을 작성합니다.

※ 시험을 강제로 종료하고자 할 때는 〈강제종료〉 단추를 클릭한 후 '비밀번호(0000)'를 입력한 다음 〈확인〉 단추를 클릭합니다.

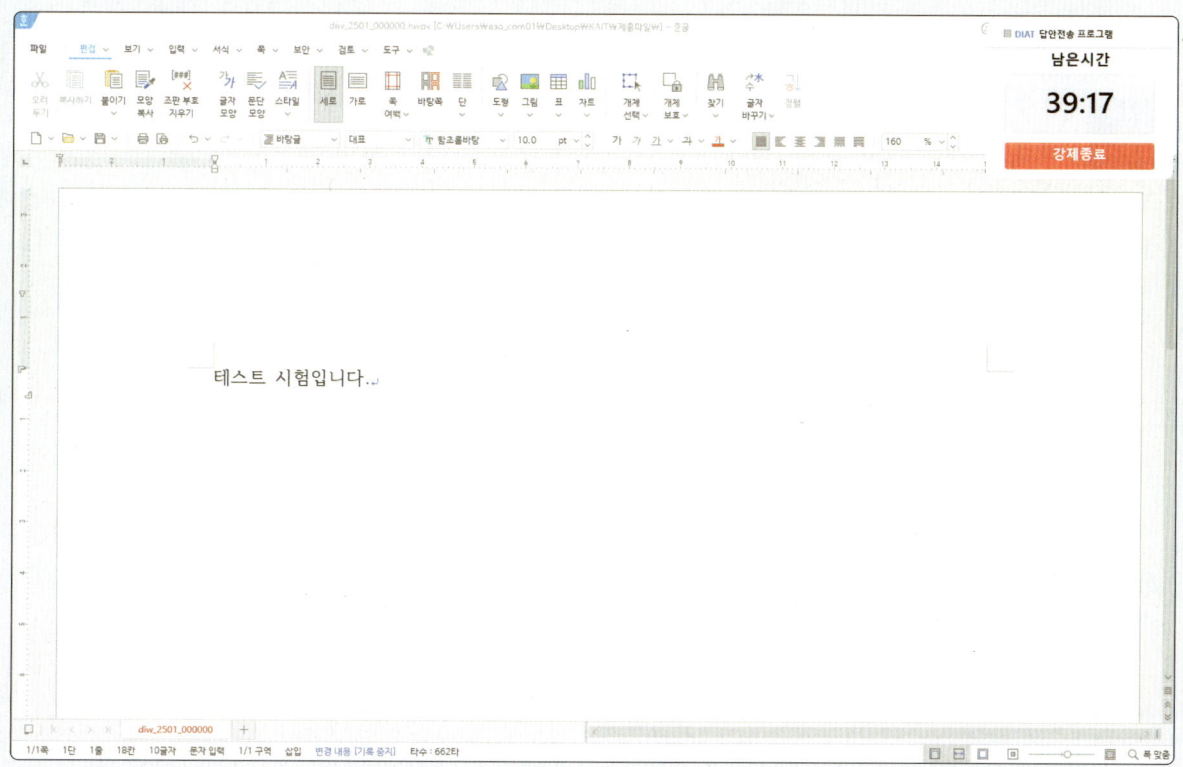

2022문화재역사탐방

문화재라는 말보다 '문화유산'이라는 말로 불릴 만큼 역사적 우수성을 지닌 우리나라는 수천 년 역사를 가진 만큼 크고 작은 우수한 문화유산이 잘 보존되어 있습니다. 신라 천년의 역사를 품고 있는 경주를 비롯해, 유네스코가 지정한 세계문화유산인 불국사 등을 탐방 예정인 '*2022문화재역사탐방*'은 문화적 가치가 있는 사물, 그림, 유형무형문화재, 사적 등을 돌아보며 조상의 얼을 기리고 역사적 예술적 가치를 알아 볼 수 있는 기회를 드리고자 합니다.

■ 행사안내 ■

1. 신청기간 : 2023년 01월 09일(월) ~ 13일(금)
2. 신청방법 : 온라인 신청 및 방문 접수 가능
3. 신청대상 : 문화재역사탐방에 관심 있는 누구나
4. 참 가 비 : 성인(20,000원) / 어린이(10,000원)

※ 기타사항
- 자세한 사항은 대한문화재연구소 홈페이지(http://www.diat.or.kr)의 공지사항을 참고하시거나 전화 02)1234-4567로 문의하여 주시기 바랍니다.
- 문예행사로는 백일장, 문화재탐방감상문공모, 서예대회가 진행됩니다.

2022. 12. 17.

대한문화재연구소

3. 아카데미소프트와 코딩아지트에서 개발한 '자동 채점 프로그램(MAG)'

❶ 자동 채점 프로그램은 작성한 답안 파일을 정답 파일과 비교하여 틀린 부분을 찾아주는 프로그램입니다. 프로그램상의 한계로 100% 정확한 채점은 어렵기 때문에 참고용으로 사용하시기 바랍니다.

❷ 필요한 자료를 [자료실]-[공지]-'MAG 답안 전송 & 채점 프로그램_240801'을 클릭합니다. 이어서, [MAG 답안 전송 & 채점 프로그램_240801] 파일을 다운로드 받아 압축을 해제한 후 [MAG 답안 전송 & 채점 프로그램_240801]-'MAG 답안 전송 & 채점 프로그램_실행 파일'을 더블 클릭하여 채점 프로그램을 실행합니다.

※ 채점 프로그램 폴더는 임의로 이름을 변경하거나 삭제하면 작동되지 않습니다.

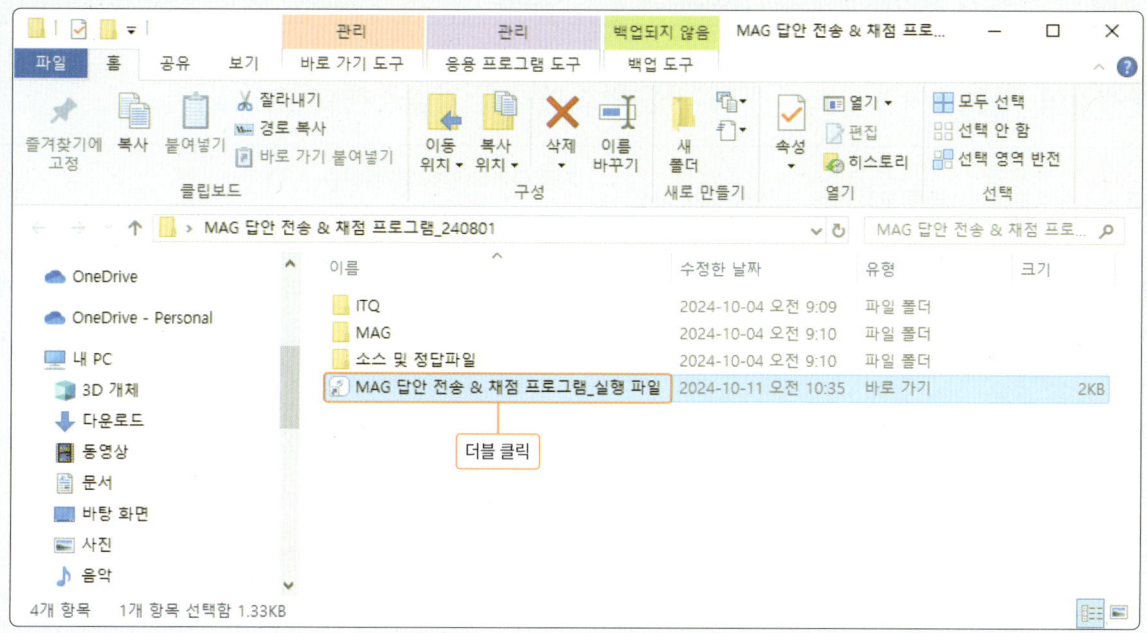

❸ 〈채점 프로그램 바로가기〉 단추를 클릭합니다.

디지털정보활용능력 한글 [시험시간 : 40분]

【문제】 첨부된 문제를 다음의 조건을 적용하여 문서를 작성하시오.

① 문서는 A4(210mm×297mm) 크기, 세로 용지 방향으로 작성한다.

② 페이지 여백은 아래와 같이 설정한다.

왼쪽	오른쪽	위쪽	아래쪽	머리말	꼬리말	제본
20mm	20mm	20mm	20mm	10mm	10mm	0mm

③ 아래와 같이 "자동 글머리 기호 넣기"와 "자동 번호 매기기" 기능을 해제한다.

> 도구 → 빠른 교정 → 빠른 교정 내용 → 입력 자동 서식 ⇒ 자동 글머리 기호 넣기(해제)
> 자동 번호 매기기(해제)

※ 만약 입력 자동 서식 메뉴가 없는 경우에는 "자동 글머리 기호 넣기"와 "자동 번호 매기기" 기능이 설정되어 있지 않은 것이므로 별도의 기능 해제 없이 그대로 시험에 응시하시면 됩니다.

④ 글자는 별도의 지시사항이 없는 한 **바탕**, **10pt**, **양쪽정렬**, **줄간격 160%**로 작성한다.

⑤ 영문, 숫자 등은 별도의 지시가 없는 한 반각(1byte) 문자를 사용한다.

⑥ 특수문자는 문자표(전각 기호)를 이용하여 작성한다.

⑦ 교정부호 및 화살표로 기재된 지시사항대로 처리하되, ┌┈┈┈┐→ 은 지시사항이므로 작성하지 않는다.

⑧ 1페이지에 [문제1]을 작성하고, 구역을 나누어 2페이지에 [문제2]를 작성한다.

※ 해당 페이지에 작성하지 않거나 의도적으로 텍스트 작성을 하지 않은 경우 0점 처리

⑨ [문제2]는 문제지와 같이 2단으로 다단을 나누어 작성한다.

⑩ '그림 삽입' 시에는 반드시 "KAIT 수검 프로그램"을 통해 다운로드 한 그림 파일을 사용한다.

⑪ 총점 : 200점

[공통사항1(기본설정, 용지설정)] : 8점, [공통사항2(오탈자)] : 40점
[문제1] : 46점, [문제2] : 106점

⑫ 기타 특별히 지시되어 있지 않은 사항은 문제지에 준하여 작성한다.

④ 자동 채점 프로그램이 실행되면 [DIAT 자격증] 탭을 클릭한 다음 채점하고자 하는 표지 아래 〈채점시작〉 단추를 클릭합니다.

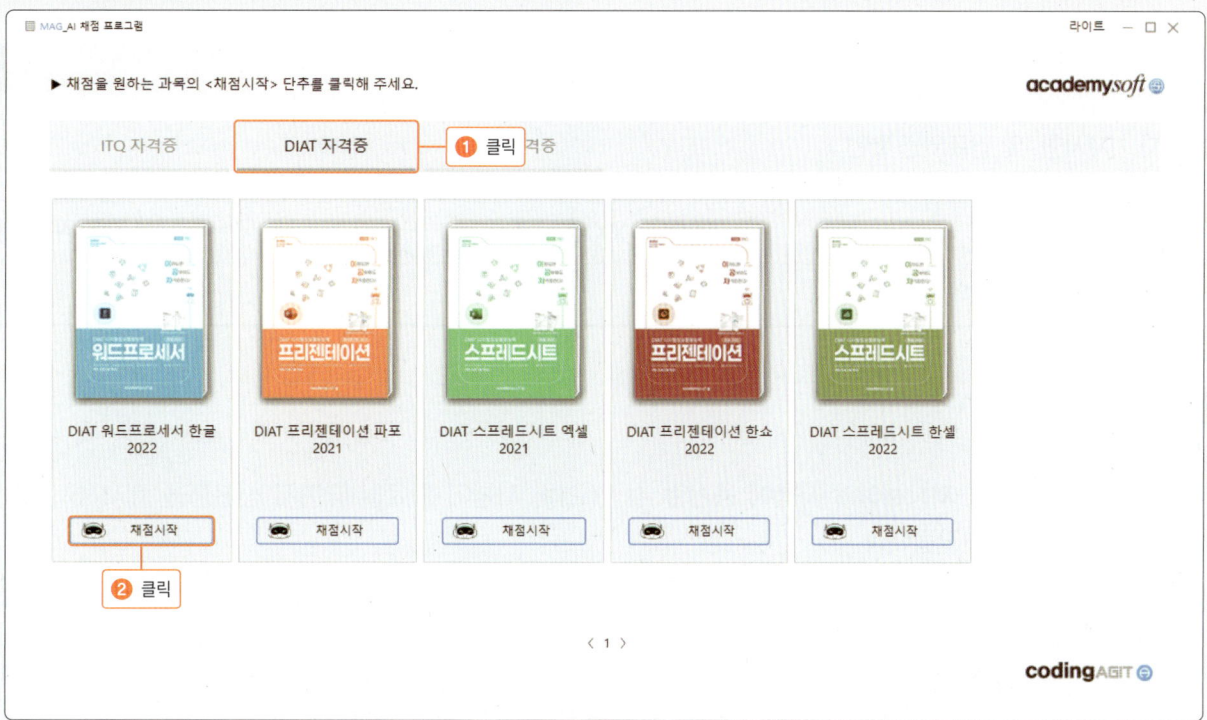

⑤ [MAG_AI 채점 프로그램] 대화상자가 나오면 [정답 파일]에서 드롭다운(▼) 단추를 클릭합니다. 이어서, [열기] 대화상자가 나오면 채점에 사용할 정답 파일을 선택한 후 〈열기〉 단추를 클릭합니다.

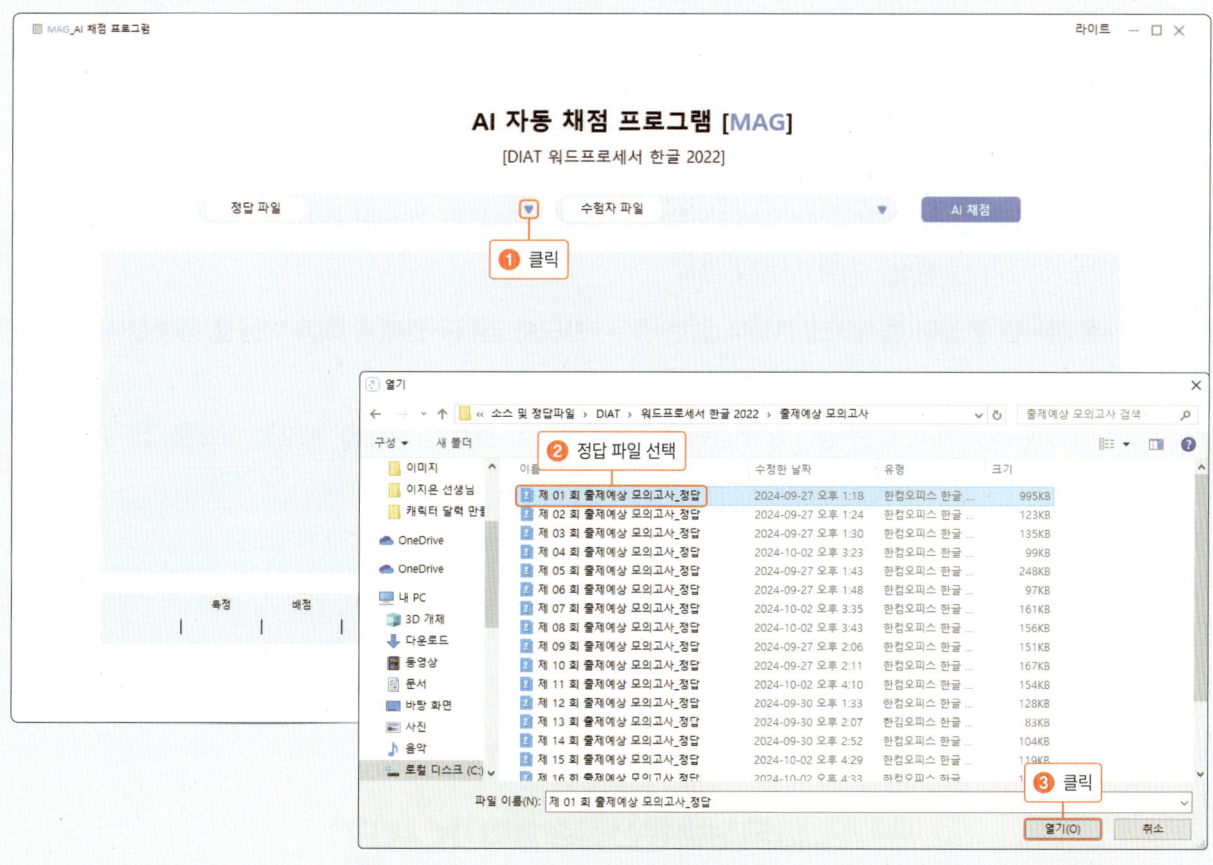

제 06 회 디지털정보활용능력 최신유형 기출문제

☑ 시험과목 : 워드프로세서(한글)
☑ 시험일자 : 20XX. XX. XX. (X)
☑ 응시자 기재사항 및 감독위원 확인

한컴오피스 한글 2022 버전용

수검번호	DIW - XXXX -	감독위원 확인
성 명		

·응시자 유의사항·

1. 응시자는 신분증을 지참하여야 시험에 응시할 수 있으며, 시험이 종료될 때까지 신분증을 제시하지 못 할 경우 해당 시험은 0점 처리됩니다.
2. 시스템(PC작동여부, 네트워크 상태 등)의 이상여부를 반드시 확인하여야 하며, 시스템 이상이 있을시 감독위원에게 조치를 받으셔야 합니다.
3. 시험 중 부주의 또는 고의로 시스템을 파손한 경우는 응시자 부담으로 합니다.
4. 답안 전송 프로그램을 통해 파일을 다운로드하여 답안 파일을 작성하시기 바랍니다.
5. 작성한 답안 파일은 답안 전송 프로그램을 통하여 전송됩니다. 감독위원의 지시에 따라 주시기 바랍니다.
6. 다음 사항의 경우 실격(0점) 혹은 부정행위 처리됩니다.
    1) 답안 파일을 저장하지 않았거나, 저장한 파일이 손상되었을 경우
    2) 답안 파일을 지정된 폴더(바탕화면 – "KAIT" 폴더)에 저장하지 않았을 경우
        ※ 답안 전송 프로그램 로그인 시 바탕화면에 자동 생성됨
    3) 답안 파일을 다른 보조 기억장치(USB) 혹은 네트워크(메신저, 게시판 등)로 전송할 경우
    4) 휴대용 전화기 등 통신기기를 사용할 경우
7. **시험지에 제시된 글꼴이 응시 프로그램에 없는 경우, 반드시 감독위원에게 해당 내용을 통보한 뒤 조치를 받아야 합니다.**
8. 시험의 완료는 작성이 완료된 답안을 저장하고, 답안 전송이 완료된 상태를 확인한 것으로 합니다. 답안 전송 확인 후 문제지는 감독위원에게 제출한 후 퇴실하여야 합니다.
9. 답안 전송이 완료된 경우에는 수정 또는 정정이 불가능합니다.
10. 시험 시행 후 결과는 홈페이지(www.ihd.or.kr)에서 확인하시기 바랍니다.
    ※ 합격자 발표 : 20XX. XX. XX. (X)
    ※ 시험지 공개 : 20XX. XX. XX. (X)

❻ 정답 파일이 열리면 [수험자 파일]에서 드롭다운(▼) 단추를 클릭합니다. 이어서, [열기] 대화상자가 나오면 정답 파일과 비교하여 채점할 학생 답안 파일을 선택한 후 〈열기〉 단추를 클릭한 다음 〈AI 채점〉 단추를 클릭합니다.

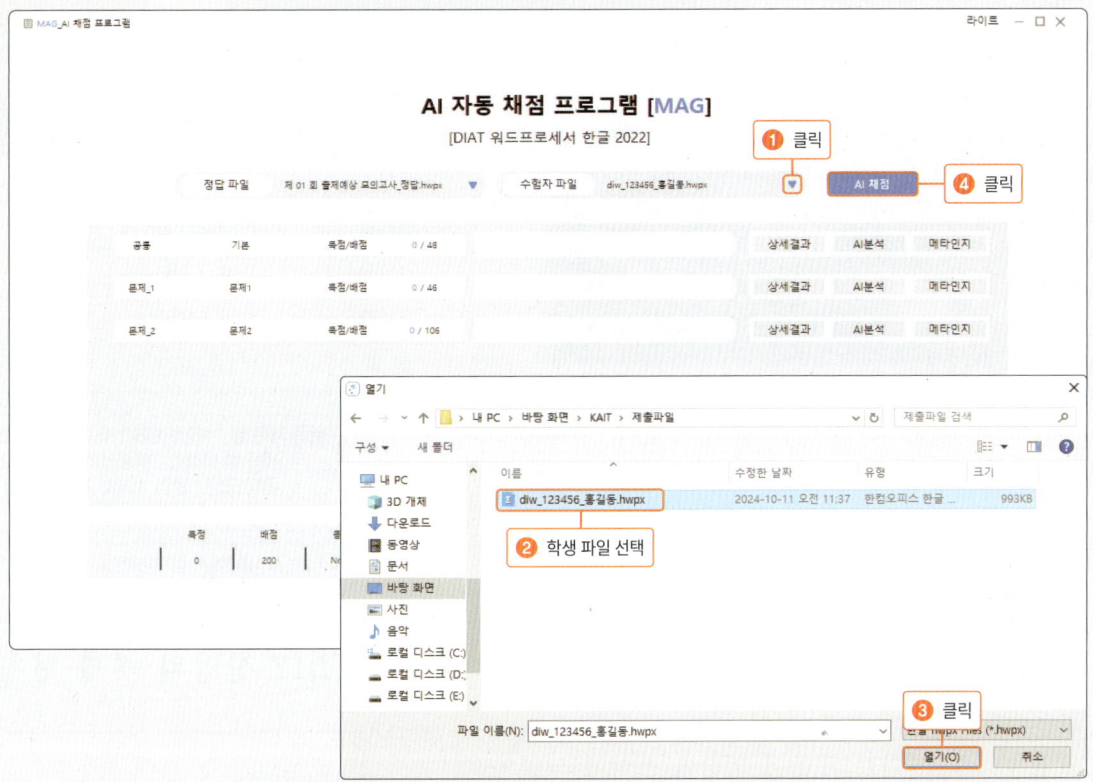

❼ 채점이 완료되면 문제별 전체 점수에서 맞은 점수를 확인하실 수 있습니다. 각 기능별로 자세하게 틀린 부분을 확인 할 때는 문제별 오른쪽에 〈상세결과〉 단추를 클릭하여 [정답] 항목과 비교하여 틀린 부분을 다시 확인합니다.

※ 〈상세결과〉, 〈AI 분석〉, 〈메타인지〉 부분은 2024년 10월부터 순차적으로 업데이트가 될 예정입니다.

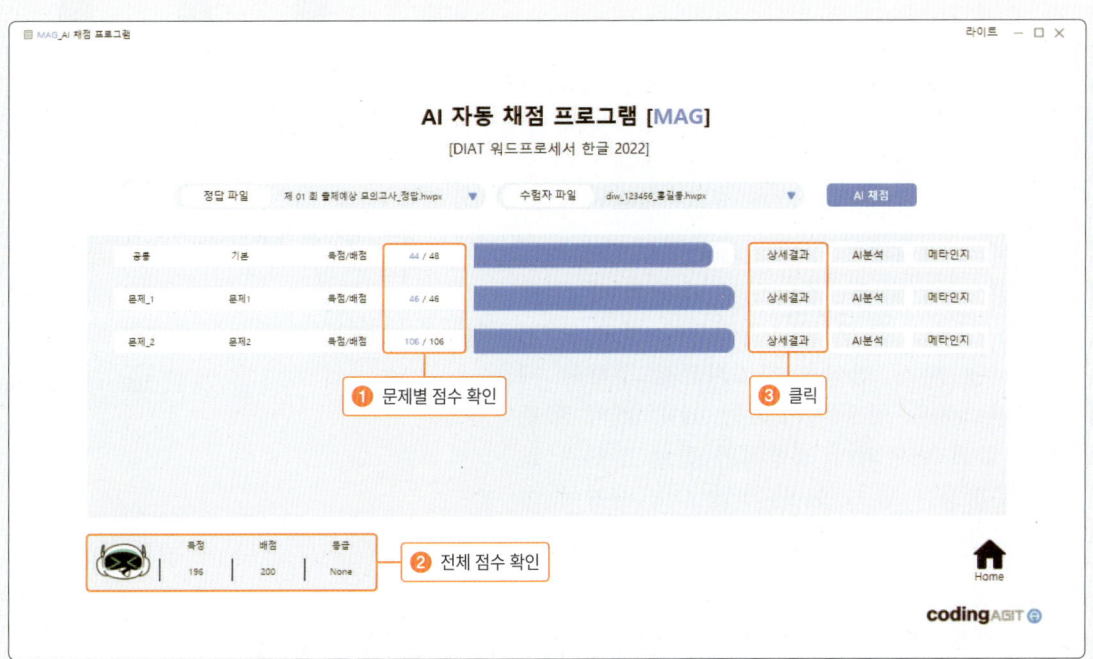

DIY 핸드메이드

1. DIY란?

DIY는 소비자(消費者)가 자신이 원하는 물건을 스스로 직접 만들 수 있도록 한 상품으로, 엄밀하게는 반제품ⓐ상태의 제품을 구입해 직접 조립(組立)하거나 제작하도록 한 상품을 말한다. "디 아이 와이"라고 읽으며, "네 자신이 직접 만들어라"라는 뜻의 "Do it yourself"의 준말이기도 하다. 이 개념은 1945년에 영국에서 시작되어 미국에 퍼졌다. 전문가(專門家)의 도움 없이도 자신의 집 안팎을 공사할 수 있게 되어 1950년대에 들러 "Do it yourself"라는 구문이 일상에 쓰이게 되었다. 현재에 와서는 공간만을 이르는 말이 아닌 자기 손으로 직접 만드는 모든 물품을 이르는 단어가 됐으며, 지속되는 경제 불황으로 주부들의 부업 아이템 또는 직장인들의 퇴직 후 창업 아이템으로 각광 받고 있다.

2. DIY 산업

DIY 산업은 제품 구입 시 소요되는 비용 절감과 함께 취미 생활(生活)의 일환으로 소비자들이 반가공 상태의 자재를 구입하여 손수 완제품을 조립하는 산업을 일컫는 말이다. DIY 산업은 그동안 접착시트, 고형가구 등에만 국한되었으나 최근에는 페인트, 철물 등 폭넓은 분야(分野)에 적용되어 DIY 급속도로 유행이 형성되어 가고 있다. 이런 추세에 따라 형식을 간소화길 원하는 세대와 자연스러운 멋을 추구하는 세대 간의 공존이 여과 없이 반영되어 정형적인 틀에 갇히지 않은 자유분방함을 담고 있어, 국내 DIY 시장이 어디까지 성장할 수 있을지 귀추가 주목되고 있다.

ⓐ 완제품의 재료로 쓰기 위하여 기초 원료를 가공한 중간 제품 또는 모든 제조 과정을 거치지는 않은 중간 제품

DIY 산업의 매출 현황

연도별	매출액(단위 : 억원)	제품수
2017	2,930	769
2018	3,200	877
2019	4,728	1,023
2020	5,535	1,755
합계	16,393	4,424

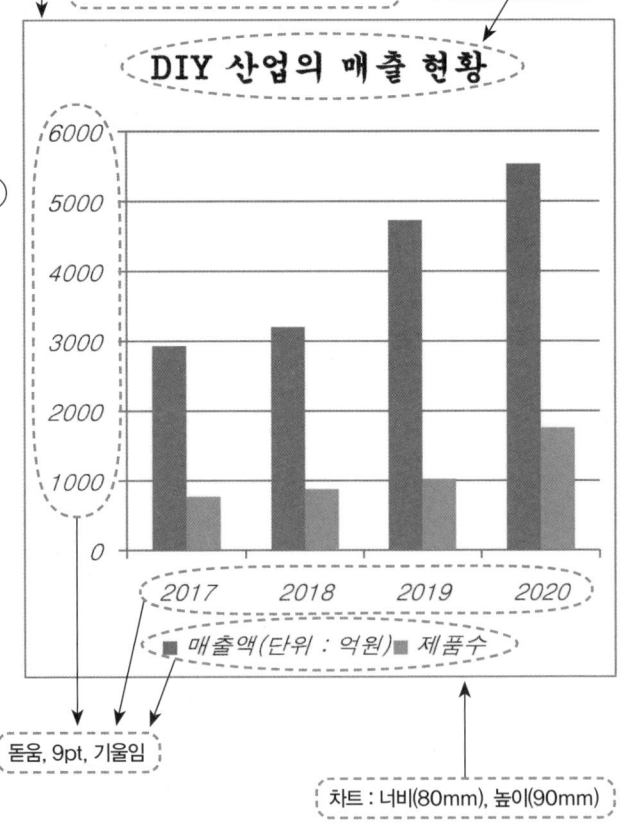

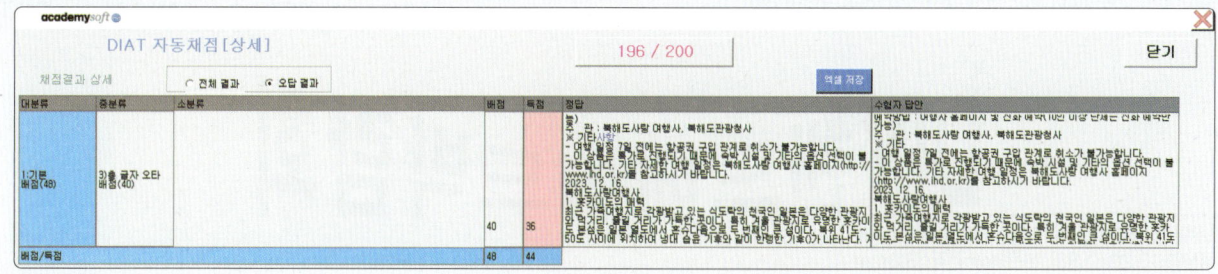

아름다운눈꽃축제!북해도여행

눈 이 아름다운 그 곳, 일본 최북단에 위치한 북해도 패키지여행을 소개해드립니다. *이번 '2023 북해도 여행 패키지' 프로그램은 소중한 가족들, 친구들과 함께하는* 최고의 여행이 될 수 있도록 다채롭게 구성 되었습니다. 매년 3,000리터의 온천수가 나오는 노보리베츠의 지옥계곡에서 밤도깨비 축제를 관람하고, 아름다운 설경 속의 고급 온천욕을 즐길 수도 있습니다. 또한 삿포로의 맥주 박물관과 다양한 먹거리로 풍부한 여행이 될 것입니다.

▣ 여행안내 ▣

1. 기   간 : 2023. 12. 26.(화) ~ 12. 29.(금), 3박 4일
2. 장   소 : 북해도 삿포로, 오타루, 노보리베츠 등
3. **예약방법** : 여행사 홈페이지 및 전화 예약 **(10인 이상 단체는 전화 예약만 가능)**
4. 주   관 : 북해도사랑 여행사, 북해도관광청사

※ 기타
 - 여행 일정 7일 전에는 항공권 구입 관계로 취소가 불가능합니다.
 - 이 상품은 특가로 진행되기 때문에 숙박 시설 및 기타의 옵션 선택이 불가능합니다. 기타 자세한

DIAT

DIY핸드메이드박람회

최근 세계적인 웰빙 바람과 함께 내 손으로 안전한 먹거리, 친환경 소재의 의류 등을 만들어 사용하는 DIY 붐이 일고 있으며, 지속되는 경제 불황으로 인한 대안으로 DIY는 주부들에게는 고부가가치의 부업 아이템, 직장인에게는 퇴직 후의 창업 아이템으로서 큰 관심을 불러일으키고 있습니다. 이에 대한컨벤션센터에서는 '내 손으로 직접 만드는 내 가족의 행복'이라는 주제로 *DIY 핸드메이드 박람회*를 개최할 예정입니다. 여러분의 많은 관심과 참여를 부탁드립니다.

★ 행사안내 ★

1. 행사기간 : 2023년 01월 12일(목) ~ 15일(일)
2. 관람시간 : 10:00 ~ 18:00
3. 행사장소 : 경기 고양시 일산 컨벤션센터
4. 행사목적 : *DIY 핸드메이드 창업 교육 및 참가업체 상품소개*

※ 기타사항
- 입장료는 3,000원이며, 입장료의 일부는 박람회 행사 개선에 사용됩니다.
- 기타 자세한 사항은 대한컨벤션센터 홈페이지(http://www.ihd.or.kr)의 공지사항을 참고하시거나 담당자(032-1234-5678)에게 문의하시기 바랍니다.

2022. 12. 17.

대 한 컨 벤 션 센 터

- i -

4. 한글 2022 화면 구성

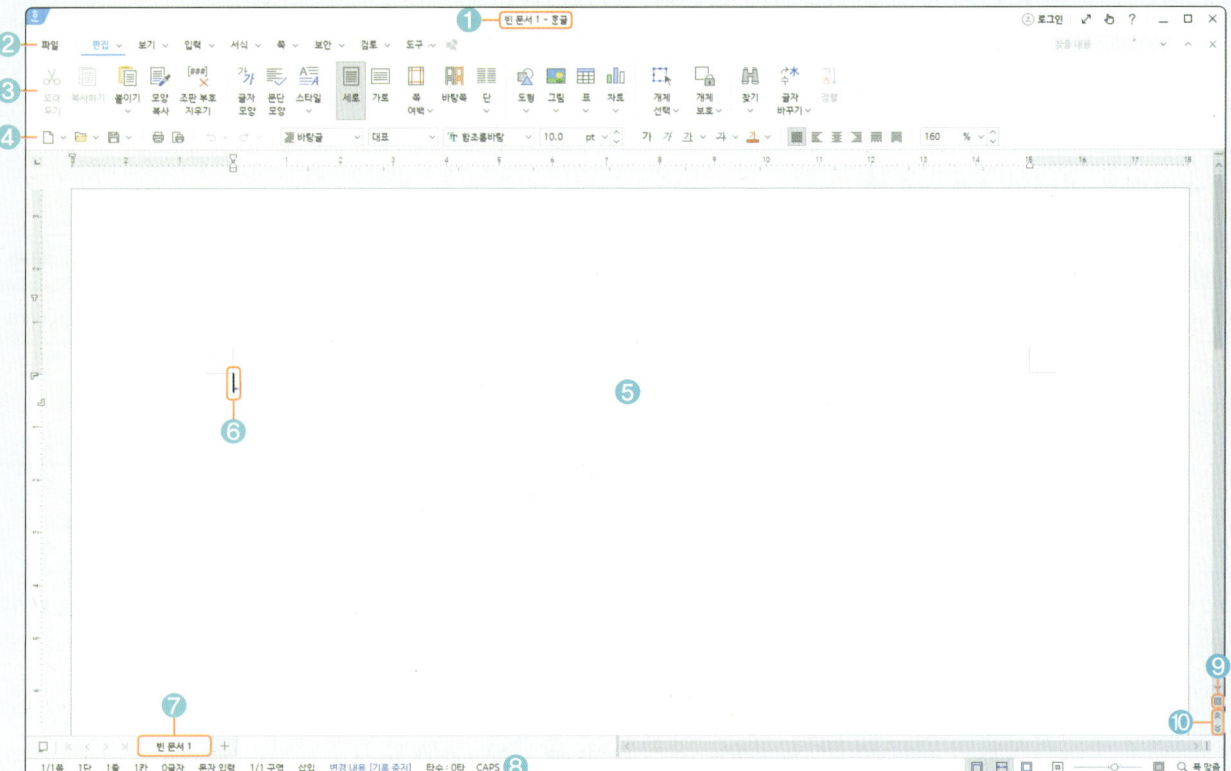

① **제목** : 현재 작업 중인 문서의 이름과 저장 위치를 보여주며, 최소화/최대화/닫기 단추가 표시됩니다.

② **메뉴** : 문서 작성에 필요한 기능들을 종류별로 분류한 메뉴를 보여줍니다.

③ **기본 도구 상자** : 각 메뉴에서 자주 사용하는 기능을 메뉴 탭 형식으로 제공합니다.

④ **서식 도구 상자** : 문서 편집 시 자주 사용하는 기능들을 묶어 놓은 곳입니다.

⑤ **편집 창** : 문서의 내용을 입력하고 편집할 수 있는 작업 공간입니다.

⑥ **커서** : 문자가 입력되는 위치를 나타냅니다.

⑦ **문서 탭** : 현재 작업 창에 열러 있는 문서와 파일명을 탭 형식으로 표시합니다. 저장하지 않은 문서는 파일 이름이 빨강색으로 표시되고, 자동 저장된 문서는 파랑색, 저장 완료된 문서는 검정색으로 표시됩니다.

⑧ **상황 선** : 현재 작업 중인 커서의 위치, 삽입/수정 상태 등을 보여줍니다.

⑨ **보기 선택 아이콘** : 쪽 윤곽, 문단 부호 보기, 조판 부호 보기, 투명선, 격자 설정, 찾기와 같은 보기 기능을 선택할 수 있습니다.

⑩ **쪽 이동 아이콘** : 작성 중인 문서가 여러 장일 때 쪽 단위로 이동할 수 있습니다.

【문제】 첨부된 문제를 다음의 조건을 적용하여 문서를 작성하시오.

① 문서는 A4(210mm×297mm) 크기, 세로 용지 방향으로 작성한다.

② 페이지 여백은 아래와 같이 설정한다.

왼쪽	오른쪽	위쪽	아래쪽	머리말	꼬리말	제본
20mm	20mm	20mm	20mm	10mm	10mm	0mm

③ 아래와 같이 "자동 글머리 기호 넣기"와 "자동 번호 매기기" 기능을 해제한다.

도구 → 빠른 교정 → 빠른 교정 내용 → 입력 자동 서식 ⇒ 자동 글머리 기호 넣기(해제) / 자동 번호 매기기(해제)

※ 만약 입력 자동 서식 메뉴가 없는 경우에는 "자동 글머리 기호 넣기"와 "자동 번호 매기기" 기능이 설정되어 있지 않은 것이므로 별도의 기능 해제 없이 그대로 시험에 응시하시면 됩니다.

④ 글자는 별도의 지시사항이 없는 한 **바탕, 10pt, 양쪽정렬, 줄간격 160%**로 작성한다.

⑤ 영문, 숫자 등은 별도의 지시가 없는 한 반각(1byte) 문자를 사용한다.

⑥ 특수문자는 문자표(전각 기호)를 이용하여 작성한다.

⑦ 교정부호 및 화살표로 기재된 지시사항대로 처리하되, ⌐ ̄ ̄ ̄ ̄¬→ 은 지시사항이므로 작성하지 않는다.

⑧ 1페이지에 [문제1]을 작성하고, 구역을 나누어 2페이지에 [문제2]를 작성한다.

※ 해당 페이지에 작성하지 않거나 의도적으로 텍스트 작성을 하지 않은 경우 0점 처리

⑨ [문제2]는 문제지와 같이 2단으로 다단을 나누어 작성한다.

⑩ '그림 삽입' 시에는 반드시 "KAIT 수검 프로그램"을 통해 다운로드 한 그림 파일을 사용한다.

⑪ 총점 : 200점

[공통사항1(기본설정, 용지설정)] : 8점, [공통사항2(오탈자)] : 40점
[문제1] : 46점, [문제2] : 106점

⑫ 기타 특별히 지시되어 있지 않은 사항은 문제지에 준하여 작성한다.

PART 02

출제유형 완전정복

제 05 회 디지털정보활용능력 최신유형 기출문제

- ☑ 시험과목 : 워드프로세서(한글)
- ☑ 시험일자 : 20XX. XX. XX. (X)
- ☑ 응시자 기재사항 및 감독위원 확인

한컴오피스 한글 2022 버전용

수 검 번 호	DIW - XXXX -	감독위원 확인
성 명		

·응시자 유의사항·

1. 응시자는 신분증을 지참하여야 시험에 응시할 수 있으며, 시험이 종료될 때까지 신분증을 제시하지 못 할 경우 해당 시험은 0점 처리됩니다.

2. 시스템(PC작동여부, 네트워크 상태 등)의 이상여부를 반드시 확인하여야 하며, 시스템 이상이 있을시 감독위원에게 조치를 받으셔야 합니다.

3. 시험 중 부주의 또는 고의로 시스템을 파손한 경우는 응시자 부담으로 합니다.

4. 답안 전송 프로그램을 통해 파일을 다운로드하여 답안 파일을 작성하시기 바랍니다.

5. 작성한 답안 파일은 답안 전송 프로그램을 통하여 전송됩니다. 감독위원의 지시에 따라 주시기 바랍니다.

6. 다음 사항의 경우 실격(0점) 혹은 부정행위 처리됩니다.
   1) 답안 파일을 저장하지 않았거나, 저장한 파일이 손상되었을 경우
   2) 답안 파일을 지정된 폴더(바탕화면 – "KAIT" 폴더)에 저장하지 않았을 경우
      ※ 답안 전송 프로그램 로그인 시 바탕화면에 자동 생성됨
   3) 답안 파일을 다른 보조 기억장치(USB) 혹은 네트워크(메신저, 게시판 등)로 전송할 경우
   4) 휴대용 전화기 등 통신기기를 사용할 경우

7. **시험지에 제시된 글꼴이 응시 프로그램에 없는 경우, 반드시 감독위원에게 해당 내용을 통보한 뒤 조치를 받아야 합니다.**

8. 시험의 완료는 작성이 완료된 답안을 저장하고, 답안 전송이 완료된 상태를 확인한 것으로 합니다. 답안 전송 확인 후 문제지는 감독위원에게 제출한 후 퇴실하여야 합니다.

9. 답안 전송이 완료된 경우에는 수정 또는 정정이 불가능합니다.

10. 시험 시행 후 결과는 홈페이지(www.ihd.or.kr)에서 확인하시기 바랍니다.
    ※ 합격자 발표 : 20XX. XX. XX. (X)
    ※ 시험지 공개 : 20XX. XX. XX. (X)

출제유형 01 기본 문서 작성과 저장

- ☑ 편집 용지 및 기본 글자 서식 지정하기
- ☑ 구역 나누기
- ☑ 파일 저장하기

문제 미리보기

소스 파일 : 없음   정답 파일 : 유형01_정답.hwpx   【문제 1(46점)】

> 인공지능은 이제 한 분야의 학문으로 정립된 지 70여 년이 되어가고 있습니다. 작년 학술대회는 다양한 분야에 적용 가능한 관련 논문과 각 분야의 전문가께서 연사로 참여해 주셔서 성공리에 마무리될 수 있었습니다. 2024년 학술대회에서는 최근 인공지능기술과 4차 산업혁명이 앞으로 사회적 그리고 경제적으로 우리 인류에게 어떤 영향을 미칠지 되짚어 볼 수 있는 소중하고 의미 있는 시간이 되리라 생각합니다. 많은 관심과 참석 바랍니다.

- 문제1은 줄 간격 180%로 작성
- 문제1은 1구역, 문제2는 2구역으로 나누어 답안 작성

에너지(Energy)

1. 에너지란?

에너지란 물체를 움직이게 하거나 물체에 어떤 변화를 주는 능력을 말하는 것으로 열에너지, 빛에너지, 전기에너지, 화학에너지, 원자력에너지, 역학에너지 등으로 구분할 수 있다. 또한 1차 에너지(Primary Energy)는 석유, 석탄, 천연가스, 풍력, 태양열 등과 같이 열이나 힘을 공급하기 위한 소비 또는 전환될 수 있는 물질(物質)이나 자연현상을 말하며, 최종 에너지는 1차 에너지의 전환으로 생산되는 에너지를 말한다. 일반적으로 에너지소비 수준(水準)을 말하거나 국가별 에너지소비를 비교할 때는 1차 에너지를 기준으로 하며, 소비 부문별로 에너지소비를 말할 때는 최종 에너지를 기준으로 표현(表現)한다.

2. 그린에너지

태양열, 풍력, 바이오매스[1], 지열, 조력, 해양에너지 등의 대체에너지를 말한다. 대체에너지란 용어는 1970년대에 '석탄, 석유 등 화석연료를 대체한다.'는 의미에서 사용되었으나 1980년 이후 천연가스, 원자력 등의 사용이 증가되고 환경오염(環境汚染)의 문제가 심각해짐에 따라 최근에는 청정에너지로서의 재생에너지, 미래에너지, 그린에너지 등을 의미한다. 현재 선진각국에서 활발히 기술개발이 진행(進行)되어 실용화 단계에 접어든 대체에너지로는 태양에너지, 풍력에너지가 주종을 이루며 바이오매스, 지열, 파도력, 조력 등을 이용한 대체에너지 개발도 활발히 진행되고 있다. 국내에서도 바이오에너지, 풍력, 연료전지, 해양에너지, 수소에너지 등을 개발 진행하고 있다.

국가별 1차 에너지 소비량

국가	2020년	2024년
대한민국	216.6	291.2
미국	2320.7	2172.4
일본	527.5	391.5
러시아	676.2	838.5
평균	935.25	923.40

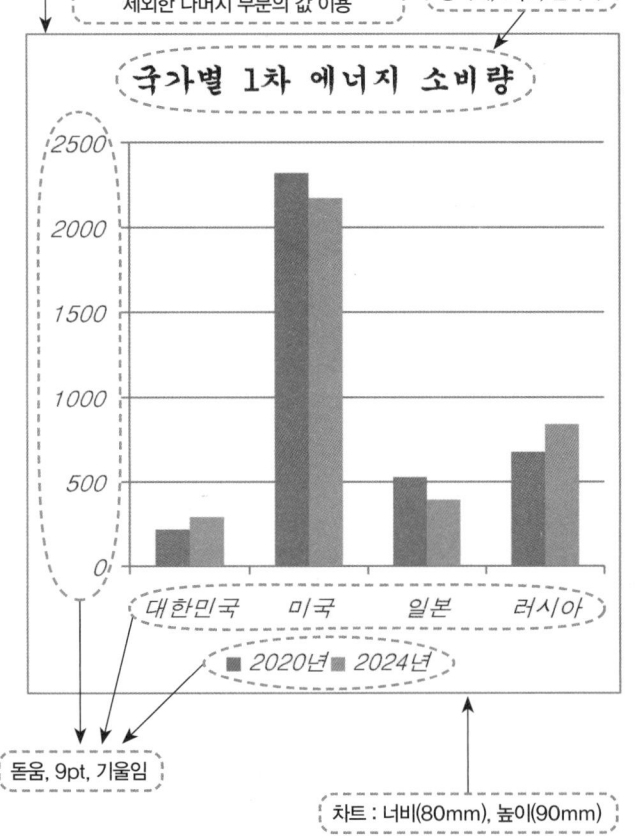

---

[1] 광합성에 의하여 생성되는 다양한 식물 자원, 즉 나무, 풀, 농작물의 가지, 잎, 뿌리, 열매 등을 일컫는다.

- 을 -

01 편집 용지 및 기본 글자 서식 지정하기

❶ [시작(▪)] 단추를 눌러 [한글 2022(▣)]를 클릭하여 실행합니다.

❷ [서식] 도구 상자에서 '글꼴(바탕)'을 지정한 후 '글자 크기(10pt)', '양쪽 정렬(▦)', '줄 간격(180%)'을 지정합니다.

※ 2025년 3월 시험부터 1페이지 줄 간격을 '180%'로 지정합니다.

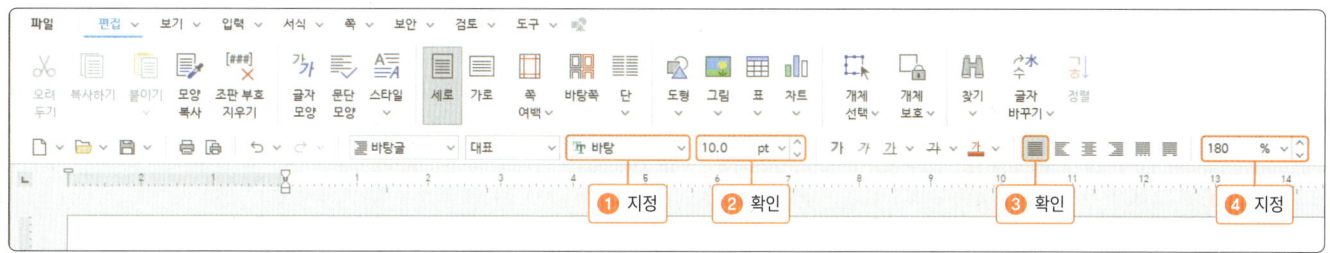

❸ [파일] 탭에서 [편집 용지](또는 F7)를 클릭합니다.

❹ [편집 용지] 대화상자가 나오면 [기본] 탭에서 '용지 종류-A4(국배판[210×297])', '용지 방향(세로)', '제본(한쪽)'을 확인합니다. 이어서, '용지 여백'을 '위쪽(20mm), 아래쪽(20mm), 왼쪽(20mm), 오른쪽(20mm), 머리말(10mm), 꼬리말(10mm), 제본(0mm)'으로 지정한 후 〈설정〉 단추를 클릭합니다.

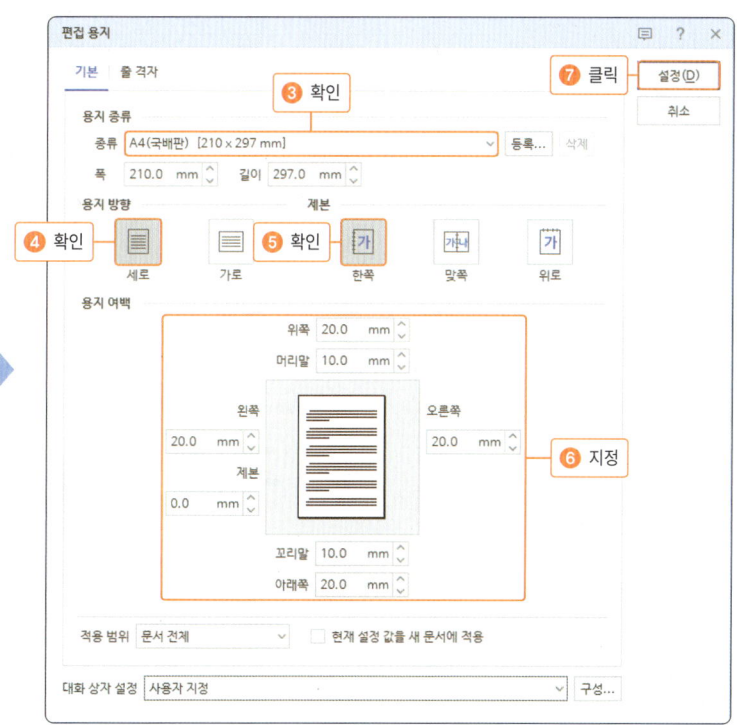

> **TIP 시험장에서 한글 프로그램 환경**
> - 실제 시험장에서는 시험이 시작됨과 동시에 답안 파일(한글 2022)이 자동으로 열립니다. 답안 파일이 자동으로 실행되면 파일명(diw_123456_홍길동.hwpx)을 확인합니다.
> - 프로그램이 실행이 되면 왼쪽 상단에 ▣ 아이콘이 맞는지 확인하고, 아이콘이 없거나 틀린 경우에는 버전이 다르므로 감독위원에게 문의하여야 합니다.

국제그린에너지엑스포

그린에너지연합회에서는 2004년부터 해년마다 신재생에너지 전문 전시회인 국제그린에너지 엑스포를 개최하고 있으며, 올해에도 여러분의 성원에 힘입어 *제30회 국제그린에너지 엑스포*를 개최하게 되었습니다. 특히 이번 전시회는 기존의 태양광 중심의 전시회에서 태양광, 풍력, 연료전지 등 3개 부문을 특화시킨 신재생에너지 전시회로 열릴 예정입니다. 기업이 함께 노력하여 해외 진출을 할 수 있는 자리를 마련할 예정이오니 관계자 여러분의 많은 관심과 참여를 바랍니다.

◎ 안 내 ◎

1. 일   정 : 2022년 12월 21일(수) ~ 23일(금)
2. 관람시간 : 10:00 ~ 18:00
3. 장   소 : EXCO 전관(1, 3, 5층), 야외전시장 컨벤션홀
4. 목   적 : <u>*참가업체, 바이어에게 실질적인 비즈니스의 장 제공*</u>

※ 기타
- 기타 자세한 사항은 국제그린에너지 엑스포 홈페이지(http://www.ihd.or.kr)의 공지사항으로 참고하시거나 담당자(032-1234-7890)에게 문의하시기 바랍니다.
- 참가자 전원에게는 소정의 상품이 제공될 예정이니 많은 참여 부탁드립니다.

2022. 12. 17.

그린에너지연합회

02 구역 나누기

❶ [쪽] 탭에서 '구역 나누기(⬍)'(또는 `Alt`+`Shift`+`Enter`)를 클릭합니다.

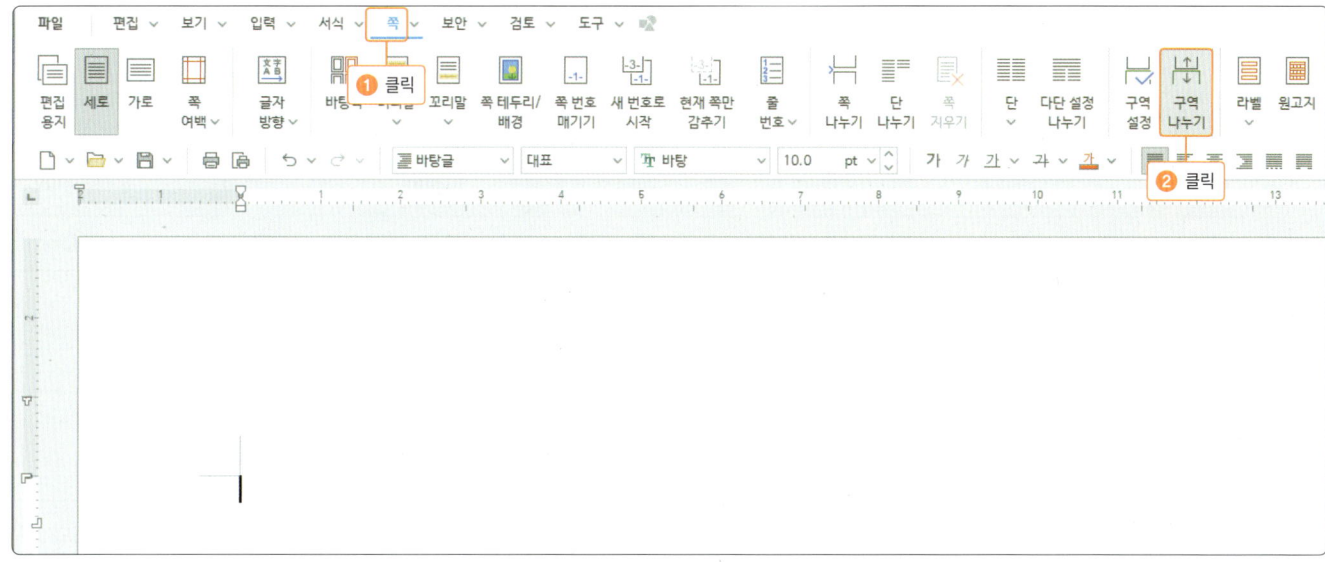

❷ 페이지가 두 페이지로 나누어지고 마우스 포인터가 2페이지에 위치한 것을 확인합니다. 이어서, [서식] 도구상자에서 '줄간격(160%)'로 지정합니다.

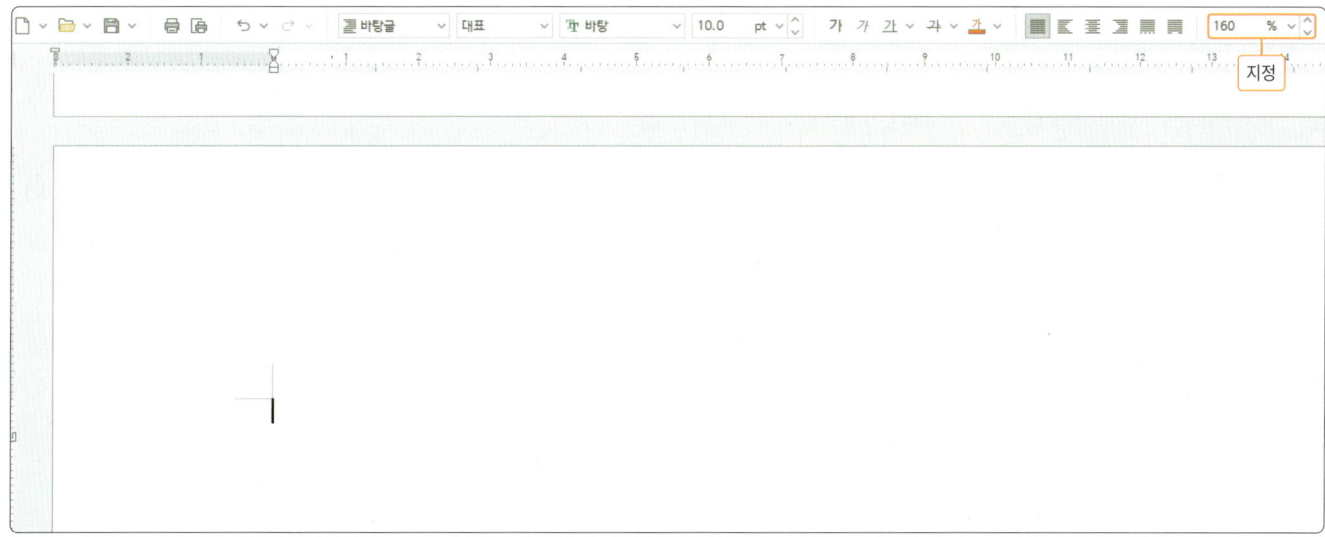

TIP 문단 부호

[보기]-'문단 부호' 체크
실제 시험과는 무관하지만 문서의 줄 바꿈에 대한 표시를 나타내어 문서를 작성하는 것이 수월합니다.

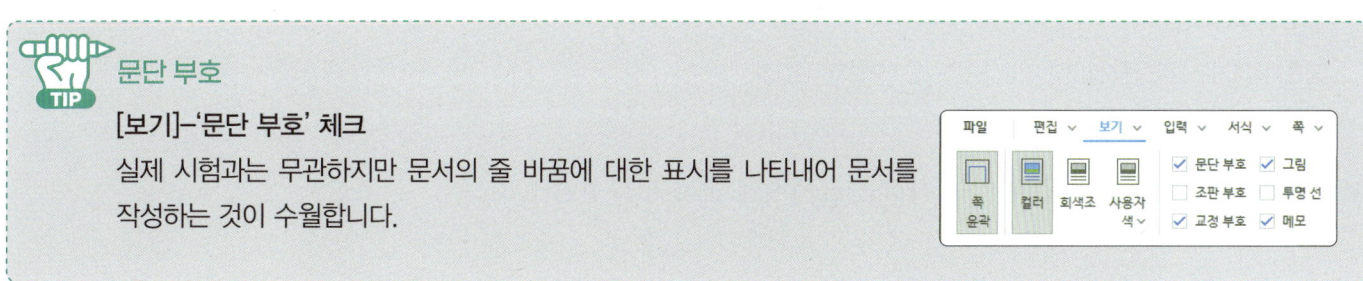

디지털정보활용능력 한글 [시험시간 : 40분]

【문제】 첨부된 문제를 다음의 조건을 적용하여 문서를 작성하시오.

① 문서는 A4(210mm×297mm) 크기, 세로 용지 방향으로 작성한다.

② 페이지 여백은 아래와 같이 설정한다.

왼쪽	오른쪽	위쪽	아래쪽	머리말	꼬리말	제본
20mm	20mm	20mm	20mm	10mm	10mm	0mm

③ 아래와 같이 "자동 글머리 기호 넣기"와 "자동 번호 매기기" 기능을 해제한다.

> 도구 → 빠른 교정 → 빠른 교정 내용 → 입력 자동 서식 ⇒ 자동 글머리 기호 넣기(해제)
> 자동 번호 매기기(해제)

※ 만약 입력 자동 서식 메뉴가 없는 경우에는 "자동 글머리 기호 넣기"와 "자동 번호 매기기" 기능이 설정되어 있지 않은 것이므로 별도의 기능 해제 없이 그대로 시험에 응시하시면 됩니다.

④ 글자는 별도의 지시사항이 없는 한 **바탕, 10pt, 양쪽정렬, 줄간격 160%**로 작성한다.

⑤ 영문, 숫자 등은 별도의 지시가 없는 한 반각(1byte) 문자를 사용한다.

⑥ 특수문자는 문자표(전각 기호)를 이용하여 작성한다.

⑦ 교정부호 및 화살표로 기재된 지시사항대로 처리하되, ⌐⌐⌐⌐⌐→ 은 지시사항이므로 작성하지 않는다.

⑧ **1페이지에 [문제1]을 작성하고, 구역을 나누어 2페이지에 [문제2]를 작성한다.**

※ 해당 페이지에 작성하지 않거나 의도적으로 텍스트 작성을 하지 않은 경우 0점 처리

⑨ [문제2]는 문제지와 같이 2단으로 다단을 나누어 작성한다.

⑩ '그림 삽입' 시에는 반드시 "KAIT 수검 프로그램"을 통해 다운로드 한 그림 파일을 사용한다.

⑪ 총점 : 200점

[공통사항1(기본설정, 용지설정)] : 8점, [공통사항2(오탈자)] : 40점
[문제1] : 46점, [문제2] : 106점

⑫ 기타 특별히 지시되어 있지 않은 사항은 문제지에 준하여 작성한다.

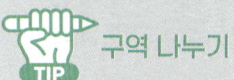 구역 나누기

[쪽]-'구역 나누기( )'
문서를 나누는 기능 중 하나로 문서별로 서식을 다르게 지정할 때 쓰입니다. DIAT 워드프로세서 시험에서는 구역을 나누어 1페이지에는 [문제 1], 2페이지에는 [문제 2]를 작성해야 합니다.

03 문서를 작성한 후 저장하기

➊ 1페이지를 클릭하여 마우스 포인터를 1페이지에 위치시킵니다. 이어서, Enter 키를 두 번 누른 후 [문제 1]을 보면서 다음과 같이 내용을 입력합니다.

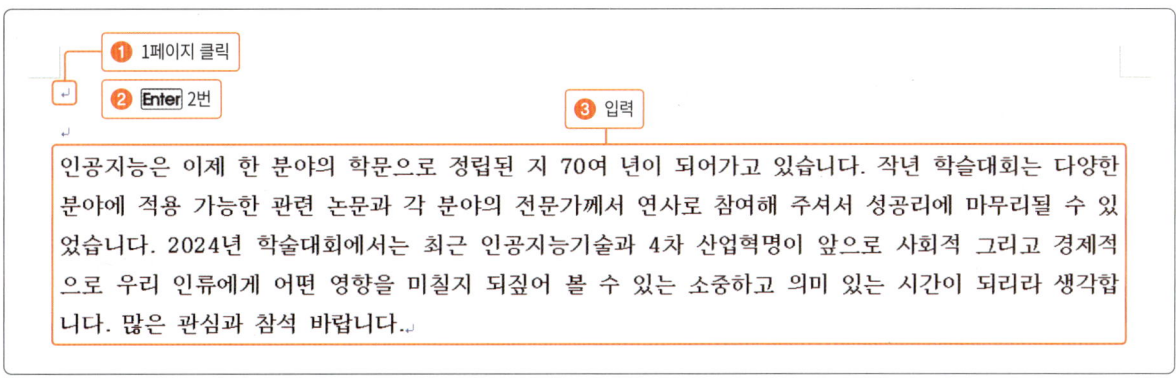

 Enter 키를 두 번 누르는 이유는 다음 출제 유형에서 학습할 '글맵시'를 추가하기 위하여 미리 공간을 만들어 놓은 것입니다.

➋ [파일] 탭에서 [저장하기](또는 Alt + S) 또는 [서식] 도구 상자에서 '저장하기( )'를 클릭하여 답안 파일을 저장합니다.

※ 실제 시험을 볼 때에는 작업 도중에 수시로(10분에 한 번 정도) 저장을 하는 것이 좋습니다.

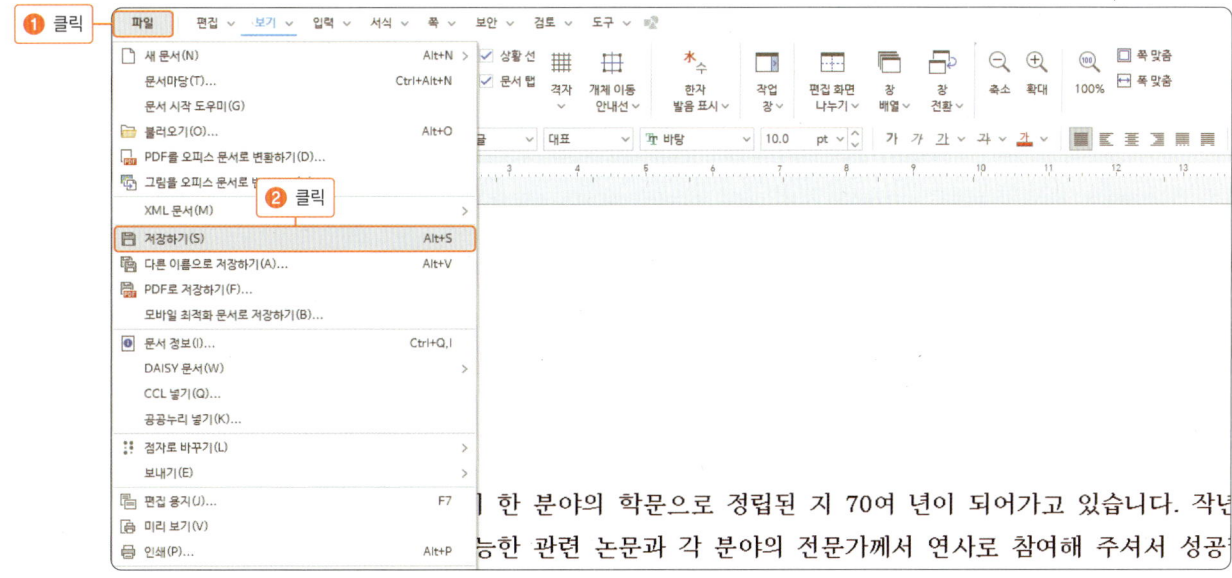

제 04 회 디지털정보활용능력 최신유형 기출문제

- ☑ 시험과목 : 워드프로세서(한글)
- ☑ 시험일자 : 20XX. XX. XX. (X)
- ☑ 응시자 기재사항 및 감독위원 확인

한컴오피스 한글 2022 버전용

수검번호	DIW - XXXX -	감독위원 확인
성 명		

· 응시자 유의사항 ·

1. 응시자는 신분증을 지참하여야 시험에 응시할 수 있으며, 시험이 종료될 때까지 신분증을 제시하지 못 할 경우 해당 시험은 0점 처리됩니다.
2. 시스템(PC작동여부, 네트워크 상태 등)의 이상여부를 반드시 확인하여야 하며, 시스템 이상이 있을시 감독위원에게 조치를 받으셔야 합니다.
3. 시험 중 부주의 또는 고의로 시스템을 파손한 경우는 응시자 부담으로 합니다.
4. 답안 전송 프로그램을 통해 파일을 다운로드하여 답안 파일을 작성하시기 바랍니다.
5. 작성한 답안 파일은 답안 전송 프로그램을 통하여 전송됩니다. 감독위원의 지시에 따라 주시기 바랍니다.
6. 다음 사항의 경우 실격(0점) 혹은 부정행위 처리됩니다.
    1) 답안 파일을 저장하지 않았거나, 저장한 파일이 손상되었을 경우
    2) 답안 파일을 지정된 폴더(바탕화면 – "KAIT" 폴더)에 저장하지 않았을 경우
        ※ 답안 전송 프로그램 로그인 시 바탕화면에 자동 생성됨
    3) 답안 파일을 다른 보조 기억장치(USB) 혹은 네트워크(메신저, 게시판 등)로 전송할 경우
    4) 휴대용 전화기 등 통신기기를 사용할 경우
7. **시험지에 제시된 글꼴이 응시 프로그램에 없는 경우, 반드시 감독위원에게 해당 내용을 통보한 뒤 조치를 받아야 합니다.**
8. 시험의 완료는 작성이 완료된 답안을 저장하고, 답안 전송이 완료된 상태를 확인한 것으로 합니다. 답안 전송 확인 후 문제지는 감독위원에게 제출한 후 퇴실하여야 합니다.
9. 답안 전송이 완료된 경우에는 수정 또는 정정이 불가능합니다.
10. 시험 시행 후 결과는 홈페이지(www.ihd.or.kr)에서 확인하시기 바랍니다.
    ※ 합격자 발표 : 20XX. XX. XX. (X)
    ※ 시험지 공개 : 20XX. XX. XX. (X)

기본 문서 작성과 저장

01 편집 용지 및 글꼴, 여백을 지정한 후 구역을 나누어 문서를 작성해 보세요. 【문제 1(46점)】

• 소스 파일 : 없음   • 정답 파일 : 정복01_정답01.hwpx

1인 가구가 늘어나고 있는 현대사회에서 식당이나 카페도 1인 사용을 희망하는 사람들이 늘어나고 있습니다. 스케일이 다르고 이익률과 저렴한 인테리어로 특색 있는 공간을 만들기 위한 창업 비결을 공개하고자 세미나를 개최하게 되었습니다. 선착순 예약자분들께는 일부 가맹비 지원과 함께 전문가 분들의 고수익 상권 분석 시스템을 활용한 개별 상담이 이루어질 예정입니다. 1인 카페 예비 사장님들께서는 많은 관심 부탁드립니다.

02 편집 용지 및 글꼴, 여백을 지정한 후 구역을 나누어 문서를 작성해 보세요. 【문제 1(46점)】

• 소스 파일 : 없음   • 정답 파일 : 정복01_정답02.hwpx

2024년을 책임질 축제를 소개합니다! [제10회 동해바다사랑축제]는 지역 상권 발전을 위해 지역 상인들의 기부와 봉사로 시작되었고 축제 첫날부터 백사장 미디어 존과 미디어 아트로 신비롭고 창의적인 경광을 볼 수 있습니다. 아름다운 빛의 조형물과 함께 포토존에서 추억을 만들어 보세요! 넓고 넓은 바다에서 이루어지는 축제로 안전에 특히 신경을 많이 썼으며 바다와 함께 정적인 이미지를 개선할 다양한 행사를 즐겨보시기 바랍니다.

03 편집 용지 및 글꼴, 여백을 지정한 후 구역을 나누어 문서를 작성해 보세요. 【문제 1(46점)】

• 소스 파일 : 없음   • 정답 파일 : 정복01_정답03.hwpx

안녕하십니까? 본 갤러리에서는 청소년들이 꿈꾸는 세상을 만들고 그동안의 재능을 뽐낼 수 있도록 명화 따라 그리기 대회를 개최합니다. 미래의 주역이 될 우리 학생들의 자질로 미래 성장 가능성을 재고하고 개인 역량 증진을 도모시키면서 수상을 통해 자신감 향상과 동기부여에 목적을 두고 있습니다. 상위 수상자는 글로벌 본선 대회 진출 자격을 얻을 수 있으니 개최되는 그림대회에 많은 관심과 참여 바랍니다.

국내 프랜차이즈

1. 프랜차이즈란?

프랜차이즈는 특허 상표, 기술 등을 보유한 제조업자나 판매업자가 소매점과 계약(契約)을 통해 상표의 사용권, 제품의 판매권, 기술 등을 제공하고 대가(代價)를 받는 시스템을 말한다. 이때 기술을 보유한 자를 프랜차이저(본사), 기술을 전수받는 자를 프랜차이지(가맹점)라고 한다. 프랜차이즈는 본사와 가맹점이 협력하는 형태를 가지므로 계약조건 안에서만 간섭이 성립되며, 대자본이 투입(投入)되는 사업이 아니라 소규모 자본만으로 사업을 운영할 수 있어, 오늘날 각광받는 창업 형태 중 하나이다.

2. 프랜차이즈 창업 현황

프랜차이즈 사업(事業)에 가입한 가맹점을 분석한 결과 주로 생계를 목적으로 창업(創業)하게 되는 것으로 조사되었으며, 가입 경로로는 친인척 및 친구의 추천, 다른 가맹점 주인의 추천 등 주변 사람들의 추천에 의한 경우가 대부분인 것으로 조사되었다. 또한 프랜차이즈 가맹본부 선택 시에는 주로 성장 가능성을 가장 고려하였고, 창업 시 소요된 총비용은 평균 1억 1,639만원인 것으로 조사되었으며 창업 당시 초기 창업 자금 부족 때문에 어려움을 겪었던 것으로 조사되었다. 이에 따라 정부가 우선 지원 및 추진해야 할 사항으로, 첫 번째는 초기 창업 자금 지원 및 창업 상담, 컨설팅(Consulting) 지원 등이며, 두 번째로는 프랜차이즈 산업의 발전과 공정한 거래관행 정착을 위하여 프랜차이즈 가맹본부와 가맹점간 불공정 거래행위Ⓐ의 조속한 개선일 것이다.

Ⓐ 거래 당사자 중 어느 한쪽이 상대방의 자유를 제한하거나 부당한 방법으로 불이익을 강요하는 행위

업종별 프랜차이즈 현황

분류	2021년	2022년
편의점	20	31
제과/제빵	32	37
교육서비스	78	102
패스트푸드	52	64
합계	182	234

업종별 프랜차이즈 현황 (차트)

04 편집 용지 및 글꼴, 여백을 지정한 후 구역을 나누어 문서를 작성해 보세요. 【문제 1(46점)】

• 소스 파일 : 없음   • 정답 파일 : 정복01_정답04.hwpx

지능정보사회는 우리의 삶을 획기적으로 변화시킬 것으로 기대되고 있습니다. 반면에 지능정보기술에 익숙하지 않은 취약계층의 디지털 격차는 단순하게 기술을 활용하지 못해서 오는 불편함을 넘어서 지능정보사회의 혜택을 제대로 누리지 못하게 되는 사회적, 경제적 불평등을 초래할 수도 있습니다. 오는 4월 '디지털 포용 실현을 위한 과제'라는 주제로 제1회 디지털 역량 강화 포럼을 개최하고자 하오니 많은 여러분들의 관심과 참여 부탁드립니다.

05 편집 용지 및 글꼴, 여백을 지정한 후 구역을 나누어 문서를 작성해 보세요. 【문제 1(46점)】

• 소스 파일 : 없음   • 정답 파일 : 정복01_정답05.hwpx

요즘 반려동물로 인한 안전사고가 빈번히 발생하며, 반려인과 비반려인 간의 갈등이 심화되고 있습니다. 이를 계기로, 우리는 상호간의 예의와 존중이 필요한 펫티켓이 필수적인 시대에 살고 있습니다. 반려동물과 함께하는 삶에서도 기본적인 에티켓을 준수해야 합니다. 이러한 상황을 고려하여 저희 협회에서는 오는 5월에 펫티켓 홍보 캠페인을 진행할 예정입니다. 많은 분들의 관심과 참여를 기다리며, 이 캠페인이 더 나은 동물과 사람의 공존을 위한 큰 기회로 이어지길 기대합니다.

06 편집 용지 및 글꼴, 여백을 지정한 후 구역을 나누어 문서를 작성해 보세요. 【문제 1(46점)】

• 소스 파일 : 없음   • 정답 파일 : 정복01_정답06.hwpx

디지털은 현대 사회의 불가피한 동반자로 자리 잡고 있습니다. 우리 삶을 혁신적으로 편리하게 만들어 주지만 동시에 디지털 역기능과 허위정보 확산과 같은 부작용도 동반하고 있습니다. 이에 국민은 역기능을 스스로 인식하고 대응하기 위해 디지털 윤리 역량을 높이는 중요성을 인지하고 있습니다. 이에 '2024년 디지털 윤리 강사 양성 과정'이 개최되어 이들의 디지털 윤리 역량을 강화하고자 합니다. 관심 있는 분들은 아래 안내 사항을 확인하고, 기한 내에 교육 참가를 신청해주시기 바랍니다.

소상공인창업박람회

중소기업지원센터에서는 2002년부터 매년 소상공인의 성공적인 창업을 위해 소상공인 창업 박람회를 개최하고 있으며, 올해에도 예비창업자와 소상공인 여러분의 성원에 힘입어 *제21회 소상공인 창업 박람회*를 개최하게 되었습니다. 이번 박람회는 소상공인의 브랜드와 유도 및 판로개척과 경기 불황에 따른 위축된 소상공인의 자긍심을 고취하고, 높은 품격과 질 좋은 상품정보 제공의 장을 마련할 예정입니다. 예비창업자와 소상공인 여러분의 많은 관심과 참여 바랍니다.

♣ 안   내 ♣

1. 일   정 : 2022년 12월 19일(월) ~ 23일(금)
2. 관람시간 : 10:00 ~ 18:00
3. 장   소 : 경기 고양시 일산 킨텍스
4. 목   적 : <u>창업희망자 및 창업준비자에게 국내외 창업정보 제공</u>

※ 기타
- 입장료는 5,000원이며, 사전 등록을 하신 분에 한하여 무료입장이 가능합니다.
- 기타 자세한 사항은 중소기업지원센터 홈페이지(http://www.diat.or.kr)의 공지사항을 참고하시거나 담당자(02-1234-5678)에게 문의하시기 바랍니다.

2022. 12. 17.

중소기업지원센터

출제유형 02 글맵시 및 문단 첫 글자 장식

PART 02 출제유형 완전정복

- ☑ 글맵시 입력하기
- ☑ 글맵시 편집하기
- ☑ 문단 첫 글자 장식

문제 풀이

문제 미리보기

소스 파일 : 유형02_문제.hwpx 정답 파일 : 유형02_정답.hwpx 【문제 1(46점)】

글맵시 - 굴림체, 채우기 : 색상(RGB:199,82,82)
크기 : 너비(120mm), 높이(20mm), 위치 : 글자처럼 취급, 가운데 정렬

2024년인공지능학술대회

인공지능은 이제 한 분야의 학문으로 정립된 지 70여 년이 되어가고 있습니다. 작년 학슬대회는 다양한 분야에 적용 가능한 관련 논문과 각 분야의 전문가께서 연사로 참여해 주셔서 성공리에 마무리될 수 있었습니다. 2024년 학술대회에서는 최근 인공지능기술과 4차 산업혁명이 앞으로 사회적 그리고 경제적으로 우리 인류에게 어떤 영향을 미칠지 되짚어 볼 수 있는 소중하고 의미 있는 시간이 되리라 생각합니다. 많은 관심과 참석 바랍니다.

문단 첫 글자 장식 - 모양 : 2줄, 궁서체
면 색 : 색상(RGB:255,255,0), 본문과의 간격 : 3.0mm

디지털정보활용능력　한글 [시험시간 : 40분]

【문제】 첨부된 문제를 다음의 조건을 적용하여 문서를 작성하시오.

① 문서는 A4(210mm×297mm) 크기, 세로 용지 방향으로 작성한다.

② 페이지 여백은 아래와 같이 설정한다.

왼쪽	오른쪽	위쪽	아래쪽	머리말	꼬리말	제본
20mm	20mm	20mm	20mm	10mm	10mm	0mm

③ 아래와 같이 "자동 글머리 기호 넣기"와 "자동 번호 매기기" 기능을 해제한다.

> 도구 → 빠른 교정 → 빠른 교정 내용 → 입력 자동 서식 ⇒ 자동 글머리 기호 넣기(해제)
> 자동 번호 매기기(해제)

※ 만약 입력 자동 서식 메뉴가 없는 경우에는 "자동 글머리 기호 넣기"와 "자동 번호 매기기" 기능이 설정되어 있지 않은 것이므로 별도의 기능 해제 없이 그대로 시험에 응시하시면 됩니다.

④ 글자는 별도의 지시사항이 없는 한 **바탕, 10pt, 양쪽정렬, 줄간격 160%**로 작성한다.

⑤ 영문, 숫자 등은 별도의 지시가 없은 한 반각(1byte) 문자를 사용한다.

⑥ 특수문자는 문자표(전각 기호)를 이용하여 작성한다.

⑦ 교정부호 및 화살표로 기재된 지시사항대로 처리하되, ⌐ ⌐ → 은 지시사항이므로 작성하지 않는다.

⑧ 1페이지에 [문제1]을 작성하고, 구역을 나누어 2페이지에 [문제2]를 작성한다.

※ 해당 페이지에 작성하지 않거나 의도적으로 텍스트 작성을 하지 않은 경우 0점 처리

⑨ [문제2]는 문제지와 같이 2단으로 다단을 나누어 작성한다.

⑩ '그림 삽입' 시에는 반드시 "KAIT 수검 프로그램"을 통해 다운로드 한 그림 파일을 사용한다.

⑪ 총점 : 200점

[공통사항1(기본설정, 용지설정)] : 8점, [공통사항2(오탈자)] : 40점
[문제1] : 46점, [문제2] : 106점

⑫ 기타 특별히 지시되어 있지 않은 사항은 문제지에 준하여 작성한다.

01 글맵시 입력하기

① [한글 2022] 프로그램을 실행한 후 [파일]-[불러오기]를 클릭합니다. 이어서, [불러오기] 대화상자가 나오면 '유형02_문제.hwpx' 파일을 불러옵니다.

※ 학습을 위해 필요한 출제 유형 완전정복 파일을 [소스 및 정답] 폴더에서 불러와 작업합니다.

② 1페이지의 첫 번째 줄을 클릭한 후 [입력] 탭에서 [글맵시( )]-'채우기 – 파란색 그러데이션, 역갈매기형 수장 모양'을 클릭합니다.

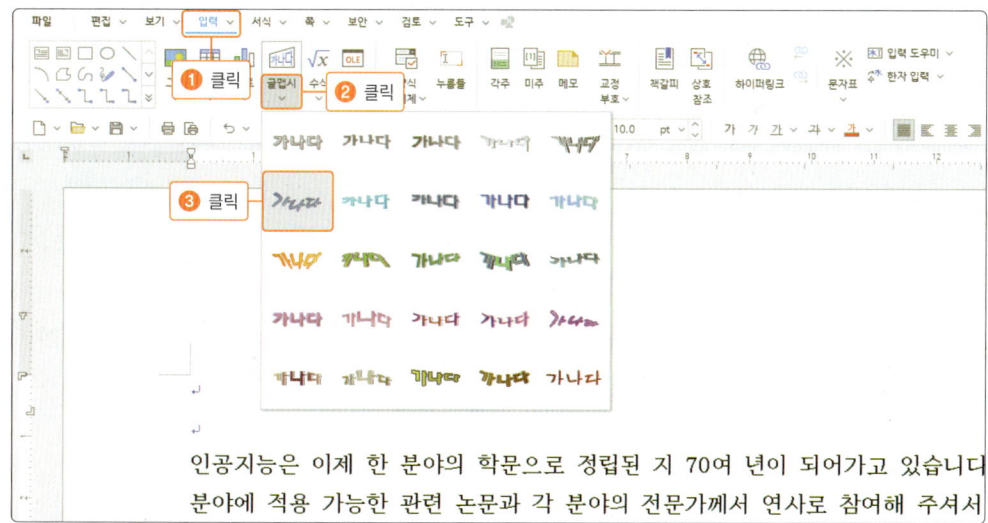

③ [글맵시 만들기] 대화상자가 나오면 '내용' 입력 칸에 '2024년인공지능학술대회'를 입력한 후 '글꼴(굴림체)'을 지정합니다.

※ 글맵시 내용은 [문제 1]을 참고하여 입력합니다.

④ '글맵시 모양'을 클릭합니다. 이어서, '갈매기형 수장( )'을 선택한 후 〈설정〉 단추를 클릭합니다.

※ 실제 시험에서 자주 출제되는 글맵시 모양은 '역갈매기형 수장', '육각형' 등이 있습니다.

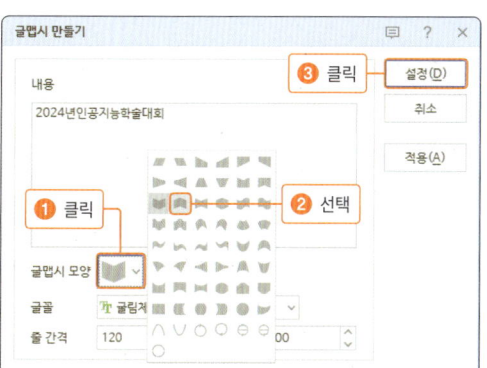

 시험 대비 주의사항

실제 시험지에서는 글맵시 모양의 이름이 지시사항에 없으므로 시험지의 출력 형태를 보고 동일한 모양을 찾아서 선택해야 합니다. 만약, 잘못 선택했을 경우 [글맵시] 탭에서 '글맵시 모양( )'을 눌러 다른 모양을 선택할 수 있습니다.

제 03 회 디지털정보활용능력 최신유형 기출문제

- ☑ 시험과목 : 워드프로세서(한글)
- ☑ 시험일자 : 20XX. XX. XX. (X)
- ☑ 응시자 기재사항 및 감독위원 확인

한컴오피스 한글 2022 버전용

수 검 번 호	DIW - XXXX -	감독위원 확인
성 명		

·응시자 유의사항·

1. 응시자는 신분증을 지참하여야 시험에 응시할 수 있으며, 시험이 종료될 때까지 신분증을 제시하지 못 할 경우 해당 시험은 0점 처리됩니다.
2. 시스템(PC작동여부, 네트워크 상태 등)의 이상여부를 반드시 확인하여야 하며, 시스템 이상이 있을시 감독위원에게 조치를 받으셔야 합니다.
3. 시험 중 부주의 또는 고의로 시스템을 파손한 경우는 응시자 부담으로 합니다.
4. 답안 전송 프로그램을 통해 파일을 다운로드하여 답안 파일을 작성하시기 바랍니다.
5. 작성한 답안 파일은 답안 전송 프로그램을 통하여 전송됩니다. 감독위원의 지시에 따라 주시기 바랍니다.
6. 다음 사항의 경우 실격(0점) 혹은 부정행위 처리됩니다.
   1) 답안 파일을 저장하지 않았거나, 저장한 파일이 손상되었을 경우
   2) 답안 파일을 지정된 폴더(바탕화면 – "KAIT" 폴더)에 저장하지 않았을 경우
      ※ 답안 전송 프로그램 로그인 시 바탕화면에 자동 생성됨
   3) 답안 파일을 다른 보조 기억장치(USB) 혹은 네트워크(메신저, 게시판 등)로 전송할 경우
   4) 휴대용 전화기 등 통신기기를 사용할 경우
7. **시험지에 제시된 글꼴이 응시 프로그램에 없는 경우, 반드시 감독위원에게 해당 내용을 통보한 뒤 조치를 받아야 합니다.**
8. 시험의 완료는 작성이 완료된 답안을 저장하고, 답안 전송이 완료된 상태를 확인한 것으로 합니다. 답안 전송 확인 후 문제지는 감독위원에게 제출한 후 퇴실하여야 합니다.
9. 답안 전송이 완료된 경우에는 수정 또는 정정이 불가능합니다.
10. 시험 시행 후 결과는 홈페이지(www.ihd.or.kr)에서 확인하시기 바랍니다.
    ※ 합격자 발표 : 20XX. XX. XX. (X)
    ※ 시험지 공개 : 20XX. XX. XX. (X)

02 글맵시 편집하기

① 삽입된 글맵시를 더블 클릭합니다.

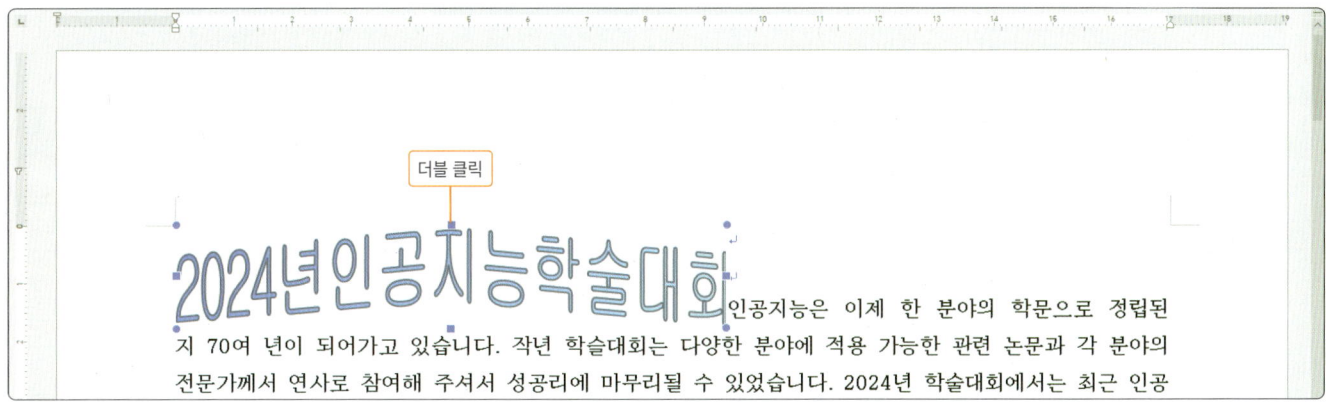

② [개체 속성] 대화상자가 나오면 [기본] 탭에서 '크기'를 '너비(120mm)', '높이(20mm)'로 입력합니다. 이어서, '크기 고정'과 '글자처럼 취급'을 클릭하여 체크합니다.

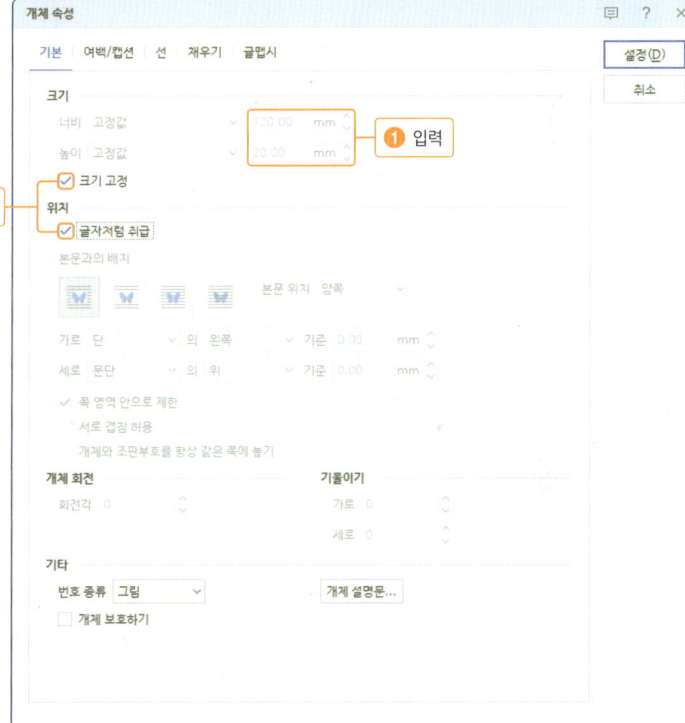

> **TIP 글자처럼 취급**
> 글맵시에 '글자처럼 취급'을 체크하게 되면 글맵시를 하나의 도형 개체가 아닌 문서에 포함된 글자로 인식하여 커서 단위로 자유롭게 이동이 가능하며 정렬(가운데)을 지정할 수 있습니다.

유산소 운동

1. 유산소 운동

유산소 운동은 걷기, 달리기, 수영, 댄싱, 자전거 타기 등과 같이 심폐기능을 강화시켜 신체에 유익한 변화(變化)를 가져온다. 최소한 1주일에 3번 유산소 운동을 해야 효과가 있다. 유산소 운동을 하는 동안 심장(心臟)이 뛰는 속도는 최소한 20분 동안 실행자의 운동 수준에 맞게 높아져야 한다. 에어로빅 같은 유산소 운동을 통해서 심장혈관 기능과 호흡기능을 향상(向上)시킬 수 있다. 걷기, 조깅, 자전거 타기, 수영, 미용체조 등은 인기 있는 유산소 운동이다. 운동의 효과는 다양하다. 성인에게 있어 신체단련, 특히 심장근의 단련을 통해서 얻을 수 있는 건강상의 이점은 매우 크다. 산소 공급의 조절 이외에도 근력(筋力)을 기르고 유연성을 높이기 위한 균형 잡힌 운동계획을 세워야 한다. 팔굽혀펴기, 턱걸이, 윗몸일으키기, 웨이트 트레이닝(Weight Training)을 통해서 근력을 향상시킬 수 있다.

2. 스트레칭 운동

스트레칭(Stretching) 운동은 건강을 유지하는데 효과가 있다. 특히 근육조정력, 내구력, 지구력 등을 향상시키고자 하는 사람에게는 근육사용과 관련된 신체단련이 중요하다. 산소공급의 조절 이외에도 근력을 기르고 유연성을 높이기 위한 균형 잡힌 운동계획을 세우는 일이 필요하다. 신체(身體)를 부담중량으로 이용하는 기타 미용체조 같은 웨이트 트레이닝(Training)을 통해서 근력을 향상시킬 수 있다. 운동은 스트레칭 유연성㉠을 높이는데 매우 효과적이다.

칼로리소비 운동량

운동	50kg	60kg
산책	22	26
스트레칭	21	25
등산	35	42
자전거	31	37
합계	109	130

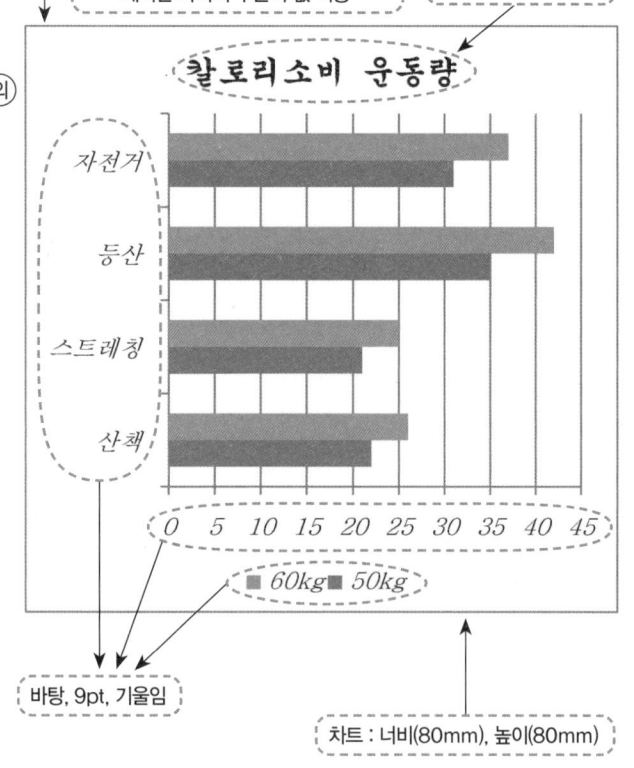

㉠ 딱딱하지 아니하고 부드러운 성질

❸ [개체 속성] 대화상자의 [채우기] 탭을 클릭한 후 '색'의 '면 색'을 클릭합니다. 이어서, '스펙트럼'을 클릭하여 문제지([문제 1])에 지시되어 있는 색상 값 '(RGB:199,82,82)'을 직접 입력한 다음 〈적용〉 단추 및 〈설정〉 단추를 클릭합니다.

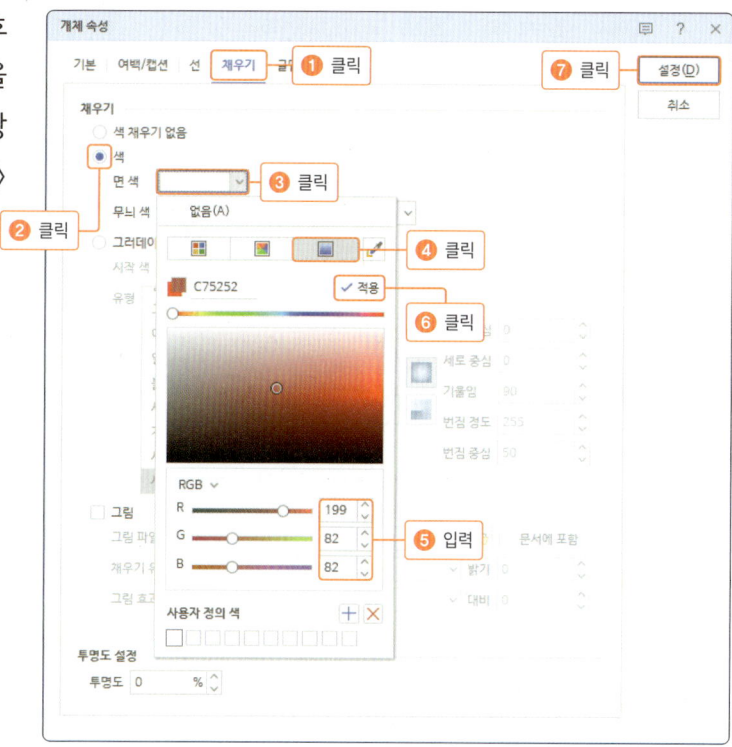

❹ [글맵시( )] 탭에서 [글맵시 윤곽선]의 목록 단추( )를 클릭한 후, '없음'을 선택합니다.

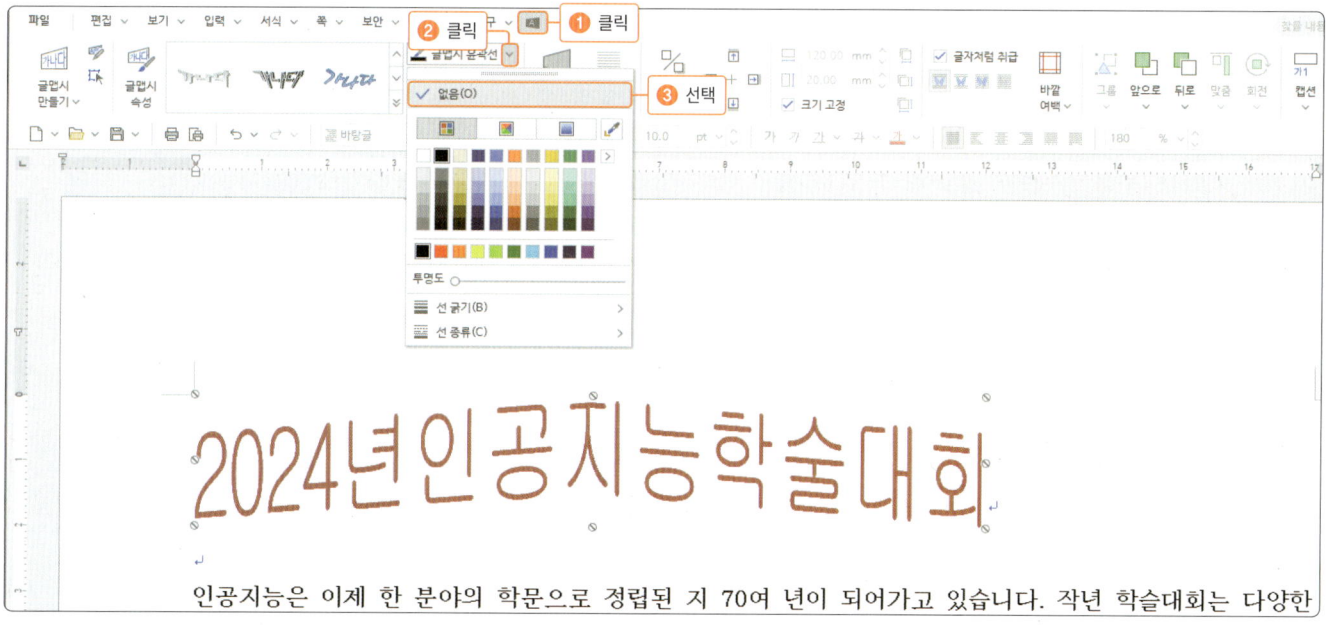

대한민국건강걷기캠페인

우리나라는 성인 3명 중 1명이 비만이며 **청소년 비만율은 세계 1위**입니다. 시민 여러분의 건강수명을 향상시켜 평생 건강하도록 국민건강보험공단이 건강생활 실천 확산을 위해 전국 주요 지역에서 건강걷기대회를 개최합니다. 또한 시민들의 건강생활 실천에 도움을 주기 위한 암 예방 홍보관, 심폐소생술 체험관 등을 운영하며, 건강생활 실천을 위한 상담과 체험을 통해 스스로 건강관리 의식을 가질 수 있도록 유도하고 올바른 생활 습관에 대한 이해와 관심을 가지기 위한 자리도 마련하였습니다.

★ 안내사항 ★

1. 행 사 명 : ***국민건강보험과 함께하는 건강걷기대회***
2. 행사일시 : 2023. 02. 25.(토) 09:30 ~ 16:00
3. 행사장소 : 해당지역 홈페이지 참조
4. 참가문의 : 국민건강보험공단 홈페이지(http://www.ihd.or.kr)

※ 기타사항
- 사전 신청자 중 선착순 100분에게는 비만클리닉에서 제공하는 비만도 검진을 현장에서 받으실 수 있는 무료 쿠폰을 발급해 드립니다.
- 비만예방 생활체조도 배우고, 다양한 부스 이벤트와 경품도 준비되어 있습니다.

2023. 02. 25.

국민건강보험공단

❺ 글맵시의 모양과 색상이 변경되면 `Esc` 키를 누른 다음 [서식] 도구 상자에서 '**가운데 정렬(≡)**'을 클릭합니다.

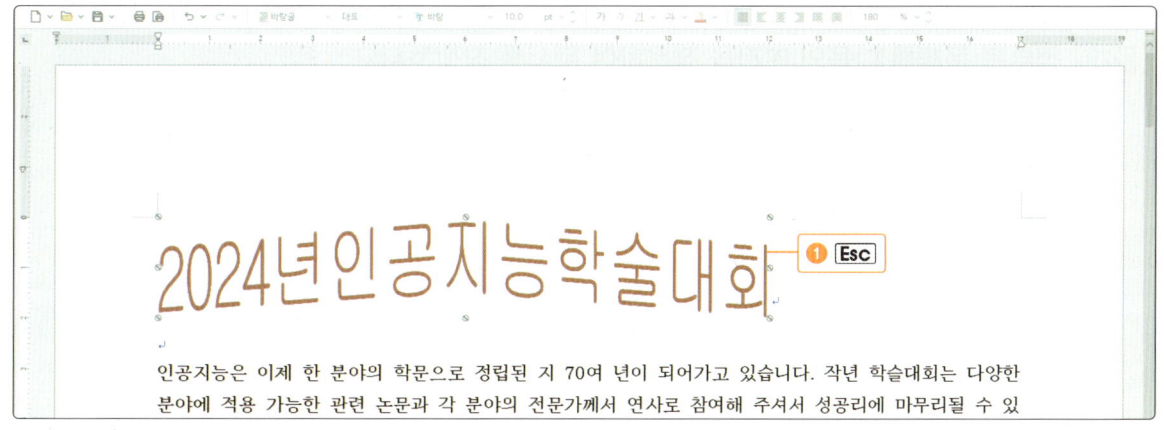

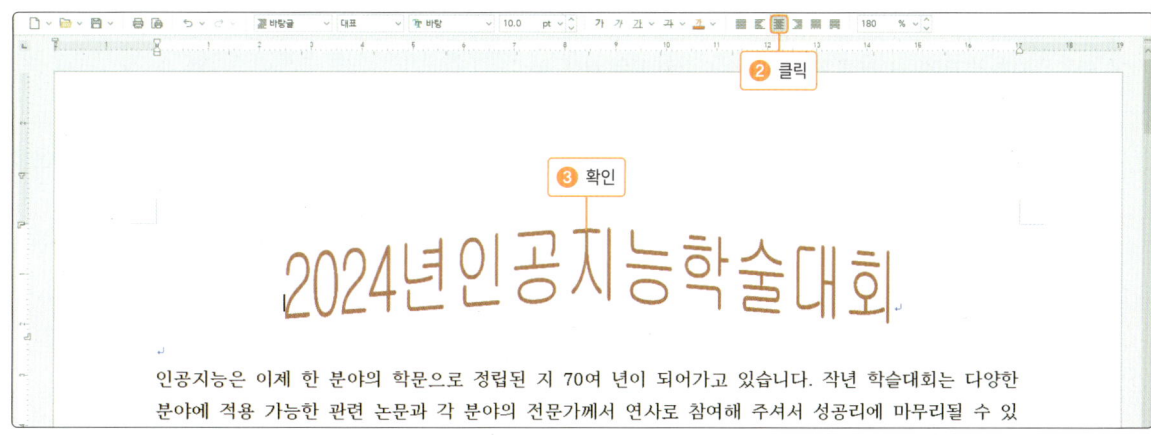

03 문단 첫 글자 장식

❶ 문단 첫 글자 장식을 지정하기 위해 첫 번째 문단 내용 '인공지능은' 앞을 클릭한 후 [서식] 탭에서 '**문단 첫 글자 장식(갋)**'을 클릭합니다.

※ [서식] 탭에서 목록 단추(▼)를 클릭한 후 [문단 첫 글자 장식]을 선택할 수도 있습니다.

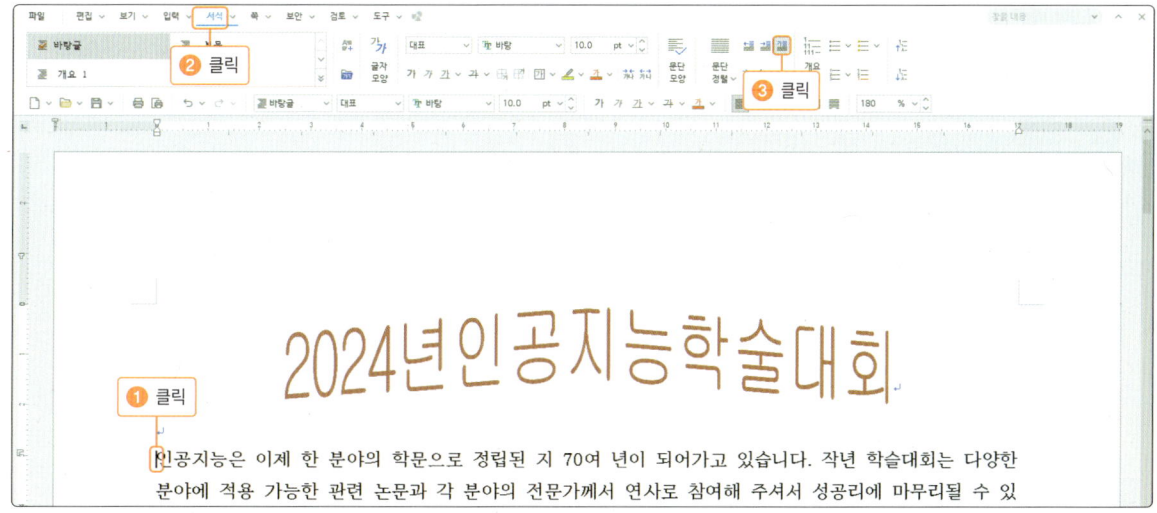

| 디지털정보활용능력 | 한글 [시험시간 : 40분] |

【문제】 첨부된 문제를 다음의 조건을 적용하여 문서를 작성하시오.

① 문서는 A4(210mm×297mm) 크기, 세로 용지 방향으로 작성한다.

② 페이지 여백은 아래와 같이 설정한다.

왼쪽	오른쪽	위쪽	아래쪽	머리말	꼬리말	제본
20mm	20mm	20mm	20mm	10mm	10mm	0mm

③ 아래와 같이 "자동 글머리 기호 넣기"와 "자동 번호 매기기" 기능을 해제한다.

도구 → 빠른 교정 → 빠른 교정 내용 → 입력 자동 서식 ⇒	자동 글머리 기호 넣기(해제) 자동 번호 매기기(해제)

※ 만약 입력 자동 서식 메뉴가 없는 경우에는 "자동 글머리 기호 넣기"와 "자동 번호 매기기" 기능이 설정되어 있지 않은 것이므로 별도의 기능 해제 없이 그대로 시험에 응시하시면 됩니다.

④ 글자는 별도의 지시사항이 없는 한 **바탕, 10pt, 양쪽정렬, 줄간격 160%**로 작성한다.

⑤ 영문, 숫자 등은 별도의 지시가 없는 한 반각(1byte) 문자를 사용한다.

⑥ 특수문자는 문자표(전각 기호)를 이용하여 작성한다.

⑦ 교정부호 및 화살표로 기재된 지시사항대로 처리하되, ⎯⎯⎯→ 은 지시사항이므로 작성하지 않는다.

⑧ **1페이지에 [문제1]을 작성하고, 구역을 나누어 2페이지에 [문제2]를 작성한다.**

※ 해당 페이지에 작성하지 않거나 의도적으로 텍스트 작성을 하지 않은 경우 0점 처리

⑨ [문제2]는 문제지와 같이 2단으로 다단을 나누어 작성한다.

⑩ '그림 삽입' 시에는 반드시 "KAIT 수검 프로그램"을 통해 다운로드 한 그림 파일을 사용한다.

⑪ 총점 : 200점

[공통사항1(기본설정, 용지설정)] : 8점, [공통사항2(오탈자)] : 40점
[문제1] : 46점, [문제2] : 106점

⑫ 기타 특별히 지시되어 있지 않은 사항은 문제지에 준하여 작성한다.

❷ [문단 첫 글자 장식] 대화상자가 나오면 '**모양-2줄, 글꼴/테두리-글꼴(궁서체), 면 색(RGB:255,255,0), 본문과의 간격(3.0mm)**'을 지정한 후 〈설정〉 단추를 클릭합니다.

※ 면 색(RGB:255,255,0)은 [스펙트럼]에서 지정합니다.

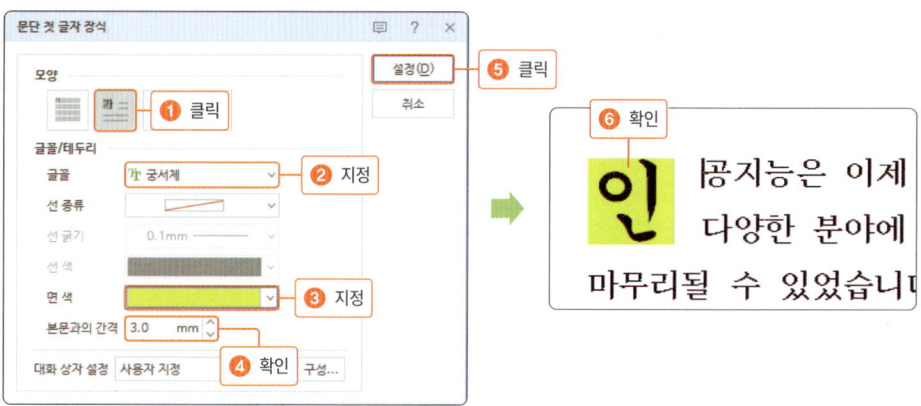

❸ [파일] 탭에서 [저장하기](또는 Alt + S) 또는 [서식] 도구 상자에서 '**저장하기(💾)**'를 클릭하여 답안 파일을 저장합니다.

※ 실제 시험을 볼 때 작업 도중에 수시로(10분에 한 번 정도) 저장을 하는 것이 좋습니다.

제 02 회 디지털정보활용능력 최신유형 기출문제

- ☑ 시험과목 : 워드프로세서(한글)
- ☑ 시험일자 : 20XX. XX. XX. (X)
- ☑ 응시자 기재사항 및 감독위원 확인

한컴오피스 한글 2022 버전용

수검번호	DIW - XXXX -	감독위원 확인
성 명		

·응시자 유의사항·

1. 응시자는 신분증을 지참하여야 시험에 응시할 수 있으며, 시험이 종료될 때까지 신분증을 제시하지 못 할 경우 해당 시험은 0점 처리됩니다.

2. 시스템(PC작동여부, 네트워크 상태 등)의 이상여부를 반드시 확인하여야 하며, 시스템 이상이 있을시 감독위원에게 조치를 받으셔야 합니다.

3. 시험 중 부주의 또는 고의로 시스템을 파손한 경우는 응시자 부담으로 합니다.

4. 답안 전송 프로그램을 통해 파일을 다운로드하여 답안 파일을 작성하시기 바랍니다.

5. 작성한 답안 파일은 답안 전송 프로그램을 통하여 전송됩니다. 감독위원의 지시에 따라 주시기 바랍니다.

6. 다음 사항의 경우 실격(0점) 혹은 부정행위 처리됩니다.
   1) 답안 파일을 저장하지 않았거나, 저장한 파일이 손상되었을 경우
   2) 답안 파일을 지정된 폴더(바탕화면 – "KAIT" 폴더)에 저장하지 않았을 경우
      ※ 답안 전송 프로그램 로그인 시 바탕화면에 자동 생성됨
   3) 답안 파일을 다른 보조 기억장치(USB) 혹은 네트워크(메신저, 게시판 등)로 전송할 경우
   4) 휴대용 전화기 등 통신기기를 사용할 경우

7. **시험지에 제시된 글꼴이 응시 프로그램에 없는 경우, 반드시 감독위원에게 해당 내용을 통보한 뒤 조치를 받아야 합니다.**

8. 시험의 완료는 작성이 완료된 답안을 저장하고, 답안 전송이 완료된 상태를 확인한 것으로 합니다. 답안 전송 확인 후 문제지는 감독위원에게 제출한 후 퇴실하여야 합니다.

9. 답안 전송이 완료된 경우에는 수정 또는 정정이 불가능합니다.

10. 시험 시행 후 결과는 홈페이지(www.ihd.or.kr)에서 확인하시기 바랍니다.
    ※ 합격자 발표 : 20XX. XX. XX. (X)
    ※ 시험지 공개 : 20XX. XX. XX. (X)

글맵시 입력 및 문단 첫 글자 장식

01 다음 지시사항을 참고하여 글맵시 및 문단 첫 글자 장식을 입력해 보세요. 【문제 1(46점)】

- 소스 파일 : 정복02_문제01.hwpx
- 정답 파일 : 정복02_정답01.hwpx

글맵시 - 궁서, 채우기 : 색상(RGB:0,128,0)
크기 : 너비(110mm), 높이(20mm), 위치 : 글자처럼 취급, 가운데 정렬

문단 첫 글자 장식 -
모양 : 2줄, 굴림체
면 색 : 색상(RGB:255,255,0),
본문과의 간격 : 3.0mm

1인카페 창업 세미나 개최

1인 가구가 늘어나고 있는 현대사회에서 식당이나 카페도 1인 사용을 희망하는 사람들이 늘어나고 있습니다. 스케일이 다르고 이익률과 저렴한 인테리어로 특색 있는 공간을 만들기 위한 창업 비결을 공개하고자 세미나를 개최하게 되었습니다. 선착순 예약자분들께는 일부 가맹비 지원과 함께 전문가 분들의 고수익 상권 분석 시스템을 활용한 개별 상담이 이루어질 예정입니다. 1인 카페 예비 사장님들께서는 많은 관심 부탁드립니다.

02 다음 지시사항을 참고하여 글맵시 및 문단 첫 글자 장식을 입력해 보세요. 【문제 1(46점)】

- 소스 파일 : 정복02_문제02.hwpx
- 정답 파일 : 정복02_정답02.hwpx

글맵시 - 굴림, 채우기 : 색상(RGB:0,0,255)
크기 : 너비(120mm), 높이(20mm), 위치 : 글자처럼 취급, 가운데 정렬

문단 첫 글자 장식 -
모양 : 2줄, 궁서체
면 색 : 색상(RGB:255,255,0),
본문과의 간격 : 3.0mm

제10회 동해바다사랑축제

2024년을 책임질 축제를 소개합니다! [제10회 동해바다사랑축제]는 지역 상권 발전을 위해 지역 상인들의 기부와 봉사로 시작되었고 축제 첫날부터 백사장 미디어 존과 미디어 아트로 신비롭고 창의적인 경광을 볼 수 있습니다. 아름다운 빛의 조형물과 함께 포토존에서 추억을 만들어 보세요! 넓고 넓은 바다에서 이루어지는 축제로 안전에 특히 신경을 많이 썼으며 바다와 함께 정적인 이미지를 개선할 다양한 행사를 즐겨보시기 바랍니다.

03 다음 지시사항을 참고하여 글맵시 및 문단 첫 글자 장식을 입력해 보세요. 【문제 1(46점)】

- 소스 파일 : 정복02_문제03.hwpx
- 정답 파일 : 정복02_정답03.hwpx

글맵시 - 굴림, 채우기 : 색상(RGB:128,0,208)
크기 : 너비(120mm), 높이(20mm), 위치 : 글자처럼 취급, 가운데 정렬

문단 첫 글자 장식 -
모양 : 2줄, 궁서
면 색 : 색상(RGB:255,255,0),
본문과의 간격 : 3.0mm

대한민국명화그림대회

안녕하십니까? 본 갤러리에서는 청소년들이 꿈꾸는 세상을 만들고 그동안의 재능을 뽐낼 수 있도록 명화 따라 그리기 대회를 개최합니다. 미래의 주역이 될 우리 학생들의 자질로 미래 성장 가능성을 재고하고 개인 역량 증진을 도모시키면서 수상을 통해 자신감 향상과 동기부여에 목적을 두고 있습니다. 상위 수상자는 글로벌 본선 대회 진출 자격을 얻을 수 있으니 개최되는 그림대회에 많은 관심과 참여 바랍니다.

우주 탐사의 역사

1. 달 탐사 역사

지구에서 보낸 탐사선을 이용한 본격적인 달 탐사(探査)의 역사는 1959년부터 시작되었다. 최초로 소련이 발사한 탐사선이 달 궤도에 진입하는 데 성공하였는데, 초기의 탐사선들은 달 표면에 착륙하여 주변의 지형을 관측하는 것이 주요 목표였다. 더 자세한 달 탐사를 위한 여러 시도들이 있었지만 실패를 거듭해오며 발전하게 되었다. 탐사선을 통한 관측(觀測) 형태의 탐사가 계속 되다가 1960년대에 들어서는 달에 직접 인간이 착륙하여 탐사하려는 시도와 가능성이 점점 늘어났다. 1968년 아폴로(Apollo) 8호는 달 궤도를 10여 차례 돌고 지구로 귀환(歸還)하는데 성공하였고, 마침내 1969년 7월 아폴로 11호는 암스트롱을 태우고 달 착륙에 성공하였다. 약 22시간 동안 체류하면서 21.7kg에 이르는 표본을 채취하고 장비를 설치한 후 지구에 성공적으로 귀환하였다. 이는 인류 최초의 달 착륙이라는 항공 우주산업 역사의 중요한 사건이었으며, 이후 세계 각국의 달 탐사 활동은 더욱 활성화되었다.

2. 한국의 우주 탐사

한국의 우주 탐사 역사는 그리 길지 않다. 1992년 한국 최초의 과학 위성인 우리별 1호가 성공적으로 발사되면서 한국도 인공위성(人工衛星) 보유국이 되었다. 이후 과학실험위성, 통신방송위성, 해양기성위성, 다목적 실용위성 등을 연이어 발사하였다. 그리고 2013년 1월 한국 최초 우주발사 체인 나로호 발사에 성공하였다. 나로호 발사 성공으로 한국은 스페이스 클럽1)에 이름을 올렸다.

---

1) 자국에서 자국 발사체로 자국 위성을 쏘아올린 국가

연도별 최초 인공위성 발사국 수(개)

연도	발사 국가	자체 기술 발사
1960년 대	4	1
1970년 대	4	4
1980년 대	2	2
1990년 대	3	2
합계	13	9

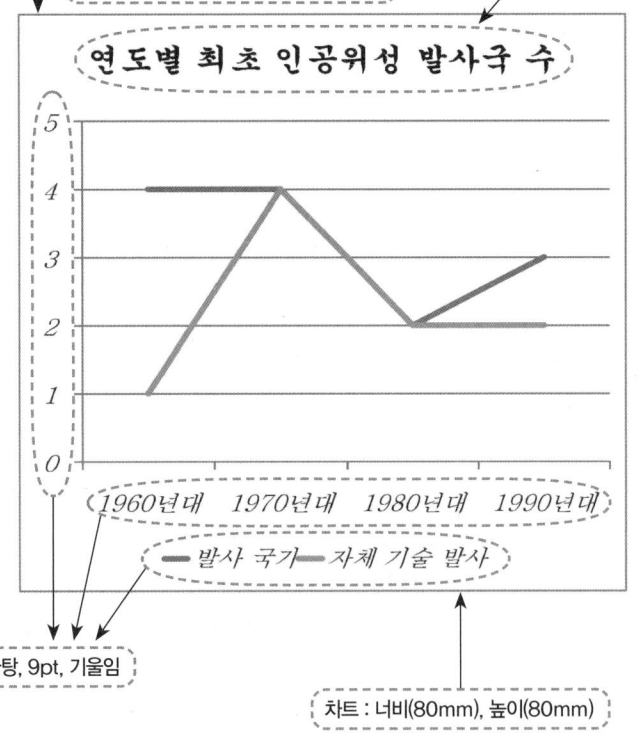

04 다음 지시사항을 참고하여 글맵시 및 문단 첫 글자 장식을 입력해 보세요. 【문제 1(46점)】

- 소스 파일 : 정복02_문제04.hwpx
- 정답 파일 : 정복02_정답04.hwpx

글맵시 - 굴림, 채우기 : 색상(RGB:202,86,167)
크기 : 너비(110mm), 높이(20mm), 위치 : 글자처럼 취급, 가운데 정렬

문단 첫 글자 장식 -
모양 : 2줄, 궁서체
면 색 : 색상(RGB:255,255,0),
본문과의 간격 : 3.0mm

제1회디지털역량강화포럼

지능정보사회는 우리의 삶을 획기적으로 변화시킬 것으로 기대되고 있습니다. 반면에 지능정보기술에 익숙하지 않은 취약계층의 디지털 격차는 단순하게 기술을 활용하지 못해서 오는 불편함을 넘어서 지능 정보사회의 혜택을 제대로 누리지 못하게 되는 사회적, 경제적 불평등을 초래할 수도 있습니다. 오는 4월 '디지털 포용 실현을 위한 과제'라는 주제로 제1회 디지털 역량 강화 포럼을 개최하고자 하오니 많은 여러분들의 관심과 참여 부탁드립니다.

05 다음 지시사항을 참고하여 글맵시 및 문단 첫 글자 장식을 입력해 보세요. 【문제 1(46점)】

- 소스 파일 : 정복02_문제05.hwpx
- 정답 파일 : 정복02_정답05.hwpx

글맵시 - 궁서체, 채우기 : 색상(RGB:202,86,167)
크기 : 너비(110mm), 높이(20mm), 위치 : 글자처럼 취급, 가운데 정렬

문단 첫 글자 장식 -
모양 : 2줄, 굴림체
면 색 : 색상(RGB:255,255,0),
본문과의 간격 : 3.0mm

펫티켓문화확산캠페인

요즘 반려동물로 인한 안전사고가 빈번히 발생하며, 반려인과 비반려인 간의 갈등이 심화되고 있습니다. 이를 계기로, 우리는 상호간의 예의와 존중이 필요한 펫티켓이 필수적인 시대에 살고 있습니다. 반려동물과 함께하는 삶에서도 기본적인 에티켓을 준수해야 합니다. 이러한 상황을 고려하여 저희 협회에서는 오는 5월에 펫티켓 홍보 캠페인을 진행할 예정입니다. 많은 분들의 관심과 참여를 기다리며, 이 캠페인이 더 나은 동물과 사람의 공존을 위한 큰 기회로 이어지길 기대합니다.

06 다음 지시사항을 참고하여 글맵시 및 문단 첫 글자 장식을 입력해 보세요. 【문제 1(46점)】

- 소스 파일 : 정복02_문제06.hwpx
- 정답 파일 : 정복02_정답06.hwpx

글맵시 - 굴림체, 채우기 : 색상(RGB:199,82,82)
크기 : 너비(110mm), 높이(20mm), 위치 : 글자처럼 취급, 가운데 정렬

문단 첫 글자 장식 -
모양 : 2줄, 궁서체
면 색 : 색상(RGB:255,255,0),
본문과의 간격 : 3.0mm

디지털윤리강사양성과정모집

디지털은 현대 사회의 불가피한 동반자로 자리 잡고 있습니다. 우리 삶을 혁신적으로 편리하게 만들어주지만 동시에 디지털 역기능과 허위정보 확산과 같은 부작용도 동반하고 있습니다. 이에 국민은 역기능을 스스로 인식하고 대응하기 위해 디지털 윤리 역량을 높이는 중요성을 인지하고 있습니다. 이에 '2024년 디지털 윤리 강사 양성 과정'이 개최되어 이들의 디지털 윤리 역량을 강화하고자 합니다. 관심 있는 분들은 아래 안내 사항을 확인하고, 기한 내에 교육 참가를 신청해주시기 바랍니다.

항공우주체험박람회

한국 최초 우주발사체인 나로호가 성공적으로 발사되고, 중국이 달 탐사 위성을 발사하는 등 국제적으로는 물론 우리나라에서도 *항공 및 우주산업*에 대한 관심이 높아지고 있습니다. 미래의 항공 우주산업 발전 동력을 마련하기 위해 항공 우주산업에 대한 관심 및 인재 육성이 필요한 시점입니다. 이와 관련하여 아래와 같이 "항공우주체험 박람회"를 개최하고자 합니다. 전시회, 체험판, 연구관과 다양한 부대행사를 마련하고 있어서 미래 과학자를 꿈꾸는 학생들에게도 좋은 경험이 될 수 있을 것입니다.

☆ 참가 안내 ☆

1. 주   최 : 대한항공우주협회
2. 장   소 : 서울시 강남구 한국전시회관 3층 대서양홀
3. 개최기간 : <u>*2023년 5월 4일(목) ~ 5월 7일(일) / 08:30 ~ 18:00*</u>
4. 입 장 료 : 일반(10,000원), 초등학생 이하 어린이(6,000원)

※ 기타사항

- 인터넷 사이트(http://www.kuniverse.or.kr)에서 사전예약을 하시면 10% 할인된 가격으로 예매가 가능합니다.
- 박람회 문의 콜센터 : 1533-5353(운영시간 : 오전 8시 ~ 오후 7시)

2023. 02. 25.

대한항공우주협회

출제유형 03 특수 문자 입력과 글자/문단 모양 설정

- ☑ 특수 문자 입력하기
- ☑ 글자 모양 설정하기
- ☑ 문단 모양 설정하기

문제 미리보기

소스 파일 : 유형03_문제.hwpx   정답 파일 : 유형03_정답.hwp 【문제 1(46점)】

2024년인공지능학술대회

인공지능은 이제 한 분야의 학문으로 정립된 지 70여 년이 되어가고 있습니다. 작년 학슬대회는 다양한 분야에 적용 가능한 관련 논문과 각 분야의 전문가께서 연사로 참여해 주셔서 성공리에 마무리될 수 있었습니다. 2024년 학술대회에서는 <u>**최근 인공지능기술과 4차 산업혁명**</u>이 앞으로 사회적 그리고 경제적으로 우리 인류에게 어떤 영향을 미칠지 되짚어 볼 수 있는 소중하고 의미 있는 시간이 되리라 생각합니다. 많은 관심과 참석 바랍니다. 〔진하게, 밑줄〕

▶ 행사안내 ◀ 〔궁서, 가운데 정렬〕

1. 행사일시 : 2024년 7월 6일(토), 09:00 ~ 18:00
2. 행사장소 : 한국대학교 중앙캠퍼스 미래관
3. 행사주관 : 인공지능학회
4. 참여방법 : *학회 홈페이지 (http://www.ihd.or.kr)* 〔진하게, 기울임〕

〔문자표〕

※ 기타사항

— 학회 참가 신청은 선착순으로 진행되며 프로그램별 100명입니다.
— 자세한 내용은 학회 홈페이지에서 확인할 수 있으며 사전등록 및 교통 안내, 해외참가자의 출입국 관련 사무의 경우 학회사무국(02-123-4567)으로 문의 바랍니다.

〔왼쪽여백 : 15pt 내어쓰기 : 12pt〕

2024. 05. 30. 〔13pt, 가운데 정렬〕

인공지능학회 〔돋움, 24pt, 가운데 정렬〕

디지털정보활용능력　한글 [시험시간 : 40분]

【문제】 첨부된 문제를 다음의 조건을 적용하여 문서를 작성하시오.

① 문서는 A4(210mm×297mm) 크기, 세로 용지 방향으로 작성한다.

② 페이지 여백은 아래와 같이 설정한다.

왼쪽	오른쪽	위쪽	아래쪽	머리말	꼬리말	제본
20mm	20mm	20mm	20mm	10mm	10mm	0mm

③ 아래와 같이 "자동 글머리 기호 넣기"와 "자동 번호 매기기" 기능을 해제한다.

도구 → 빠른 교정 → 빠른 교정 내용 → 입력 자동 서식 ⇒	자동 글머리 기호 넣기(해제) 자동 번호 매기기(해제)

※ 만약 입력 자동 서식 메뉴가 없는 경우에는 "자동 글머리 기호 넣기"와 "자동 번호 매기기" 기능이 설정되어 있지 않은 것이므로 별도의 기능 해제 없이 그대로 시험에 응시하시면 됩니다.

④ 글자는 별도의 지시사항이 없는 한 **바탕, 10pt, 양쪽정렬, 줄간격 160%**로 작성한다.

⑤ 영문, 숫자 등은 별도의 지시가 없는 한 반각(1byte) 문자를 사용한다.

⑥ 특수문자는 문자표(전각 기호)를 이용하여 작성한다.

⑦ 교정부호 및 화살표로 기재된 지시사항대로 처리하되, ⟨⋯⋯⟩→ 은 지시사항이므로 작성하지 않는다.

⑧ 1페이지에 [문제1]을 작성하고, 구역을 나누어 2페이지에 [문제2]를 작성한다.

※ 해당 페이지에 작성하지 않거나 의도적으로 텍스트 작성을 하지 않은 경우 0점 처리

⑨ [문제2]는 문제지와 같이 2단으로 다단을 나누어 작성한다.

⑩ '그림 삽입' 시에는 반드시 "KAIT 수검 프로그램"을 통해 다운로드 한 그림 파일을 사용한다.

⑪ 총점 : 200점

[공통사항1(기본설정, 용지설정)] : 8점, [공통사항2(오탈자)] : 40점
[문제1] : 46점, [문제2] : 106점

⑫ 기타 특별히 지시되어 있지 않은 사항은 문제지에 준하여 작성한다.

01 특수 문자 입력하기

① 다음과 같이 1페이지의 문장의 끝을 클릭한 후 Enter 키를 두 번 누릅니다.

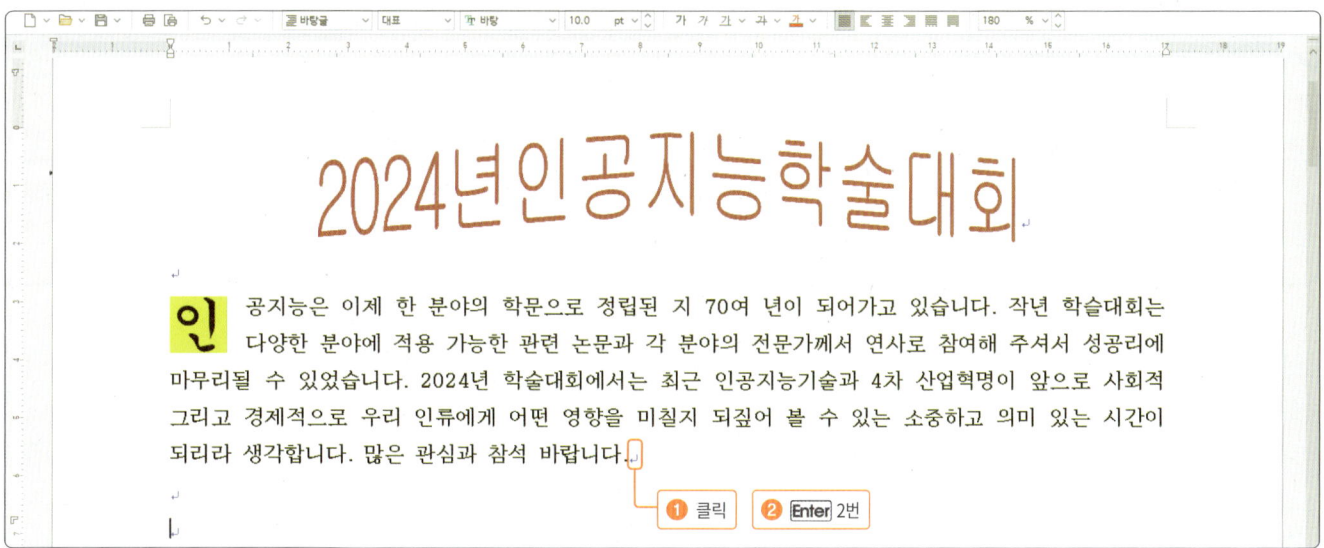

② [입력] 탭에서 [문자표(※)]의 목록 단추(문자표)를 클릭한 후 '문자표'(또는 Ctrl+F10)를 선택합니다.

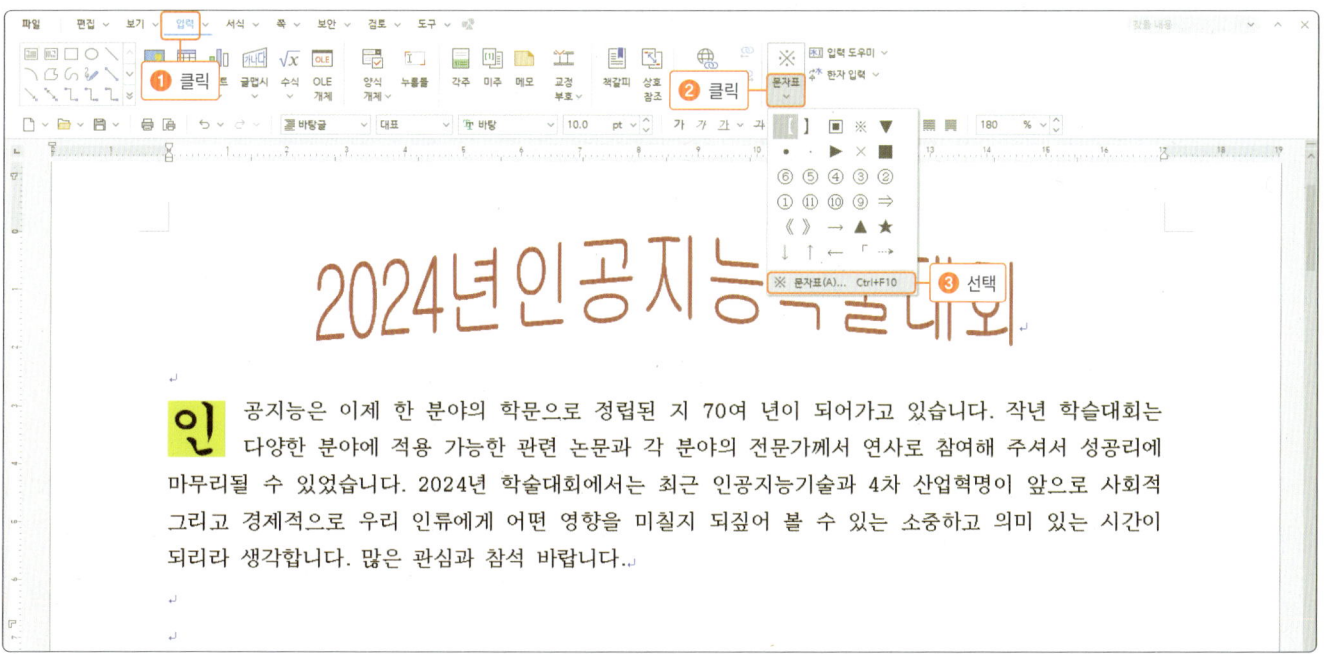

제 01 회 디지털정보활용능력 최신유형 기출문제

- ☑ 시험과목 : 워드프로세서(한글)
- ☑ 시험일자 : 20XX. XX. XX. (X)
- ☑ 응시자 기재사항 및 감독위원 확인

한컴오피스 한글 2022 버전용

수검번호	DIW - XXXX -	감독위원 확인
성 명		

·응시자 유의사항·

1. 응시자는 신분증을 지참하여야 시험에 응시할 수 있으며, 시험이 종료될 때까지 신분증을 제시하지 못 할 경우 해당 시험은 0점 처리됩니다.

2. 시스템(PC작동여부, 네트워크 상태 등)의 이상여부를 반드시 확인하여야 하며, 시스템 이상이 있을시 감독위원에게 조치를 받으셔야 합니다.

3. 시험 중 부주의 또는 고의로 시스템을 파손한 경우는 응시자 부담으로 합니다.

4. 답안 전송 프로그램을 통해 파일을 다운로드하여 답안 파일을 작성하시기 바랍니다.

5. 작성한 답안 파일은 답안 전송 프로그램을 통하여 전송됩니다. 감독위원의 지시에 따라 주시기 바랍니다.

6. 다음 사항의 경우 실격(0점) 혹은 부정행위 처리됩니다.
    1) 답안 파일을 저장하지 않았거나, 저장한 파일이 손상되었을 경우
    2) 답안 파일을 지정된 폴더(바탕화면 – "KAIT" 폴더)에 저장하지 않았을 경우
        ※ 답안 전송 프로그램 로그인 시 바탕화면에 자동 생성됨
    3) 답안 파일을 다른 보조 기억장치(USB) 혹은 네트워크(메신저, 게시판 등)로 전송할 경우
    4) 휴대용 전화기 등 통신기기를 사용할 경우

7. **시험지에 제시된 글꼴이 응시 프로그램에 없는 경우, 반드시 감독위원에게 해당 내용을 통보한 뒤 조치를 받아야 합니다.**

8. 시험의 완료는 작성이 완료된 답안을 저장하고, 답안 전송이 완료된 상태를 확인한 것으로 합니다. 답안 전송 확인 후 문제지는 감독위원에게 제출한 후 퇴실하여야 합니다.

9. 답안 전송이 완료된 경우에는 수정 또는 정정이 불가능합니다.

10. 시험 시행 후 결과는 홈페이지(www.ihd.or.kr)에서 확인하시기 바랍니다.
    ※ 합격자 발표 : 20XX. XX. XX. (X)
    ※ 시험지 공개 : 20XX. XX. XX. (X)

❸ [문자표 입력] 대화상자가 나오면 [훈글(HNC) 문자표]–[문자 영역]–[전각 기호(일반)]에서 '▶' 모양을 선택한 후 〈넣기〉 단추를 클릭합니다.

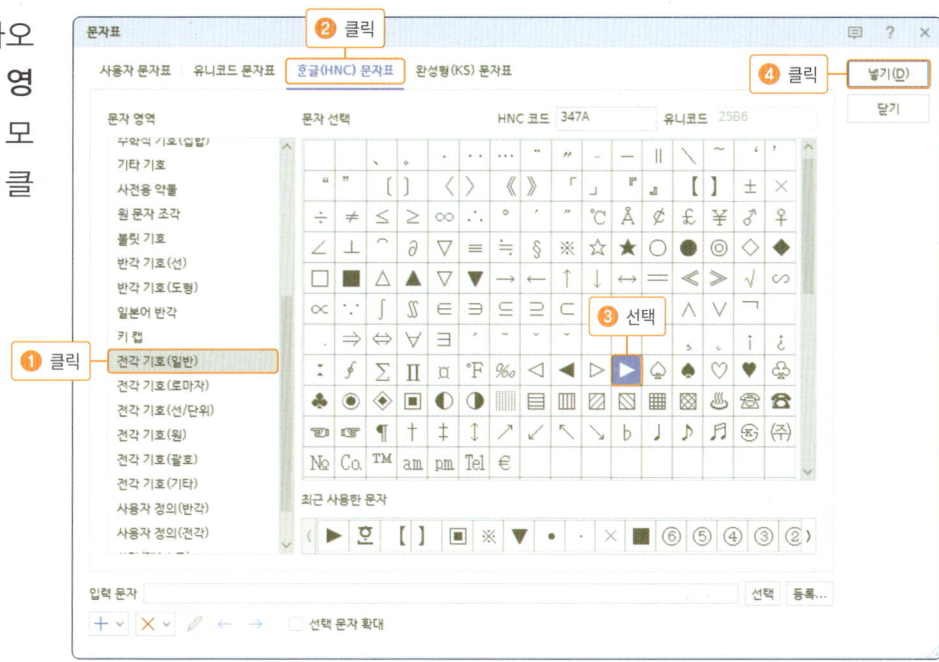

❹ 특수 문자가 입력되면 Space Bar 키를 한 번 눌러 한 칸을 띄운 후 '행사안내'를 입력합니다.

❺ Space Bar 키를 다시 한 번 눌러 한 칸을 띄운 후 똑같은 방법으로 '◀' 모양을 입력합니다. 이어서, Enter 키를 두 번 누릅니다.

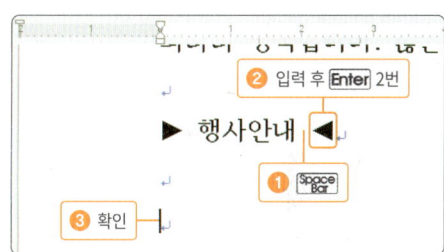

02 글자 모양 설정하기

❶ '자동 글머리 기호 넣기'와 '자동 번호 매기기' 기능을 해제하기 위해 [도구] 탭에서 [빠른 교정(ABC)]–'빠른 교정 내용'을 클릭합니다.

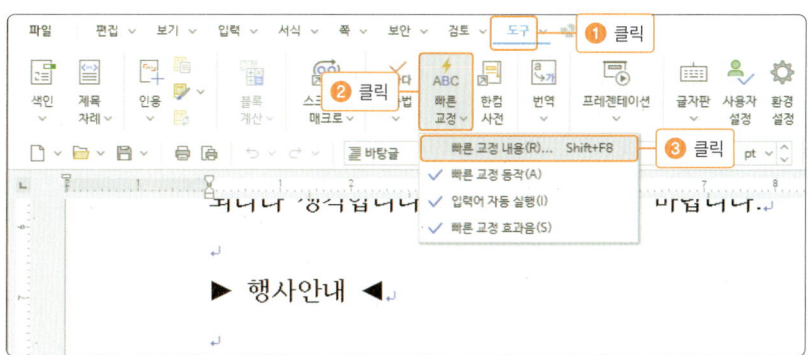

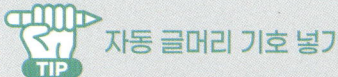

자동 글머리 기호 넣기/자동 번호 매기기

• 한글 2022 버전은 아래와 같이 '자동 글머리 기호 넣기'와 '자동 번호 매기기' 기능을 해제한다.

> 도구 → 빠른 교정 → 빠른 교정 내용 → 입력 자동 서식 ⇒ 자동 글머리 기호 넣기(해제)
> 자동 번호 매기기(해제)

▲ 실제 시험 지시문

❶ 한글 2022에서는 '1.'이나 '–'를 입력한 후 내용을 입력하고 〈Enter〉 키를 눌러 다음 문단으로 이동하면 자동으로 글머리 기호나 번호가 지정되어 나타납니다.

❷ 실제 시험 지시문의 방법대로 '자동 글머리 기호 넣기'와 '자동 번호 매기기' 기능을 해제한 후 내용을 입력해야 합니다.

---

❷ [빠른 교정 내용] 대화상자가 나오면 [입력 자동 서식] 탭에서 **'자동 글머리 기호 넣기'**와 **'자동 번호 매기기'**를 클릭하여 체크를 해제한 후 〈닫기〉 단추를 클릭합니다.

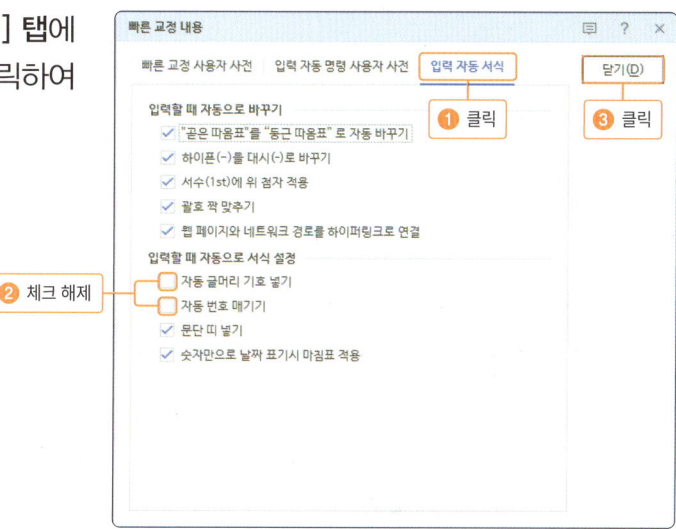

❸ [문제 1]을 보면서 다음과 같이 내용을 입력합니다.

```
            ▶ 행사안내 ◀

1. 행사일시 : 2024년 7월 6일(토), 09:00 ~ 18:00
2. 행사장소 : 한국대학교 중앙캠퍼스 미래관
3. 행사주관 : 인공지능학회
4. 참여방법 : 학회 홈페이지 (http://www.ihd.or.kr)

※ 기타사항
- 학회 참가 신청은 선착순으로 진행되며 프로그램별 100명입니다.
- 자세한 내용은 학회 홈페이지에서 확인할 수 있으며 사전등록 및 교통 안내, 해외참가자의 출입국 관
  련 사무의 경우 학회사무국(02-123-4567)으로 문의 바랍니다.

2024. 05. 30.

인공지능학회
```

MEMO

④ URL 주소가 입력된 문장 위에서 마우스 오른쪽 단추를 눌러 바로 가기 메뉴가 나오면 **[하이퍼링크 지우기]**를 클릭합니다.

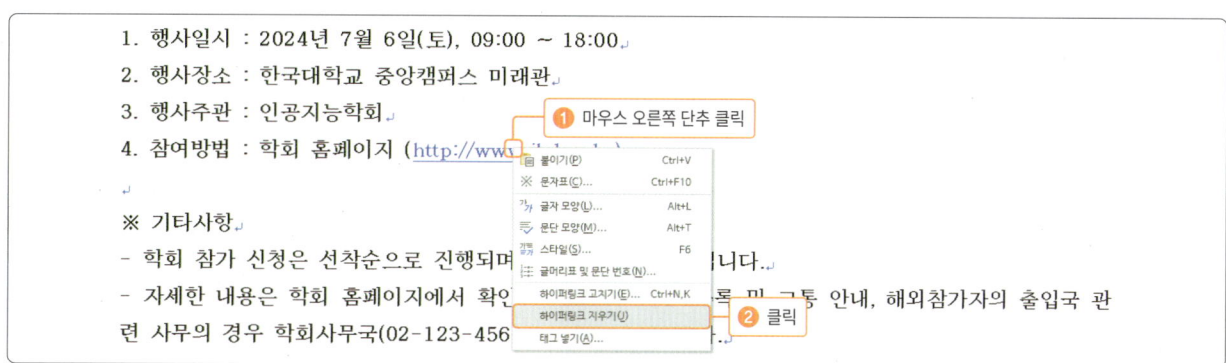

⑤ 다음과 같이 '**최근 인공지능기술과 4차 산업혁명**'을 드래그하여 블록으로 지정한 후 [서식] 도구 상자에서 '**진하게(가)**'와 '**밑줄(가)**'을 클릭합니다.

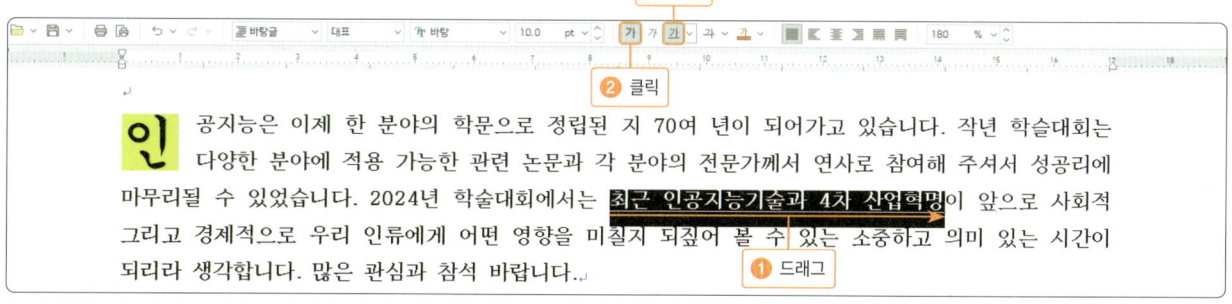

⑥ 똑같은 방법으로 다음과 같이 블록으로 지정한 후 [서식] 도구 상자에서 '**글꼴(궁서), 가운데 정렬(≡)**'을 지정합니다.

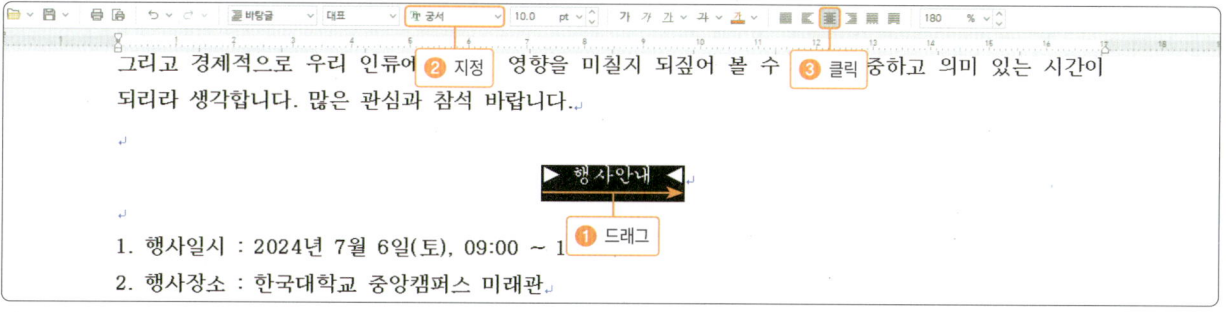

⑦ 똑같은 방법으로 다음과 같이 블록으로 지정한 후 [서식] 도구 상자에서 '**진하게(가)**'와 '**기울임(가)**'을 클릭합니다.

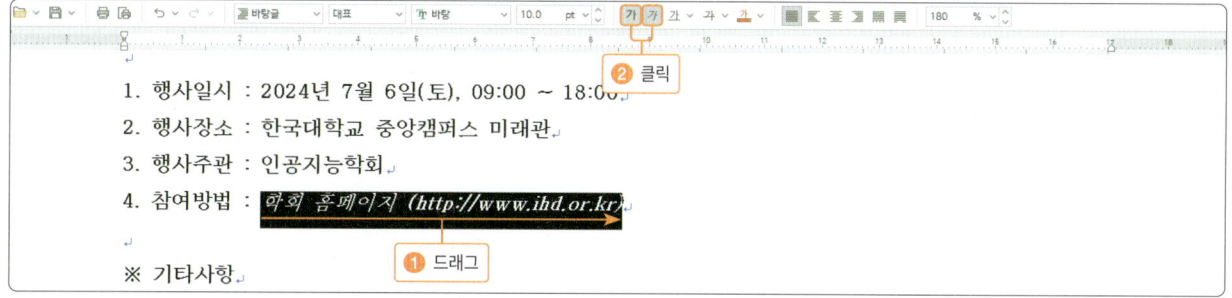

등산의 효과

1. 등산의 효과

최근에 들어 체력 관리와 여가 활동으로 트래킹1), 등산등 산악활동을 하는 직장인들이 크게 늘고 있다. 등산 전문가들은 국민들의 레저(leisure)와 휴양(休養)에 대한 욕구가 크게 늘어나면서 등산 열풍이 불고 있으며, 전체 국민들에 30% 이상이 한 달에 한 번 이상은 등산을 하는 것으로 추정하고 있다. 전 세계적으로 고산(高山)지역의 살고 있는 사람들은 장수하며, 맑은 공기와 삼림욕은 무엇보다도 좋다는 것은 모두가 아는 사실이다. 등산의 효과로 들 수 있는 첫 번째는 다이어트와 체중조절이다. 등산은 다른 운동들에 비해 열량소모 효과가 뛰어나 대략 한 시간에 600kcal 이상을 소비한다. 그리고 지속적으로 등산을 하면 심장이 튼튼해져 심폐 기능이 강화되고 지구력 및 근력(筋力)이 강화되며 만성피로 회복에도 도움이 된다. 또한 초록의 자연경관은 눈의 피로를 풀어주어 시력 개선효과를 가져오며, 우울증 예방이나 스트레스 해소에도 효과가 있는 것으로 알려져 있다.

2. 건강한 등산 방법

등산은 자신의 체력 수준이나 몸에 맞게 하여야 하며, 잘못된 등산 습관(習慣)은 오히려 역효과를 가져올 수 있다. 건강한 위해서 등산을 등산 전 충분한 스트레칭은 필수적이다. 특히 초행의 경우 무리하게 산을 오르는 것보다는 적당한 휴식을 취하며 난이도가 낮은 산부터 높은 산으로 점차적으로 수준을 올려가야 한다. 체력 소모를 줄이기 위해 등산 스틱을 사용하는 것도 방법이다.

연령별 등산횟수 비율(%)

횟수	40대 미만	40대 이상
주 1회 이상	5	25
한달 1회 이상	21	26
분기 1회 이상	14	13
전혀 안한다	22	13
합계	62	77

---

1) 비교적 평탄한 지형을 이동하는 산행

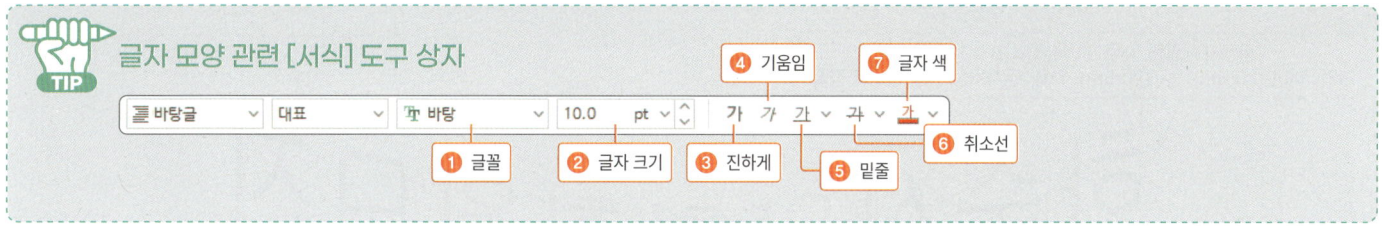

❽ 똑같은 방법으로 다음 지시사항에 따라 서식을 지정합니다.

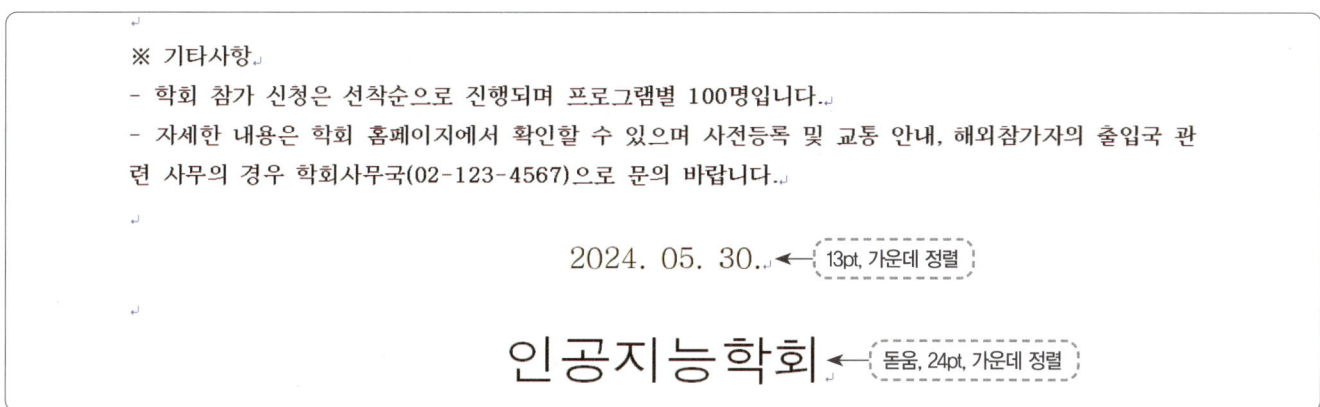

03 문단 모양 설정하기

❶ 문단 모양을 설정하기 위해 다음과 같이 드래그하여 블록으로 지정한 후 [편집] 탭에서 '문단 모양( )'(또는 Alt + T)을 클릭합니다.

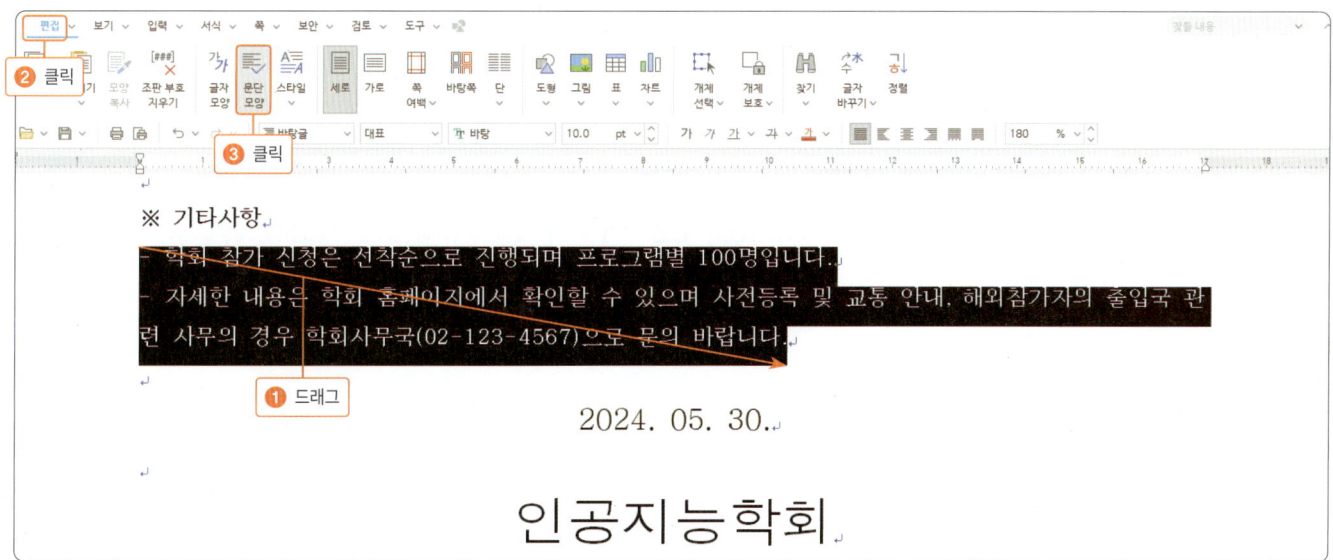

DIAT

한숲산악회회원모집

주 5일제 근무가 정착되면서 산악 인구가 크게 늘고 있습니다. 한성시 최대의 회원을 보유하고 있는 한숲산악회에서 *2023년 2분기 신입회원을 모집*합니다. 우리 산악회는 2009년부터 시작하여 현재 200여명이 가입하여 활동하고 있습니다. 등산 및 친목도모는 물론 불우이웃 돕기 등 사회 공헌활동을 함께 진행하는 우리 지역의 우수 산악회입니다. 산행이 초보이신 분들도 입회가 가능하며, 초보 분들을 위해 산을 쉽게 타는 법, 산행에 있어서의 주의사항, 복장 관련 다양한 정보를 제공해드립니다.

▲ 입회 안내 ▲

1. 회원자격 : 한성시에 거주하는 20대 이상으로 <u>*진취적이고 긍정적인 마인드를 가지신 분*</u>
2. 모집기간 : 2023년 3월 20일까지
3. 모집인원 : 10명 이내
4. 회   비 : 입회비 20만원, 산행회비 2만원(회당)

※ 입회문의 및 기타사항
- 입회문의 : 한숲산악회 김호산 총무 (전화 : 035-337-3456)
- 인터넷 카페 : cafe.bycos.co.kr/mountainlove
- 초보 입회자들을 위한 등산 정보 교육은 4월 5일 진행됩니다.

2023. 2. 25.

한숲산악회장

❷ [문단 모양] 대화상자가 나오면 [기본] 탭에서 '여백'의 '왼쪽(15pt)'을 지정합니다. 이어서, '첫 줄'의 '내어쓰기(12pt)'를 지정한 후 〈설정〉 단추를 클릭합니다.

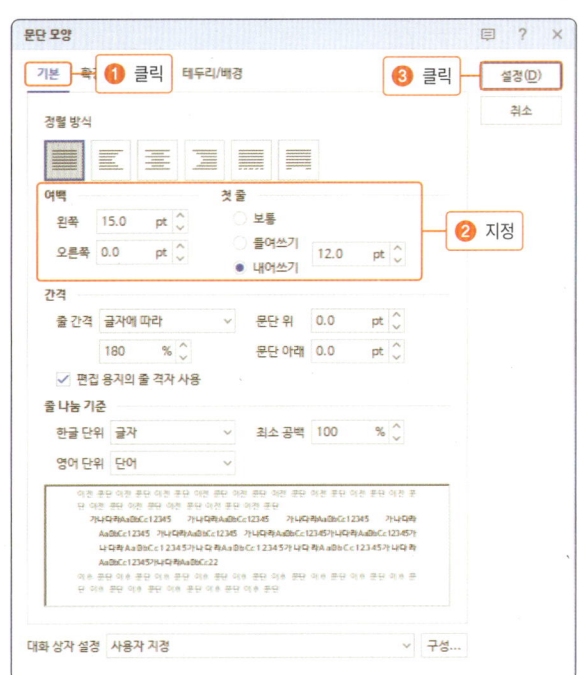

❸ Esc 키를 눌러 블록 지정을 해제한 후 '왼쪽 여백'과 '내어쓰기'가 지정된 것을 확인합니다.

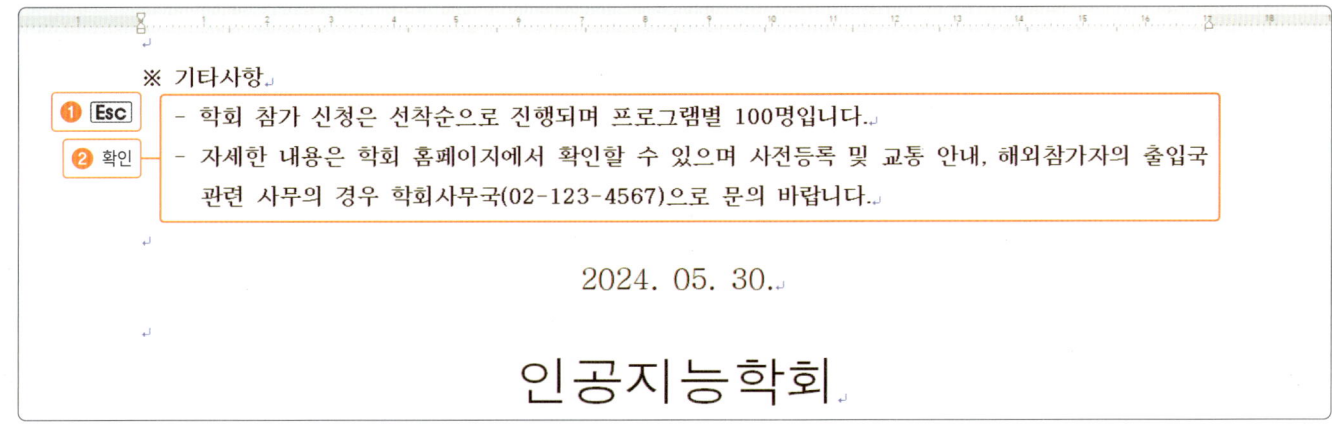

❹ [파일] 탭에서 [저장하기](또는 Alt + S) 또는 [서식] 도구 상자에서 '저장하기( )'를 클릭하여 답안 파일을 저장합니다.

※ 실제 시험을 볼 때 작업 도중에 수시로(10분에 한 번 정도) 저장을 하는 것이 좋습니다.

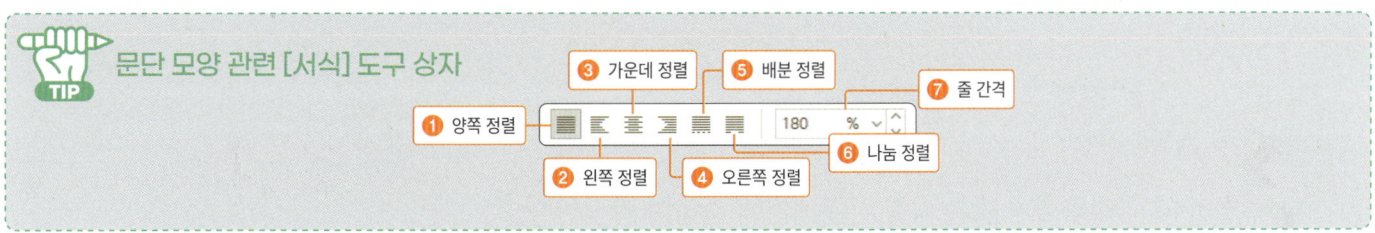

디지털정보활용능력　한글 [시험시간 : 40분]

【문제】 첨부된 문제를 다음의 조건을 적용하여 문서를 작성하시오.

① 문서는 A4(210mm×297mm) 크기, 세로 용지 방향으로 작성한다.

② 페이지 여백은 아래와 같이 설정한다.

왼쪽	오른쪽	위쪽	아래쪽	머리말	꼬리말	제본
20mm	20mm	20mm	20mm	10mm	10mm	0mm

③ 아래와 같이 "자동 글머리 기호 넣기"와 "자동 번호 매기기" 기능을 해제한다.

도구 → 빠른 교정 → 빠른 교정 내용 → 입력 자동 서식 ⇒ 자동 글머리 기호 넣기(해제) 자동 번호 매기기(해제)

※ 만약 입력 자동 서식 메뉴가 없는 경우에는 "자동 글머리 기호 넣기"와 "자동 번호 매기기" 기능이 설정되어 있지 않은 것이므로 별도의 기능 해제 없이 그대로 시험에 응시하시면 됩니다.

④ 글자는 별도의 지시사항이 없는 한 **바탕, 10pt, 양쪽정렬, 줄간격 160%**로 작성한다.

⑤ 영문, 숫자 등은 별도의 지시가 없는 한 반각(1byte) 문자를 사용한다.

⑥ 특수문자는 문자표(전각 기호)를 이용하여 작성한다.

⑦ 교정부호 및 화살표로 기재된 지시사항대로 처리하되, ⌐⎯⎯⎯¬→ 은 지시사항이므로 작성하지 않는다.

⑧ 1페이지에 [문제1]을 작성하고, 구역을 나누어 2페이지에 [문제2]를 작성한다.

※ 해당 페이지에 작성하지 않거나 의도적으로 텍스트 작성을 하지 않은 경우 0점 처리

⑨ [문제2]는 문제지와 같이 2단으로 다단을 나누어 작성한다.

⑩ '그림 삽입' 시에는 반드시 "KAIT 수검 프로그램"을 통해 다운로드 한 그림 파일을 사용한다.

⑪ 총점 : 200점

[공통사항1(기본설정, 용지설정)] : 8점, [공통사항2(오탈자)] : 40점
[문제1] : 46점, [문제2] : 106점

⑫ 기타 특별히 지시되어 있지 않은 사항은 문제지에 준하여 작성한다.

특수 문자 입력과 글자/문단 모양 설정

01 문자표 입력과 글자/문단 모양을 설정해 보세요. 【문제 1(46점)】

· 소스 파일 : 정복03_문제01.hwpx · 정답 파일 : 정복03_정답01.hwpx

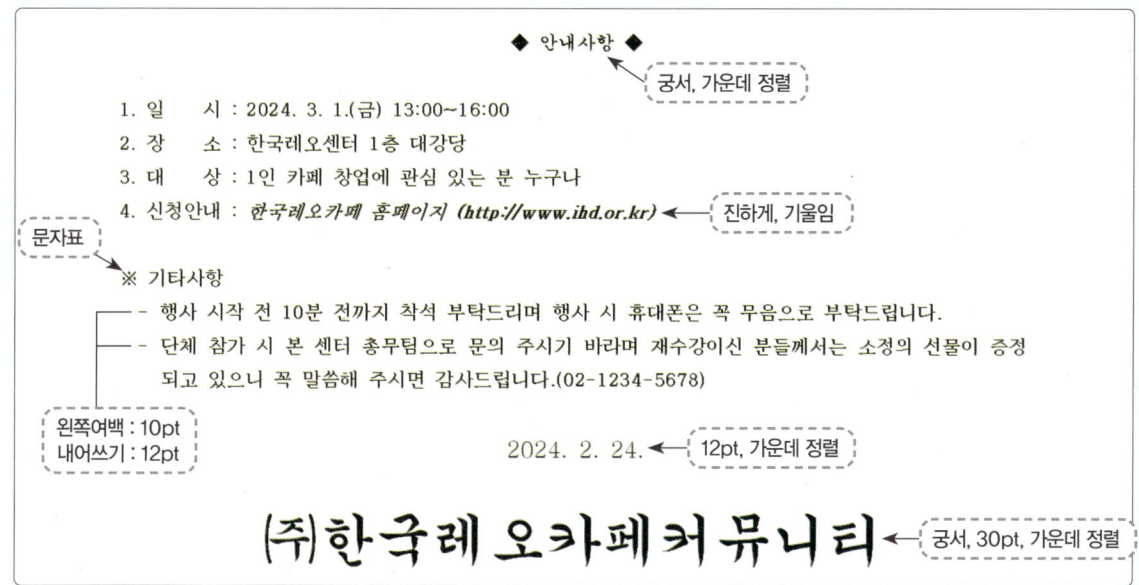

※ 실제 시험에서는 내용을 입력한 후 서식을 지정합니다.

02 문자표 입력과 글자/문단 모양을 설정해 보세요. 【문제 1(46점)】

· 소스 파일 : 정복03_문제02.hwpx · 정답 파일 : 정복03_정답02.hwpx

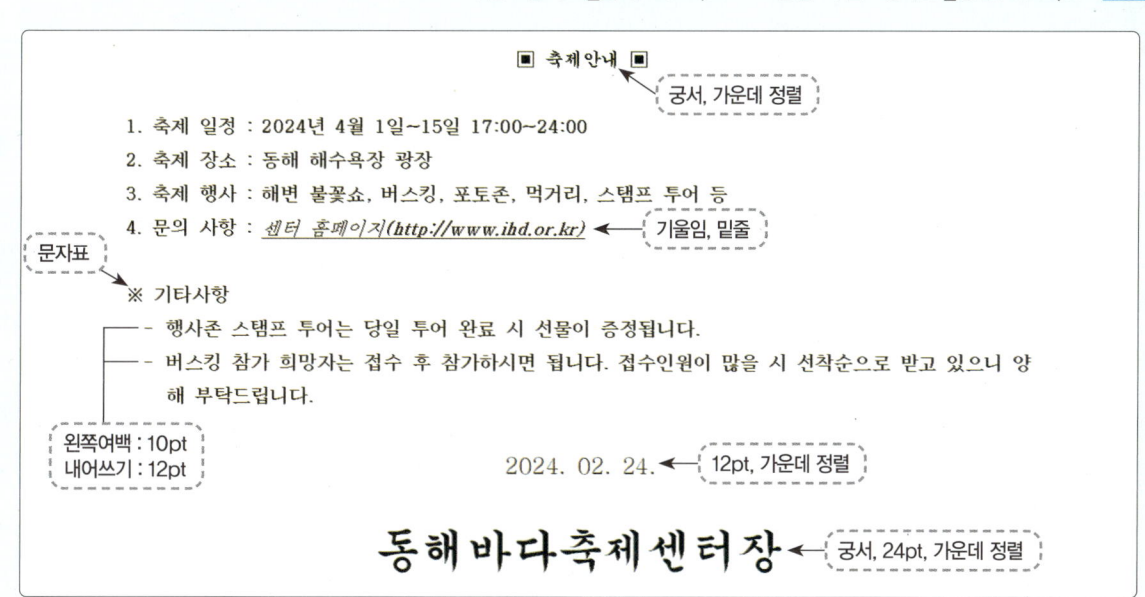

※ 실제 시험에서는 내용을 입력한 후 서식을 지정합니다.

제 20 회 디지털정보활용능력 출제예상 모의고사

☑ 시험과목 : 워드프로세서(한글)
☑ 시험일자 : 20XX. XX. XX. (X)
☑ 응시자 기재사항 및 감독위원 확인

한컴오피스 한글 2022 버전용

수검번호	DIW - XXXX -	감독위원 확인
성 명		

· 응시자 유의사항 ·

1. 응시자는 신분증을 지참하여야 시험에 응시할 수 있으며, 시험이 종료될 때까지 신분증을 제시하지 못 할 경우 해당 시험은 0점 처리됩니다.
2. 시스템(PC작동여부, 네트워크 상태 등)의 이상여부를 반드시 확인하여야 하며, 시스템 이상이 있을시 감독위원에게 조치를 받으셔야 합니다.
3. 시험 중 부주의 또는 고의로 시스템을 파손한 경우는 응시자 부담으로 합니다.
4. 답안 전송 프로그램을 통해 파일을 다운로드하여 답안 파일을 작성하시기 바랍니다.
5. 작성한 답안 파일은 답안 전송 프로그램을 통하여 전송됩니다. 감독위원의 지시에 따라 주시기 바랍니다.
6. 다음 사항의 경우 실격(0점) 혹은 부정행위 처리됩니다.
    1) 답안 파일을 저장하지 않았거나, 저장한 파일이 손상되었을 경우
    2) 답안 파일을 지정된 폴더(바탕화면 – "KAIT" 폴더)에 저장하지 않았을 경우
        ※ 답안 전송 프로그램 로그인 시 바탕화면에 자동 생성됨
    3) 답안 파일을 다른 보조 기억장치(USB) 혹은 네트워크(메신저, 게시판 등)로 전송할 경우
    4) 휴대용 전화기 등 통신기기를 사용할 경우
7. **시험지에 제시된 글꼴이 응시 프로그램에 없는 경우, 반드시 감독위원에게 해당 내용을 통보한 뒤 조치를 받아야 합니다.**
8. 시험의 완료는 작성이 완료된 답안을 저장하고, 답안 전송이 완료된 상태를 확인한 것으로 합니다. 답안 전송 확인 후 문제지는 감독위원에게 제출한 후 퇴실하여야 합니다.
9. 답안 전송이 완료된 경우에는 수정 또는 정정이 불가능합니다.
10. 시험 시행 후 결과는 홈페이지(www.ihd.or.kr)에서 확인하시기 바랍니다.
    ※ 합격자 발표 : 20XX. XX. XX. (X)
    ※ 시험지 공개 : 20XX. XX. XX. (X)

한국정보통신진흥협회 KAIT
Korea Association for ICT promotion

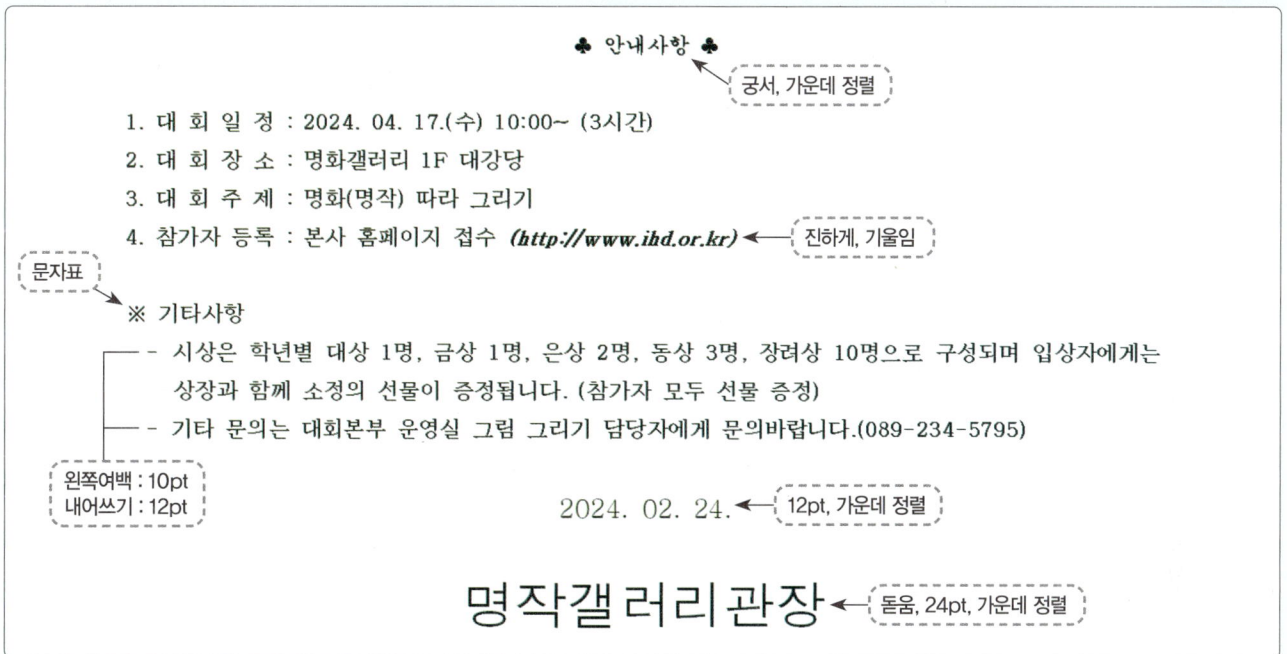

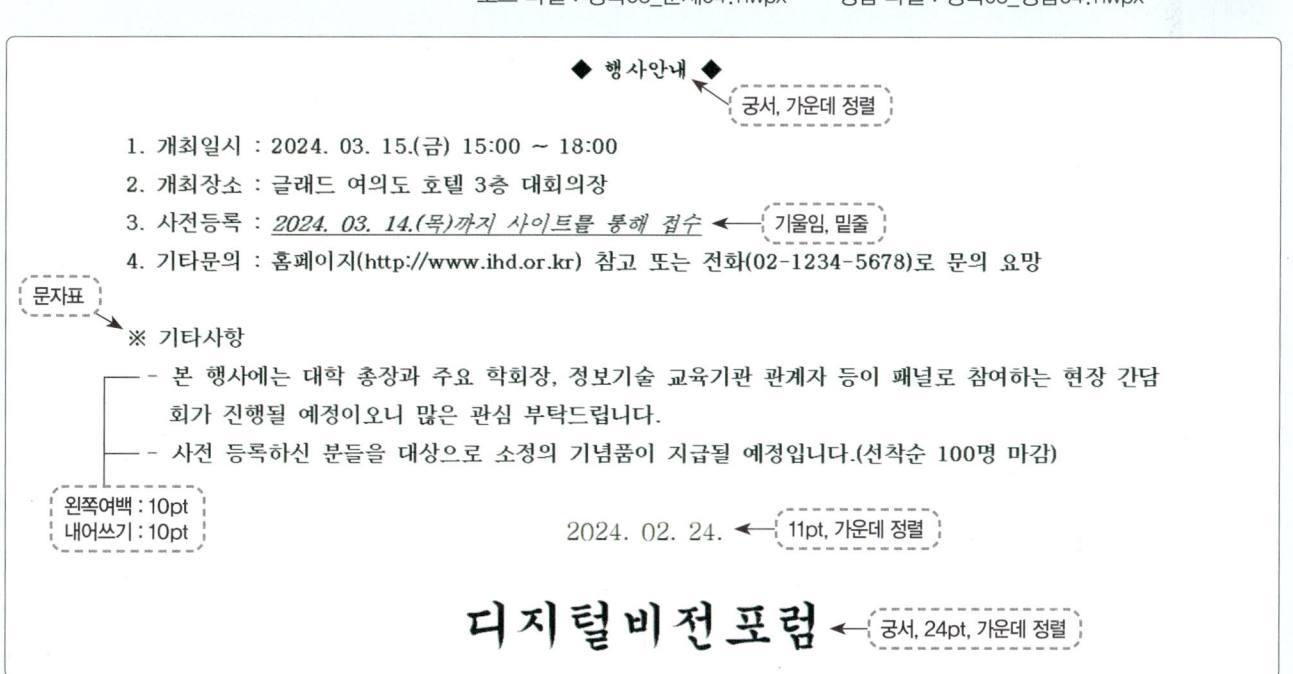

서비스와 서비스 품질

1. 서비스(Service)란?

서비스는 무형(無形)의 상품의 일종으로 생산자가 보이지 않는 결과물이나 노동력을 이용자나 고객들에게 전달하는 행위를 총칭하는 개념이다. 점차 경쟁적으로 변화되는 환경에서 서비스에 대한 관심과 요구가 높아지고 있으며, 기업들은 제품 이외의 차별화 수단으로 활용하고 있다. 또한 서비스 제공과 품질 향상의 문제는 기업 측면(側面)뿐 아니라, 공공 측면까지 확대되고 있다. 서비스는 눈으로 확인하고 만질 수 있는 일반 재화와는 달리 몇 가지 특성을 가지고 있다. 첫 번째로는 눈에 보이지 않는 무형의 특징을 가지고 있다. 또한 제공자가 대부분 사람이므로 획일적(劃一的)이고 제공이 균등한 어렵다는 이질성, 생산하는 동시에 소비가 이루어진다는 비분리성을 가지고 있다. 마지막으로 저장될 수 없고 바로 소멸(消滅)된다는 소멸성의 특징을 가지고 있다. 대체적으로 서비스에 대한 소비자들의 욕구가 높아지는 경향을 보이게 된다.

2. 서비스 품질

서비스 품질이란 서비스를 제공받는 과정에서 이용자들이 이에 대한 우수성이나 우월성을 판단하는 지표(地表)이다. 서비스 품질을 구성하는 하위 요소로는 일반적으로 파라수라만 등의 학자가 제시한 SERVQUAL[1] 모델이 이용된다. 이 모델에서 서비스 품질은 시설 환경과 종업원의 복장 등의 유형성, 개별적인 고객에게 기울이는 관심과 배려인 공감성 항목으로 구성된다.

주요 광역시 서비스 품질 지수

광역시	2021년	2022년
해가람시	84	88
빛가람시	79	85
물가람시	75	78
별가람시	81	77
합계	319	328

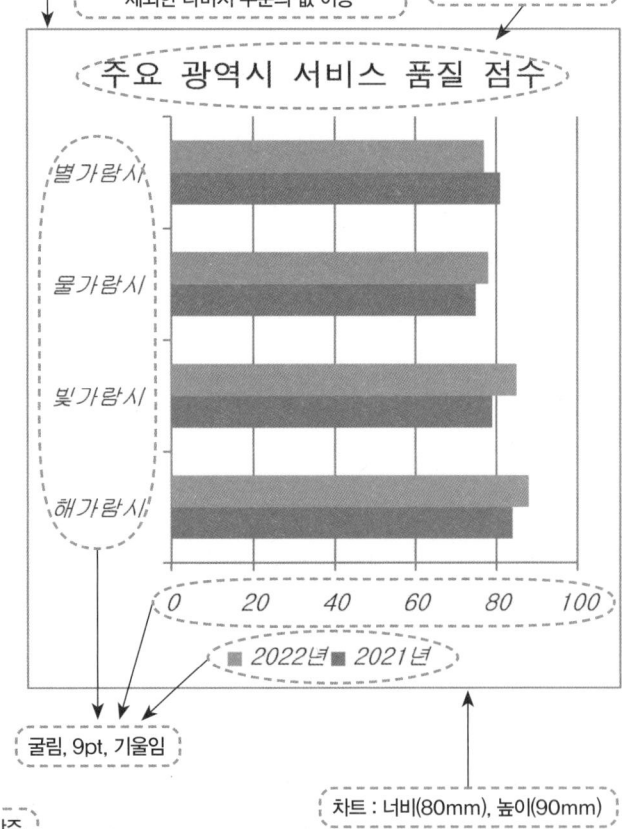

주요 광역시 서비스 품질 점수

---

[1] 파라수라만 등이 1988년에 제시한 서비스 품질 측정 모델

05 문자표 입력과 글자/문단 모양을 설정해 보세요. 【문제 1(46점)】

• 소스 파일 : 정복03_문제05.hwpx   • 정답 파일 : 정복03_정답05.hwpx

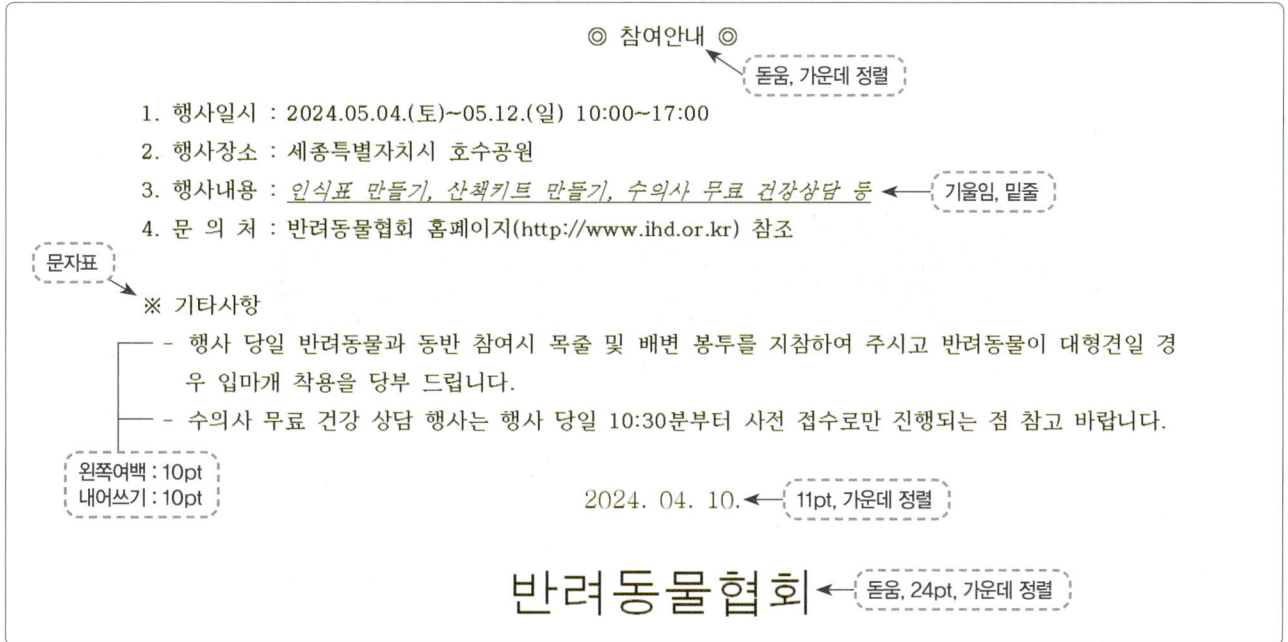

※ 실제 시험에서는 내용을 입력한 후 서식을 지정합니다.

 06 문자표 입력과 글자/문단 모양을 설정해 보세요. 【문제 1(46점)】

• 소스 파일 : 정복03_문제06.hwpx   • 정답 파일 : 정복03_정답06.hwpx

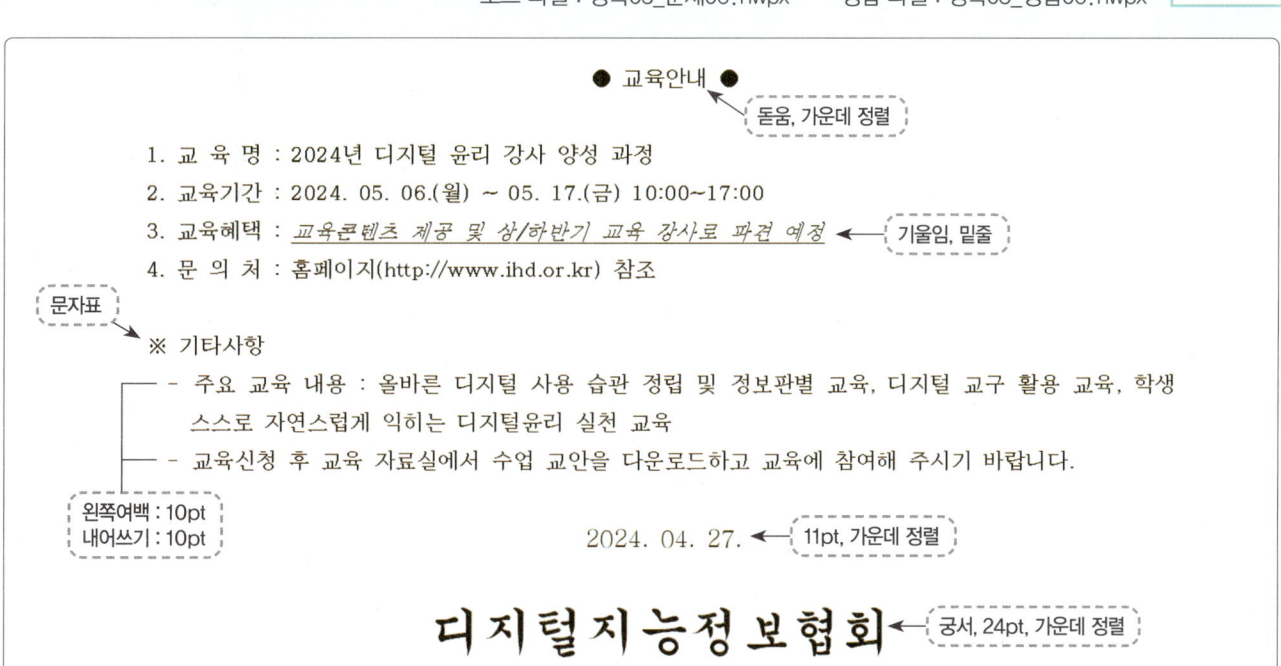

※ 실제 시험에서는 내용을 입력한 후 서식을 지정합니다.

체육문화시설서비스조사알림

최근 국민들의 삶의 질 향상과 함께 체육 및 여가문화에 대한 중요성이 높아지고 있고, 동시에 체육 문화시설에 대한 수요도 늘어나고 있습니다. 우리 시에서는 이러한 요구에 부응하고 시민 만족도를 높이고자 수영장과 체육관, 문화센터, 시립문화관, 시립미술관 등을 건립하여 운영하고 있습니다. 현재 운영 중인 주요 체육 및 문화 시설 서비스에 대한 시민들의 만족도와 의견을 조사하고, 서비스 개선 사항을 도출하고자 아래와 같이 *"체육문화시설 서비스 조사"*를 실시하고자 합니다.

☆ 조사 안내 ☆

1. 조사기간 : 2023년 3월 1일 ~ 31일 (1개월)
2. 대상기관 : 빛가람 수영장 및 체육관, 빛가람 문화센터, 시립문화관, 시립미술관
3. 평가방법 : 시민대상 전화조사, 미스터리 조사
4. 평가항목 : <u>*서비스 내용, 서비스 과정, 서비스 이용환경 등*</u>

※ 협조요청사항
- 현재 각 기관을 이용하고 있는 시민들의 데이터베이스 제공을 협조요청 드리며, 타 관련 부서나 기관의 보안에 각별히 유의하시기 바랍니다.
- 서비스 조사에 대한 결과 분석 및 통보는 2023년 4월중에 진행됩니다.

2023. 02. 25.

빛가람시청 시민만족과

출제유형 04 머리말 삽입/쪽 번호 매기기

- ☑ 머리말 삽입하기
- ☑ 쪽 번호 매기기

문제 미리보기

소스 파일 : 유형04_문제.hwpx   정답 파일 : 유형04_정답.hwp 【문제 1(46점)】

머리말(굴림, 9pt, 오른쪽 정렬) → DIAT

2024년인공지능학술대회

인공지능은 이제 한 분야의 학문으로 정립된 지 70여 년이 되어가고 있습니다. 작년 학술대회는 다양한 분야에 적용 가능한 관련 논문과 각 분야의 전문가께서 연사로 참여해 주셔서 성공리에 마무리될 수 있었습니다. 2024년 학술대회에서는 <u>최근 인공지능기술과 4차 산업혁명</u>이 앞으로 사회적 그리고 경제적으로 우리 인류에게 어떤 영향을 미칠지 되짚어 볼 수 있는 소중하고 의미 있는 시간이 되리라 생각합니다. 많은 관심과 참석 바랍니다.

▶ 행사안내 ◀

1. 행사일시 : 2024년 7월 6일(토), 09:00 ~ 18:00
2. 행사장소 : 한국대학교 중앙캠퍼스 미래관
3. 행사주관 : 인공지능학회
4. 참여방법 : *학회 홈페이지 (http://www.ihd.or.kr)*

※ 기타사항
  - 학회 참가 신청은 선착순으로 진행되며 프로그램별 100명입니다.
  - 자세한 내용은 학회 홈페이지에서 확인할 수 있으며 사전등록 및 교통 안내, 해외참가자의 출입국 관련 사무의 경우 학회사무국(02-123-4567)으로 문의 바랍니다.

2024. 05. 30.

인공지능학회

쪽 번호 매기기, 가, 나, 다 순으로, 가운데 아래
- 가 -

디지털정보활용능력 한글 [시험시간 : 40분]

【문제】 첨부된 문제를 다음의 조건을 적용하여 문서를 작성하시오.

① 문서는 A4(210mm×297mm) 크기, 세로 용지 방향으로 작성한다.

② 페이지 여백은 아래와 같이 설정한다.

왼쪽	오른쪽	위쪽	아래쪽	머리말	꼬리말	제본
20mm	20mm	20mm	20mm	10mm	10mm	0mm

③ 아래와 같이 "자동 글머리 기호 넣기"와 "자동 번호 매기기" 기능을 해제한다.

도구 → 빠른 교정 → 빠른 교정 내용 → 입력 자동 서식 ⇒ 자동 글머리 기호 넣기(해제) 자동 번호 매기기(해제)

※ 만약 입력 자동 서식 메뉴가 없는 경우에는 "자동 글머리 기호 넣기"와 "자동 번호 매기기" 기능이 설정되어 있지 않은 것이므로 별도의 기능 해제 없이 그대로 시험에 응시하시면 됩니다.

④ 글자는 별도의 지시사항이 없는 한 **바탕, 10pt, 양쪽정렬, 줄간격 160%**로 작성한다.

⑤ 영문, 숫자 등은 별도의 지시가 없는 한 반각(1byte) 문자를 사용한다.

⑥ 특수문자는 문자표(전각 기호)를 이용하여 작성한다.

⑦ 교정부호 및 화살표로 기재된 지시사항대로 처리하되, ⌐ ─ ─ ─ ┐→ 은 지시사항이므로 작성하지 않는다.

⑧ 1페이지에 [문제1]을 작성하고, 구역을 나누어 2페이지에 [문제2]를 작성한다.
   ※ 해당 페이지에 작성하지 않거나 의도적으로 텍스트 작성을 하지 않은 경우 0점 처리

⑨ [문제2]는 문제지와 같이 2단으로 다단을 나누어 작성한다.

⑩ '그림 삽입' 시에는 반드시 "KAIT 수검 프로그램"을 통해 다운로드 한 그림 파일을 사용한다.

⑪ 총점 : 200점
   [공통사항1(기본설정, 용지설정)] : 8점, [공통사항2(오탈자)] : 40점
   [문제1] : 46점, [문제2] : 106점

⑫ 기타 특별히 지시되어 있지 않은 사항은 문제지에 준하여 작성한다.

01 머리말 삽입하기

① [쪽] 탭에서 [머리말(▣)]-'머리말/꼬리말'(또는 Ctrl+N, H)을 클릭합니다.

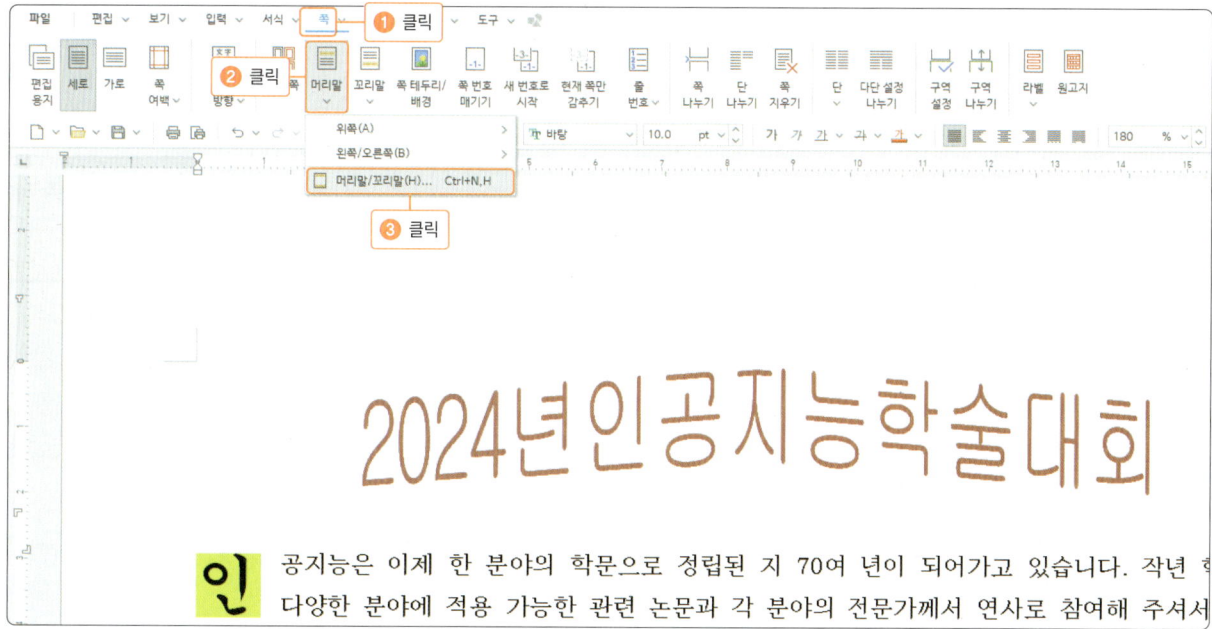

② [머리말/꼬리말] 대화상자가 나오면 '종류(머리말), 위치(양쪽)'이 지정된 것을 확인합니다. 이어서, '머리말/꼬리말 마당-목록'에서 '(모양 없음)'을 클릭한 후 〈만들기〉 단추를 클릭합니다.

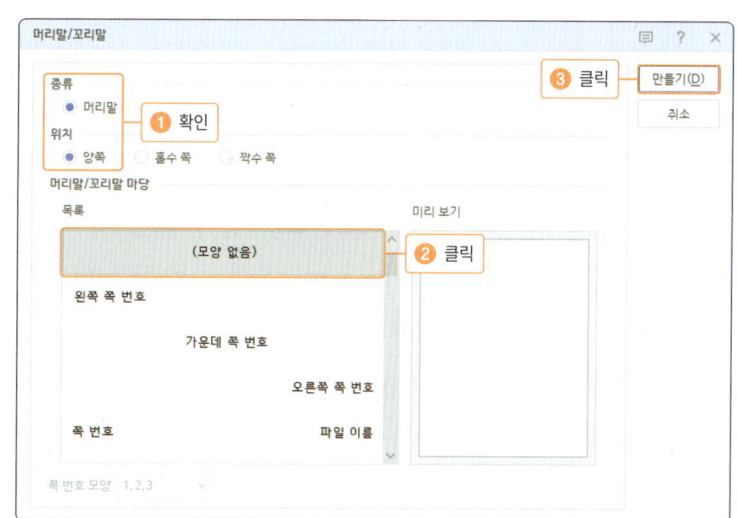

③ 머리말(양쪽) 입력 화면이 나오면 [서식] 도구 상자에서 '글꼴(굴림), 글자 크기(9pt), 오른쪽 정렬(▣)'을 지정한 후 'DIAT'를 입력합니다.

제 19 회 디지털정보활용능력 출제예상 모의고사

☑ 시험과목 : 워드프로세서(한글)
☑ 시험일자 : 20XX. XX. XX. (X)
☑ 응시자 기재사항 및 감독위원 확인

한컴오피스 한글 2022 버전용

수검번호	DIW - XXXX -	감독위원 확인
성 명		

· 응시자 유의사항 ·

1. 응시자는 신분증을 지참하여야 시험에 응시할 수 있으며, 시험이 종료될 때까지 신분증을 제시하지 못 할 경우 해당 시험은 0점 처리됩니다.

2. 시스템(PC작동여부, 네트워크 상태 등)의 이상여부를 반드시 확인하여야 하며, 시스템 이상이 있을시 감독위원에게 조치를 받으셔야 합니다.

3. 시험 중 부주의 또는 고의로 시스템을 파손한 경우는 응시자 부담으로 합니다.

4. 답안 전송 프로그램을 통해 파일을 다운로드하여 답안 파일을 작성하시기 바랍니다.

5. 작성한 답안 파일은 답안 전송 프로그램을 통하여 전송됩니다. 감독위원의 지시에 따라 주시기 바랍니다.

6. 다음 사항의 경우 실격(0점) 혹은 부정행위 처리됩니다.
    1) 답안 파일을 저장하지 않았거나, 저장한 파일이 손상되었을 경우
    2) 답안 파일을 지정된 폴더(바탕화면 – "KAIT" 폴더)에 저장하지 않았을 경우
       ※ 답안 전송 프로그램 로그인 시 바탕화면에 자동 생성됨
    3) 답안 파일을 다른 보조 기억장치(USB) 혹은 네트워크(메신저, 게시판 등)로 전송할 경우
    4) 휴대용 전화기 등 통신기기를 사용할 경우

7. **시험지에 제시된 글꼴이 응시 프로그램에 없는 경우, 반드시 감독위원에게 해당 내용을 통보한 뒤 조치를 받아야 합니다.**

8. 시험의 완료는 작성이 완료된 답안을 저장하고, 답안 전송이 완료된 상태를 확인한 것으로 합니다. 답안 전송 확인 후 문제지는 감독위원에게 제출한 후 퇴실하여야 합니다.

9. 답안 전송이 완료된 경우에는 수정 또는 정정이 불가능합니다.

10. 시험 시행 후 결과는 홈페이지(www.ihd.or.kr)에서 확인하시기 바랍니다.
    ※ 합격자 발표 : 20XX. XX. XX. (X)
    ※ 시험지 공개 : 20XX. XX. XX. (X)

④ 머리말 입력 작업이 끝나면 [머리말/꼬리말] 탭에서 '닫기(⊗)'(또는 Shift+Esc)를 클릭합니다.

※ 삽입된 머리말을 더블 클릭하여 머리말의 내용 또는 글자 서식을 수정할 수 있습니다.

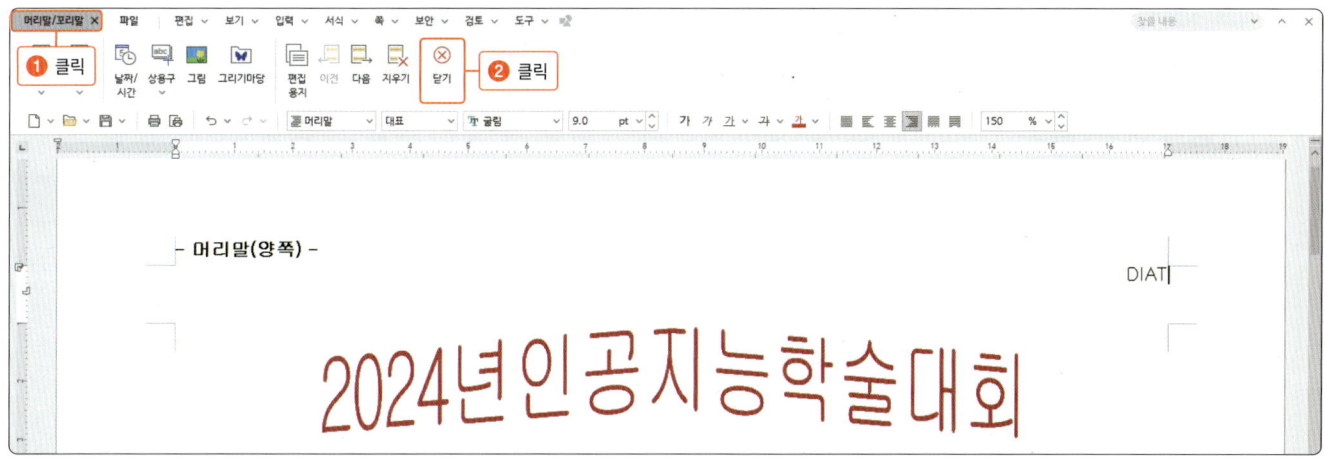

TIP 머리말이 보이지 않을 경우

작성한 머리말이 보이지 않을 경우에는 [보기] 탭에서 쪽 윤곽(또는 Ctrl+G, L)을 클릭하여 활성화합니다.

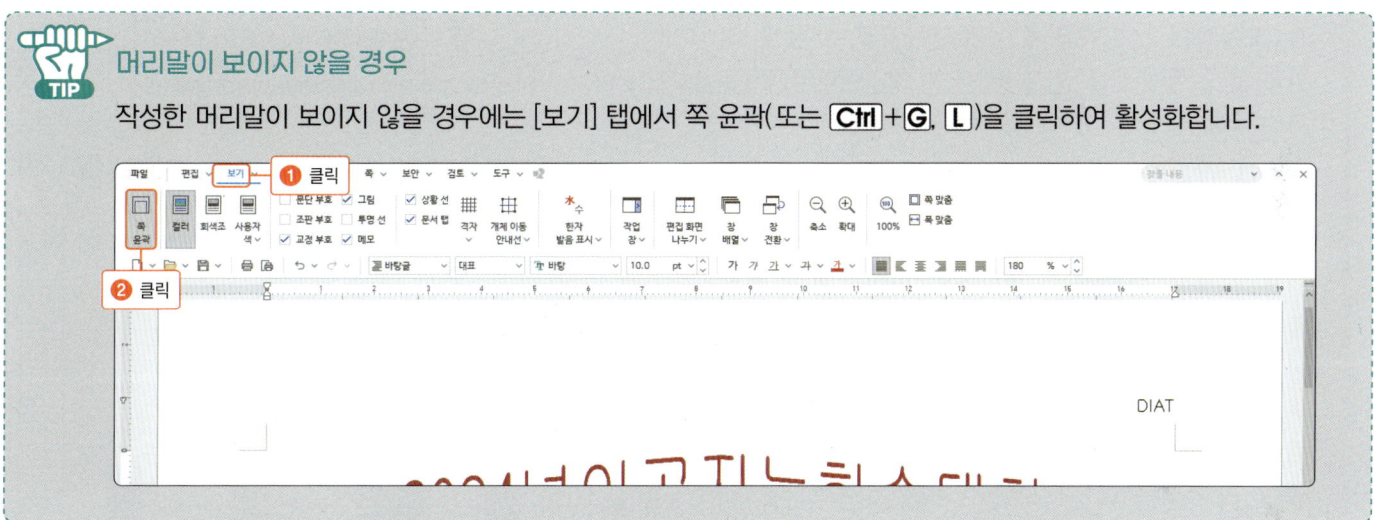

02 쪽 번호 매기기

① [쪽] 탭에서 '쪽 번호 매기기(⊡)'(또는 Ctrl+N, P)를 클릭합니다.

춤테라피 효과

1. 춤테라피 효과

춤은 신체적, 심리적 활동을 확장하고 정신 상태를 조정한다. 이 때문에 무용동작치료는 신체 심리치료의 핵심적인 기능을 하는 모든 면역(免疫)인 시스템에 긍정적은 작용을 한다. 또한, 주로 신경정신과 질환자들에게 좋은 효과가 있다고 알려져 있다. 정서적으로 예민하고 불안한 이들이 무용치료(治療)를 통해 창의적, 자발적, 정서적 재활에 많은 도움을 받는다. 특히 암은 막연하게 느끼는 죽음에 대한 공포(恐怖), 난치성 질병이라는 인식에서 비롯되는 심리적(Psychological) 부담과 두려움 때문에 많은 환자가 정서적으로 큰 혼란을 겪는 질병(疾病)인데, 춤테라피는 암환자들에게 좋은 치유 효과를 나타낸다. 또한 긍정적 자기표현 움직임으로 인지적 변화를 가져온다.

2. 젬베의 이해

그랜드마스터 마마디 케이타가 세계 여러 나라에 학교를 설립하고 젬베 연주자들을 양성하면서 대중들에게 알려진 것으로 서아프리카에서 가장 널리 쓰이는 악기 중 하나이다. 청소년들의 스트레스 해소 치료에 많이 활용된다. 요즘 우리나라에서도 다양한 장르의 음악에 퍼커션1)으로 많이 쓰인다. 젬베는 크게 헤드와 울림통, 조임줄로 이루어져 있다. 헤드를 손으로 두드리면, 공기의 떨림이 울림통을 통해 울리면서 소리가 퍼지는 역할(役割)을 하게 된다. 젬베의 주재료가 되는 목재인 링케나무는 크고 단단하며 세공이 쉬워서 몸통을 악기의 만드는 재료로 많이 쓰인다.

프로그램별 만족도 조사 현황

구분	14세 이상	18세 이상
춤테라피	18.4	40.3
젬베	33.5	43.9
산악자전거	13.4	49.2
목공예	19.4	38.8
평균	21.18	43.05

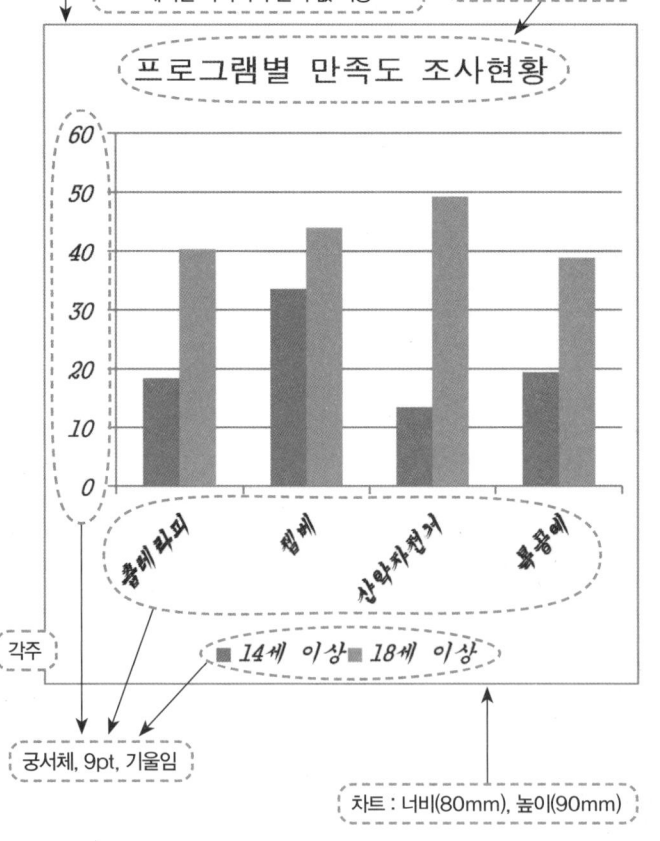

---

1) 그림, 심벌즈, 캐스터네츠 따위의 타악기를 통틀어 이르는 말

❷ [쪽 번호 매기기] 대화상자가 나오면 '**번호 위치(가운데 아래), 번호 모양(가,나,다)**'을 지정합니다. 이어서, '**줄표 넣기**'가 체크된 것을 확인한 후 〈넣기〉 단추를 클릭합니다.

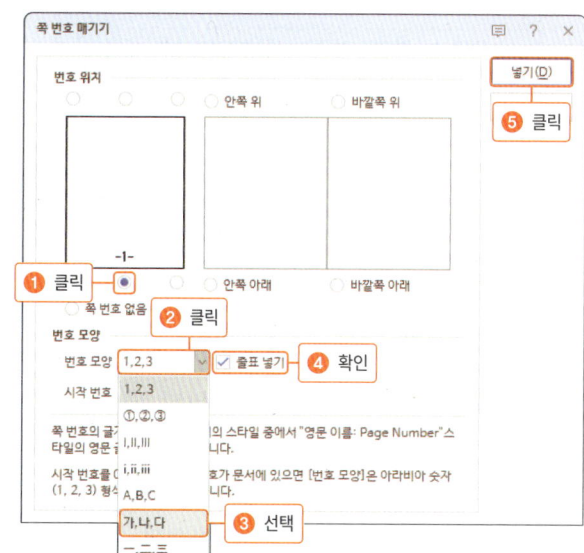

>  **쪽 번호 모양**
>
> 실제 시험에서 쪽 번호 모양의 기본 값인 '1,2,3' 외에 다른 번호 모양이 제시된 경우에는 [쪽 번호 매기기] 대화상자에서 '번호 모양'을 클릭하여 문제지에 제시된 번호 모양(예: Ⅰ,Ⅱ,Ⅲ)을 선택합니다.

❸ 쪽 아래 부분에 쪽 번호가 지정된 것을 확인합니다.

※ 2페이지에도 '머리말'과 '쪽 번호'가 지정되어 있습니다.

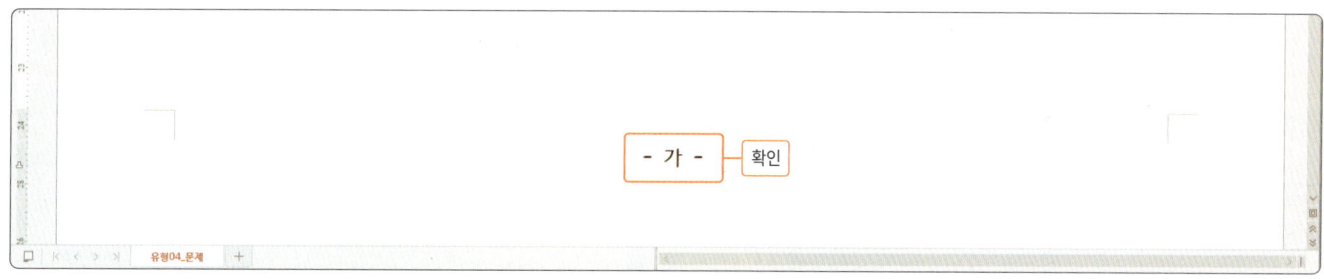

> **새 번호로 시작**
>
> 쪽 번호를 '1'이 아닌 다른 번호로 시작하려면 [쪽] 탭의 '새 번호로 시작'을 클릭합니다. [새 번호로 시작] 대화상자가 나오면 '시작 번호' 입력 칸에 새로 시작할 번호를 입력합니다. 시작 번호가 변경되면 쪽 번호는 '1'에서 '3'으로 변경됩니다.
>
>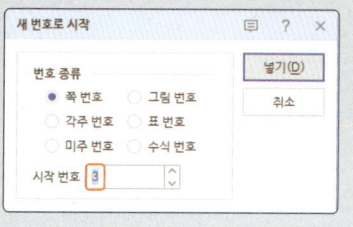

❹ [파일] 탭에서 [저장하기](또는 Alt + S) 또는 [서식] 도구 상자에서 '**저장하기(📁)**'를 클릭하여 답안 파일을 저장합니다.

※ 실제 시험을 볼 때 작업 도중에 수시로(10분에 한 번 정도) 저장을 하는 것이 좋습니다.

전국청소년해피드림캠프

미래의 희망인 청소년들과 함께 "내 마음의 지도 찾기"를 부제로 청소년 문화의 공감대를 만드는 데 그 목적이 있습니다. 3일 동안 진행되는 이번 캠프는 신나는 학교, 학교 폭력 예방 등의 주제로 UCC 제작하기, 게임 만들기, 진로 탐색 프로그램, 아프리카 타악기 젬베 배우기, 춤테라피, 서바이벌 게임 등을 통하여 타인과의 소통과 교류으 장을 만들고, 아울러 청소년들이 진로 탐색 및 설계를 통해 목표를 세우고 즐겁고 안정된 학교 생활을 유지할 수 있도록 하려 합니다.

◑ 참여 안내 ◐

1. 캠프기간 : 2023. 04. 28(금) 09:00 ~ 04. 30(일) 17:00까지
2. 캠프신청 : *대한청소년활동지원센터 홈페이지(http://www.diat.or.kr)*
3. 주   최 : 서울시청소년상담센터, 서울특별시교육청
4. 후   원 : 문화관광부, 여성가족부, 청소년지도자협회

※ 기타사항

- 프로그램 : 몸으로 말해요(춤테라피), 나의 꿈 설계(희망 트리 만들기), 아프리카 타악기 연주(젬베), 목공예 만들기, 산악자전거 타기 등
- 부대행사 : 각 프로그램 우수 참여자 선정(문화 상품권 증정), 기념품 증정, 캠프파이어 등

2023. 04. 22.

대한청소년활동지원센터

1페이지 작성하기

01 다음 지시사항을 참고하여 머리말과 쪽 번호를 삽입해 보세요. 【문제 1(46점)】

· 소스 파일 : 정복04_문제01.hwpx   · 정답 파일 : 정복04_정답01.hwpx

(머리말(굴림, 9pt, 오른쪽 정렬)) → DIAT

1인 카페 창업 세미나 개최

1인 가구가 늘어나고 있는 현대사회에서 식당이나 카페도 1인 사용을 희망하는 사람들이 늘어나고 있습니다. 스케일이 다르고 이익률과 저렴한 인테리어로 특색 있는 공간을 만들기 위한 **창업 비결을 공개**하고자 세미나를 개최하게 되었습니다. 선착순 예약자분들께는 일부 가맹비 지원과 함께 전문가 분들의 고수익 상권 분석 시스템을 활용한 개별 상담이 이루어질 예정입니다. 1인 카페 예비 사장님들께서는 많은 관심 부탁드립니다.

◆ 안내사항 ◆

1. 일   시 : 2024. 3. 1.(금) 13:00~16:00
2. 장   소 : 한국레오센터 1층 대강당
3. 대   상 : 1인 카페 창업에 관심 있는 분 누구나
4. 신청안내 : *한국레오카페 홈페이지 (http://www.ihd.or.kr)*

※ 기타사항
 - 행사 시작 전 10분 전까지 착석 부탁드리며 행사 시 휴대폰은 꼭 무음으로 부탁드립니다.
 - 단체 참가 시 본 센터 총무팀으로 문의 주시기 바라며 재수강이신 분들께서는 소정의 선물이 증정되고 있으니 꼭 말씀해 주시면 감사드립니다.(02-1234-5678)

2024. 2. 24.

㈜한국레오카페커뮤니티

(쪽 번호 매기기, 가, 나, 다 순으로, 가운데 아래)

- 가 -

디지털정보활용능력 한글 [시험시간 : 40분]

【문제】 첨부된 문제를 다음의 조건을 적용하여 문서를 작성하시오.

① 문서는 A4(210mm×297mm) 크기, 세로 용지 방향으로 작성한다.

② 페이지 여백은 아래와 같이 설정한다.

왼쪽	오른쪽	위쪽	아래쪽	머리말	꼬리말	제본
20mm	20mm	20mm	20mm	10mm	10mm	0mm

③ 아래와 같이 "자동 글머리 기호 넣기"와 "자동 번호 매기기" 기능을 해제한다.

> 도구 → 빠른 교정 → 빠른 교정 내용 → 입력 자동 서식 ⇒ 자동 글머리 기호 넣기(해제)
> 자동 번호 매기기(해제)

※ 만약 입력 자동 서식 메뉴가 없는 경우에는 "자동 글머리 기호 넣기"와 "자동 번호 매기기" 기능이 설정되어 있지 않은 것이므로 별도의 기능 해제 없이 그대로 시험에 응시하시면 됩니다.

④ 글자는 별도의 지시사항이 없는 한 **바탕, 10pt, 양쪽정렬, 줄간격 160%**로 작성한다.

⑤ 영문, 숫자 등은 별도의 지시가 없는 한 반각(1byte) 문자를 사용한다.

⑥ 특수문자는 문자표(전각 기호)를 이용하여 작성한다.

⑦ 교정부호 및 화살표로 기재된 지시사항대로 처리하되, ⌐⋯⋯¬→ 은 지시사항이므로 작성하지 않는다.

⑧ 1페이지에 [문제1]을 작성하고, 구역을 나누어 2페이지에 [문제2]를 작성한다.

※ 해당 페이지에 작성하지 않거나 의도적으로 텍스트 작성을 하지 않은 경우 0점 처리

⑨ [문제2]는 문제지와 같이 2단으로 다단을 나누어 작성한다.

⑩ '그림 삽입' 시에는 반드시 "KAIT 수검 프로그램"을 통해 다운로드 한 그림 파일을 사용한다.

⑪ 총점 : 200점

[공통사항1(기본설정, 용지설정)] : 8점, [공통사항2(오탈자)] : 40점
[문제1] : 46점, [문제2] : 106점

⑫ 기타 특별히 지시되어 있지 않은 사항은 문제지에 준하여 작성한다.

제10회동해바다사랑축제

2024년을 책임질 축제를 소개합니다! [제10회 동해바다사랑축제]는 지역 상권 발전을 위해 지역 상인들의 기부와 봉사로 시작되었고 축제 첫날부터 백사장 미디어 존과 미디어 아트로 신비롭고 창의적인 경광을 볼 수 있습니다. 아름다운 빛의 조형물과 함께 포토존에서 추억을 만들어 보세요! 넓고 넓은 바다에서 이루어지는 축제로 안전에 특히 신경을 많이 썼으며 바다와 함께 정적인 이미지를 개선할 다양한 행사를 즐겨보시기 바랍니다.

■ 축제안내 ■

1. 축제 일정 : 2024년 4월 1일~15일 17:00~24:00
2. 축제 장소 : 동해 해수욕장 광장
3. 축제 행사 : 해변 불꽃쇼, 버스킹, 포토존, 먹거리, 스탬프 투어 등
4. 문의 사항 : *센터 홈페이지(http://www.ihd.or.kr)*

※ 기타사항
 - 행사존 스탬프 투어는 당일 투어 완료 시 선물이 증정됩니다.
 - 버스킹 참가 희망자는 접수 후 참가하시면 됩니다. 접수인원이 많을 시 선착순으로 받고 있으니 양해 부탁드립니다.

2024. 02. 24.

동해바다축제센터장

- 가 -

제 18 회 디지털정보활용능력 출제예상 모의고사

☑ 시험과목 : 워드프로세서(한글)
☑ 시험일자 : 20XX. XX. XX. (X)
☑ 응시자 기재사항 및 감독위원 확인

한컴오피스 한글 2022 버전용

수검번호	DIW - XXXX -	감독위원 확인
성 명		

·응시자 유의사항·

1. 응시자는 신분증을 지참하여야 시험에 응시할 수 있으며, 시험이 종료될 때까지 신분증을 제시하지 못 할 경우 해당 시험은 0점 처리됩니다.

2. 시스템(PC작동여부, 네트워크 상태 등)의 이상여부를 반드시 확인하여야 하며, 시스템 이상이 있을시 감독위원에게 조치를 받으셔야 합니다.

3. 시험 중 부주의 또는 고의로 시스템을 파손한 경우는 응시자 부담으로 합니다.

4. 답안 전송 프로그램을 통해 파일을 다운로드하여 답안 파일을 작성하시기 바랍니다.

5. 작성한 답안 파일은 답안 전송 프로그램을 통하여 전송됩니다. 감독위원의 지시에 따라 주시기 바랍니다.

6. 다음 사항의 경우 실격(0점) 혹은 부정행위 처리됩니다.
   1) 답안 파일을 저장하지 않았거나, 저장한 파일이 손상되었을 경우
   2) 답안 파일을 지정된 폴더(바탕화면 – "KAIT" 폴더)에 저장하지 않았을 경우
      ※ 답안 전송 프로그램 로그인 시 바탕화면에 자동 생성됨
   3) 답안 파일을 다른 보조 기억장치(USB) 혹은 네트워크(메신저, 게시판 등)로 전송할 경우
   4) 휴대용 전화기 등 통신기기를 사용할 경우

7. **시험지에 제시된 글꼴이 응시 프로그램에 없는 경우, 반드시 감독위원에게 해당 내용을 통보한 뒤 조치를 받아야 합니다.**

8. 시험의 완료는 작성이 완료된 답안을 저장하고, 답안 전송이 완료된 상태를 확인한 것으로 합니다. 답안 전송 확인 후 문제지는 감독위원에게 제출한 후 퇴실하여야 합니다.

9. 답안 전송이 완료된 경우에는 수정 또는 정정이 불가능합니다.

10. 시험 시행 후 결과는 홈페이지(www.ihd.or.kr)에서 확인하시기 바랍니다.
    ※ 합격자 발표 : 20XX. XX. XX. (X)
    ※ 시험지 공개 : 20XX. XX. XX. (X)

대한민국명화그림대회

안녕하십니까? 본 갤러리에서는 청소년들이 꿈꾸는 세상을 만들고 그동안의 재능을 뽐낼 수 있도록 명화 따라 그리기 대회를 개최합니다. 미래의 주역이 될 우리 학생들의 자질로 미래 성장 가능성을 재고하고 개인 역량 증진을 도모시키면서 수상을 통해 자신감 향상과 동기부여에 목적을 두고 있습니다. 상위 수상자는 <u>글로벌 본선 대회 진출 자격</u>을 얻을 수 있으니 개최되는 그림대회에 많은 관심과 참여 바랍니다.

♣ 안내사항 ♣

1. 대 회 일 정 : 2024. 04. 17.(수) 10:00~ (3시간)
2. 대 회 장 소 : 명화갤러리 1F 대강당
3. 대 회 주 제 : 명화(명작) 따라 그리기
4. 참가자 등록 : 본사 홈페이지 접수 *(http://www.ihd.or.kr)*

※ 기타사항
 - 시상은 학년별 대상 1명, 금상 1명, 은상 2명, 동상 3명, 장려상 10명으로 구성되며 입상자에게는 상장과 함께 소정의 선물이 증정됩니다. (참가자 모두 선물 증정)
 - 기타 문의는 대회본부 운영실 그림 그리기 담당자에게 문의바랍니다.(089-234-5795)

2024. 02. 24.

명작갤러리관장

광한루와 춘향제

1. 광한루

보물 제281호. 조선시대의 재상(宰相) 황희가 남원으로 유배(流配) 가서 1419년에 현재보다 규모가 작은 누를 지어 광통루라 했는데, 1434년 남원부사 민여공이 증축했고, 1444년(세종 26) 전라관찰사 정인지에 의해서 광한루라 불리게 되었다. 광한루란 말은 달 속의 선녀가 사는 월궁의 이름인 광한전에서 따온 것으로 1461년 신임부사인 장의국이 요천강물을 끌어다 연못을 조성하고 4개의 홍예로 구성된 오작교를 화강암(Granite)과 강돌로 축조하여 월궁의 모습을 갖추게 되었다. 1584년 송강 정철에 의해 수리(Repair)될 때 봉래, 방장, 영주의 삼신산을 연못 속에 축조하므로 광한루, 오작교와 더불어 월궁과 같은 선경을 상징하게 되었다. 그 뒤 정유재란으로 전소(全燒)된 것을 1638년에 중건하여 지금에 이르렀다.

2. 춘향제 행사

남원을 대표하는 축제인 춘향제(春香祭)는 1931년 일제강점기에 지역 유지였던 이현순과 남원권번 이백삼이 주축이 되어 시작되었다. 춘향 문화와 춘향 정신(Spirit)의 계승을 목적으로 전국적으로 모금행사를 벌여 춘향사당을 건립했으며, 1931년 6월 20일에 그곳에서 처음으로 춘향제향을 드린 것이 모태Ⓐ가 되었다. 춘향제는 한국 최초의 전국적 축제(Festival)이자 최고령의 축제로서, 춘향의 절개와 정절을 부덕의 상징으로 숭상하고 지역문화의 화합과 춘향 문화의 세계화를 통해 사랑의 도시 정신을 남원의 드높이기 위하여 매년 5월 단오를 전후로 하여 개최되고 있다.

―――
Ⓐ 사물이 발생하거나 발전하는 데 근거가 되는 말

춘향제축제 관람객(단위 : 천 명)

연 도	남	여
2019년	420	470
2020년	412	308
2021년	433	477
2022년	421	509
합계	1,686	1,764

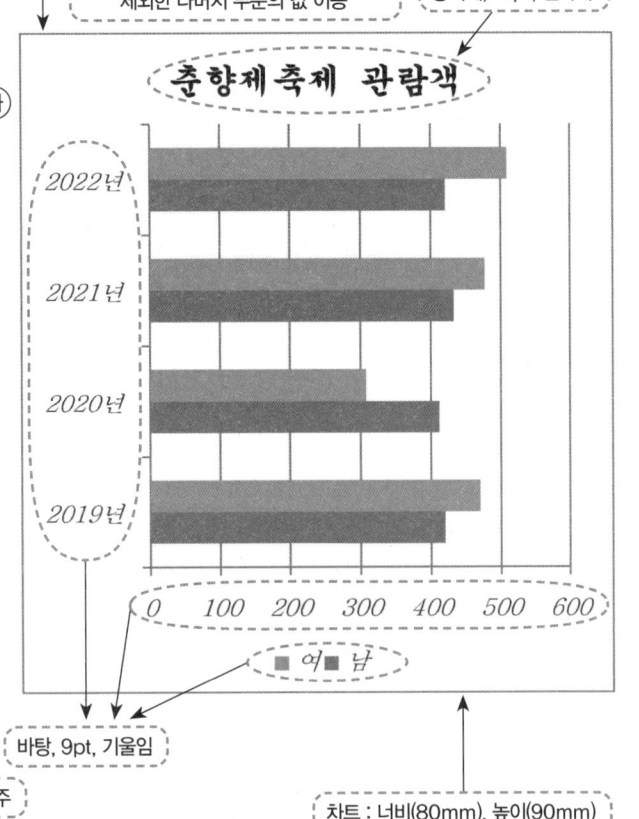

- 을 -

제1회디지털역량강화포럼

지능정보사회는 우리의 삶을 획기적으로 변화시킬 것으로 기대되고 있습니다. 반면에 <u>지능정보기술에 익숙하지 않은 취약계층의</u> 디지털 격차는 단순하게 기술을 활용하지 못해서 오는 불편함을 넘어서 지능 정보사회의 혜택을 제대로 누리지 못하게 되는 사회적, 경제적 불평등을 초래할 수도 있습니다. 오는 4월 '디지털 포용 실현을 위한 과제'라는 주제로 제1회 디지털 역량 강화 포럼을 개최하고자 하오니 많은 여러분들의 관심과 참여 부탁드립니다.

◆ 행사안내 ◆

1. 개최일시 : 2024. 03. 15.(금) 15:00 ~ 18:00
2. 개최장소 : 글래드 여의도 호텔 3층 대회의장
3. 사전등록 : *2024. 03. 14.(목)까지 사이트를 통해 접수*
4. 기타문의 : 홈페이지(http://www.ihd.or.kr) 참고 또는 전화(02-1234-5678)로 문의 요망

※ 기타사항
 - 본 행사에는 대학 총장과 주요 학회장, 정보기술 교육기관 관계자 등이 패널로 참여하는 현장 간담회가 진행될 예정이오니 많은 관심 부탁드립니다.
 - 사전 등록하신 분들을 대상으로 소정의 기념품이 지급될 예정입니다.(선착순 100명 마감)

2024. 02. 24.

디지털비전포럼

- A -

춘향사랑그림그리기대회

춘향제전위원회가 주최하고 한국미술협회 남원지부가 주관하는 *제92회 춘향사랑 그림그리기 대회*를 개최하고자 합니다. 우리나라 최고의 전통축제인 춘향제에서는 전통문화, 공연/전시 예술, 놀이/체험 행사가 진행되며, 춘향사랑 그림그리기 대회는 성춘향과 이도령의 아름다운 사랑을 기리기 위한 부대행사로 만남, 맹약, 사랑, 이별을 학생들이 그림으로 자유롭게 표현함으로써 예술 창의성을 발휘하고 추억할 수 있는 좋은 기회가가 될 것으로 사료됩니다.

◎ 대회안내 ◎

1. 대회일시 : 2023. 05. 07.(일) 10:00 ~ 12:00
2. 참가대상 : 초, 중, 고등학교 재학생(각 부문별 선착순 100명)
3. 접수기간 : 2023. 04. 24.(월) ~ 04. 28.(금)
4. 접 수 처 : **춘향제전위원회 사무실(온라인 접수 가능)**

※ 기타사항

- 자세한 일정 및 대회 요강은 홈페이지(http://www.ihd.or.kr)를 참조하시고, 신청서는 양식에 맞춰 작성하여 제출해 주시기 바랍니다.
- 기타 자세한 사항은 행사 담당자(02-123-4567)에게 문의하시기 바랍니다.

2023. 04. 22.

춘향제전위원회

머리말(굴림, 9pt, 오른쪽 정렬) → DIAT

펫티켓문화확산캠페인

요즘 반려동물로 인한 안전사고가 빈번히 발생하며, 반려인과 비반려인 간의 갈등이 심화되고 있습니다. 이를 계기로, 우리는 상호간의 예의와 존중이 필요한 펫티켓이 필수적인 시대에 살고 있습니다. 반려동물과 함께하는 삶에서도 기본적인 에티켓을 준수해야 합니다. 이러한 상황을 고려하여 저희 협회에서는 오는 5월에 펫티켓 홍보 캠페인을 진행할 예정입니다. 많은 분들의 관심과 참여를 기다리며, 이 캠페인이 더 나은 동물과 사람의 공존을 위한 큰 기회로 이어지길 기대합니다.

◎ 참여안내 ◎

1. 행사일시 : 2024.05.04.(토)~05.12.(일) 10:00~17:00
2. 행사장소 : 세종특별자치시 호수공원
3. 행사내용 : 인식표 만들기, 산책키트 만들기, 수의사 무료 건강상담 등
4. 문 의 처 : 반려동물협회 홈페이지(http://www.ihd.or.kr) 참조

※ 기타사항
 - 행사 당일 반려동물과 동반 참여시 목줄 및 배변 봉투를 지참하여 주시고 반려동물이 대형견일 경우 입마개 착용을 당부 드립니다.
 - 수의사 무료 건강 상담 행사는 행사 당일 10:30분부터 사전 접수로만 진행되는 점 참고 바랍니다.

2024. 04. 10.

반려동물협회

- A -

디지털정보활용능력 한글 [시험시간 : 40분]

【문제】 첨부된 문제를 다음의 조건을 적용하여 문서를 작성하시오.

① 문서는 A4(210mm×297mm) 크기, 세로 용지 방향으로 작성한다.

② 페이지 여백은 아래와 같이 설정한다.

왼쪽	오른쪽	위쪽	아래쪽	머리말	꼬리말	제본
20mm	20mm	20mm	20mm	10mm	10mm	0mm

③ 아래와 같이 "자동 글머리 기호 넣기"와 "자동 번호 매기기" 기능을 해제한다.

| 도구 → 빠른 교정 → 빠른 교정 내용 → 입력 자동 서식 ⇒ | 자동 글머리 기호 넣기(해제) |
| | 자동 번호 매기기(해제) |

※ 만약 입력 자동 서식 메뉴가 없는 경우에는 "자동 글머리 기호 넣기"와 "자동 번호 매기기" 기능이 설정되어 있지 않은 것이므로 별도의 기능 해제 없이 그대로 시험에 응시하시면 됩니다.

④ 글자는 별도의 지시사항이 없는 한 **바탕, 10pt, 양쪽정렬, 줄간격 160%**로 작성한다.

⑤ 영문, 숫자 등은 별도의 지시가 없는 한 반각(1byte) 문자를 사용한다.

⑥ 특수문자는 문자표(전각 기호)를 이용하여 작성한다.

⑦ 교정부호 및 화살표로 기재된 지시사항대로 처리하되, ⌐ ⌐ ⌐ ⌐ ⌐ ⌐→ 은 지시사항이므로 작성하지 않는다.

⑧ 1페이지에 [문제1]을 작성하고, 구역을 나누어 2페이지에 [문제2]를 작성한다.

※ 해당 페이지에 작성하지 않거나 의도적으로 텍스트 작성을 하지 않은 경우 0점 처리

⑨ [문제2]는 문제지와 같이 2단으로 다단을 나누어 작성한다.

⑩ '그림 삽입' 시에는 반드시 "KAIT 수검 프로그램"을 통해 다운로드 한 그림 파일을 사용한다.

⑪ 총점 : 200점

[공통사항1(기본설정, 용지설정)] : 8점, [공통사항2(오탈자)] : 40점
[문제1] : 46점, [문제2] : 106점

⑫ 기타 특별히 지시되어 있지 않은 사항은 문제지에 준하여 작성한다.

디지털윤리강사양성과정모집

디지털은 현대 사회의 불가피한 동반자로 자리 잡고 있습니다. 우리 삶을 혁신적으로 편리하게 만들어주지만 동시에 디지털 역기능과 허위정보 확산과 같은 부작용도 동반하고 있습니다. 이에 국민은 역기능을 스스로 인식하고 대응하기 위해 디지털 윤리 역량을 높이는 중요성을 인지하고 있습니다. 이에 '2024년 디지털 윤리 강사 양성 과정'이 개최되어 이들의 디지털 윤리 역량을 강화하고자 합니다. 관심 있는 분들은 아래 안내 사항을 확인하고, 기한 내에 교육 참가를 신청해주시기 바랍니다.

● 교육안내 ●

1. 교 육 명 : 2024년 디지털 윤리 강사 양성 과정
2. 교육기간 : 2024. 05. 06.(월) ~ 05. 17.(금) 10:00~17:00
3. 교육혜택 : *교육콘텐츠 제공 및 상/하반기 교육 강사로 파견 예정*
4. 문 의 처 : 홈페이지(http://www.ihd.or.kr) 참조

※ 기타사항
 - 주요 교육 내용 : 올바른 디지털 사용 습관 정립 및 정보판별 교육, 디지털 교구 활용 교육, 학생 스스로 자연스럽게 익히는 디지털윤리 실천 교육
 - 교육신청 후 교육 자료실에서 수업 교안을 다운로드하고 교육에 참여해 주시기 바랍니다.

2024. 04. 27.

디지털지능정보협회

- 갑 -

제 17 회 디지털정보활용능력 출제예상 모의고사

☑ 시험과목 : 워드프로세서(한글)
☑ 시험일자 : 20XX. XX. XX. (X)
☑ 응시자 기재사항 및 감독위원 확인

한컴오피스 한글 2022 버전용

수검번호	DIW - XXXX -	감독위원 확인
성　　명		

·응시자 유의사항·

1. 응시자는 신분증을 지참하여야 시험에 응시할 수 있으며, 시험이 종료될 때까지 신분증을 제시하지 못 할 경우 해당 시험은 0점 처리됩니다.

2. 시스템(PC작동여부, 네트워크 상태 등)의 이상여부를 반드시 확인하여야 하며, 시스템 이상이 있을시 감독위원에게 조치를 받으셔야 합니다.

3. 시험 중 부주의 또는 고의로 시스템을 파손한 경우는 응시자 부담으로 합니다.

4. 답안 전송 프로그램을 통해 파일을 다운로드하여 답안 파일을 작성하시기 바랍니다.

5. 작성한 답안 파일은 답안 전송 프로그램을 통하여 전송됩니다. 감독위원의 지시에 따라 주시기 바랍니다.

6. 다음 사항의 경우 실격(0점) 혹은 부정행위 처리됩니다.
   1) 답안 파일을 저장하지 않았거나, 저장한 파일이 손상되었을 경우
   2) 답안 파일을 지정된 폴더(바탕화면 – "KAIT" 폴더)에 저장하지 않았을 경우
      ※ 답안 전송 프로그램 로그인 시 바탕화면에 자동 생성됨
   3) 답안 파일을 다른 보조 기억장치(USB) 혹은 네트워크(메신저, 게시판 등)로 전송할 경우
   4) 휴대용 전화기 등 통신기기를 사용할 경우

7. **시험지에 제시된 글꼴이 응시 프로그램에 없는 경우, 반드시 감독위원에게 해당 내용을 통보한 뒤 조치를 받아야 합니다.**

8. 시험의 완료는 작성이 완료된 답안을 저장하고, 답안 전송이 완료된 상태를 확인한 것으로 합니다. 답안 전송 확인 후 문제지는 감독위원에게 제출한 후 퇴실하여야 합니다.

9. 답안 전송이 완료된 경우에는 수정 또는 정정이 불가능합니다.

10. 시험 시행 후 결과는 홈페이지(www.ihd.or.kr)에서 확인하시기 바랍니다.
    ※ 합격자 발표 : 20XX. XX. XX. (X)
    ※ 시험지 공개 : 20XX. XX. XX. (X)

출제유형 05

다단 설정/글상자 입력

- ☑ 다단 설정 나누기
- ☑ 글상자 입력하기
- ☑ 단 설정하기

문제 미리보기

소스 파일 : 유형05_문제.hwpx   정답 파일 : 유형05_정답.hwpx 【문제 2(106점)】

DIAT

4차 산업혁명

글상자 - 크기 : 너비(60mm), 높이(12mm), 테두리 : 이중 실선(1.00mm), 둥근 모양
채우기 : 색상(RGB:195,174,207), 위치 : 글자처럼 취급, 가운데 정렬
글자 모양 : 맑은 고딕, 23pt, 가운데 정렬

- 나 -

동편제 마을

1. 마을의 유래

조선조 숙종 초에 운봉읍 밀양 박씨가 황산대첩비 옆 북천 천변(川邊)에 낚시를 하다가 대첩비 입구의 소나무 숲이 우거져 아름다운 층치에 이끌리어 이곳으로 옮겨 살게 된 것이 전촌마을의 시초이다. 그 후로 김씨, 이씨, 강씨가 차례로 들어와 마을을 형성, 오늘에 이르고 있다. 운봉(雲峰)에 사는 밀양 박씨들은 숫자가 많이 번창하자 혼잡을 피하기 위해 동박과 서박으로 나누어졌는데 그때 전촌리에 들어온 박씨는 그중 동박에 속한 사람이다. 황산대첩비가 세워져 있는 앞마을이므로 앞마을이라 칭하였는데 지명(地名)을 한자로 바꾸면서 전촌리라 표기하게 되었다. 태조 이성계의 대첩 비각(碑刻)이 있는 사적지에 인접해 있는 관계로 항상 수려한 환경(Environment)을 유지하여 전촌도 그 영향을 받아 깨끗한 아름답고 마을로 정평이 나 있었는데 마을 입구의 수백 년 자라온 소나무 숲은 천하일품의 풍치를 자랑하고 있어 철 따라 사람들의 발길이 끊이지 않는다.

2. 판소리의 고장

판소리는 위로는 임금에서부터 아래로는 민중들까지 즐겨 들으며 함께 울고 웃었다. 판소리의 양대 산맥은 동편제와 서편제다. 남원은 바로 동편제 판소리의 텃자리다. 동편제(東便制)는 섬진강을 중심으로 동쪽 지역에 있는 지방 남원, 운봉, 구례, 순창, 흥덕에서 불리어진 판소리이다. 소리의 특징은 특별한 기교를 부리지 않고 그저 '목으로 우리는 소리'이다. 동편제 소리에서는 소리꾼①의 풍부한 설영이 중하게 여겨진다.

소리축제 관객수

연도	관객집계(만명)	재방문율(%)
2019	22	56
2020	21	51
2021	26	59
2022	40	65
합계	109	231

---

① 판소리나 잡가, 민요 따위를 부르는 일을 하는 사람

01 다단 설정 나누기

① 2페이지를 클릭한 후 [쪽] 탭에서 '다단 설정 나누기(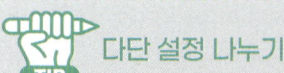)'(또는 Ctrl + Alt + Enter)를 클릭합니다. 이어서, 다음과 같이 자동으로 마우스 포인터가 두 번째 줄로 이동된 것을 확인합니다.

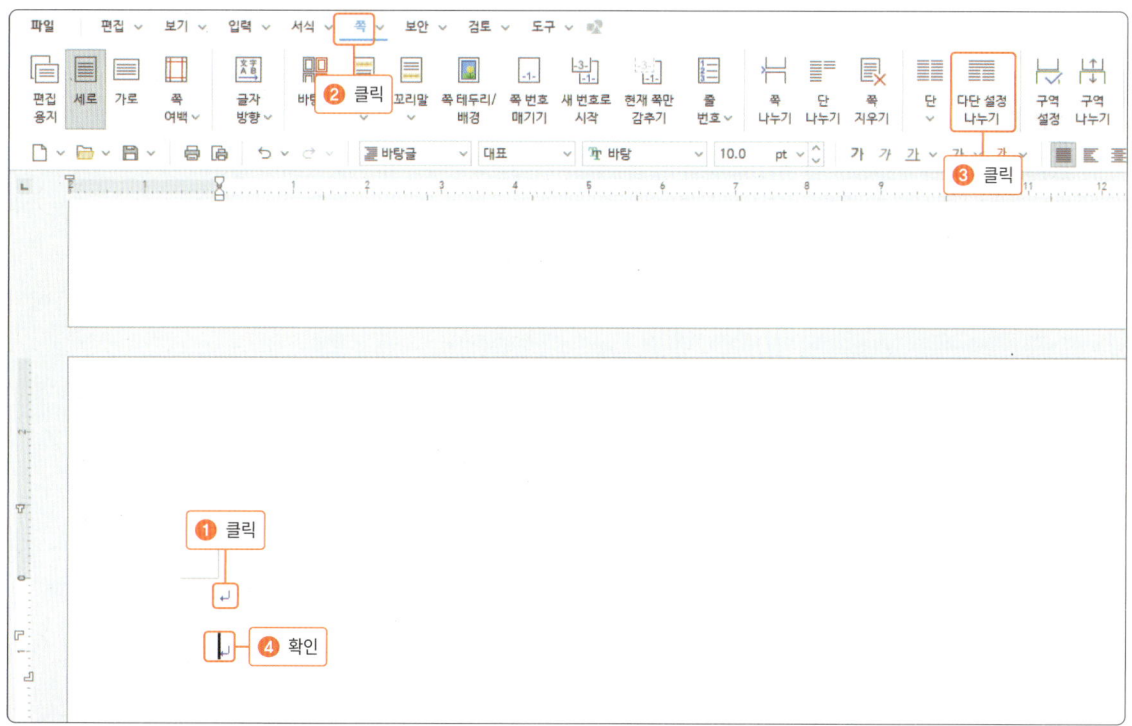

다단 설정 나누기

'다단 설정 나누기'를 하면 문단 별로 다단을 다르게 설정할 수 있습니다.

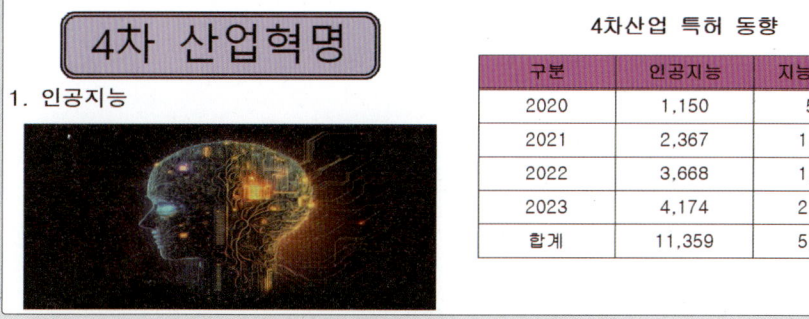

◀ 다단 설정 나누기가 적용 안 된 상태

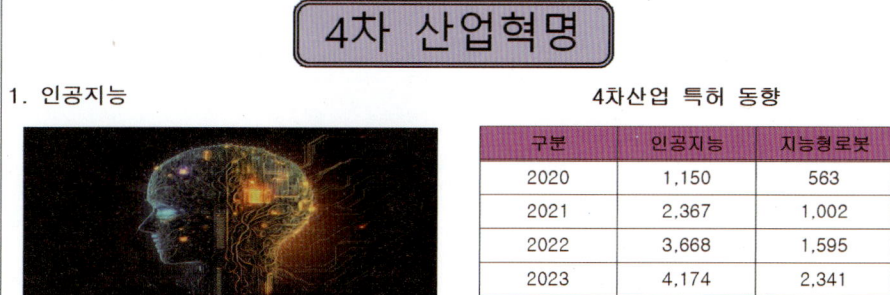

◀ 다단 설정 나누기가 적용 된 상태

DIAT

전주세계소리축제

전주세계소리축제는 함께하는 소리의 '판'으로 *소리와 사람과 자연이 함께 어우러지는 신명 나는 축제*입니다. 우리 전통음악인 판소리에 근간을 두고 세계음악과 벽을 허무는 전주세계소리축제는 특정 음악 장르에 치우지지 않고 각 분야별 세계적인 명성을 얻고 있는 마스터급 아티스트 공연까지 다양한 공연을 한자리에서 느낄 수 있는 고품격 세계음악 예술제입니다. 가족, 친구, 연인이 골라볼 수 있는 다채로운 공연 프로그램도 운영할 예정이오니 시민 여러분들이 많은 관심과 참여 바랍니다.

★ 축제일정 ★

1. 축제일시 : <u>*2023년 05월 05일(금) ~ 05월 09일(화) 5일간*</u>
2. 축제장소 : 한국소리문화의전당, 전주한옥마을
3. 축제내용 : 판소리를 중심으로 한 국제음악축제
4. 후   원 : 문화체육관광부, 전북문화누리사업단

※ 기타사항

- 축제 시간표 및 공연장, 부대 행사에 대한 자세한 정보는 홈페이지(http://www.diat.or.kr)에서 확인할 수 있으며 우천 시에도 행사는 진행합니다.
- 기타 자세한 내용은 행사 담당자(02-123-4567)에게 문의하시기 바랍니다.

2023. 04. 22.

전통공연예술진흥재단

02 글상자 입력하기

① 2페이지의 첫 번째 줄을 클릭한 후 [입력] 탭에서 '가로 글상자(▤)'(또는 Ctrl+N, B)를 선택합니다.

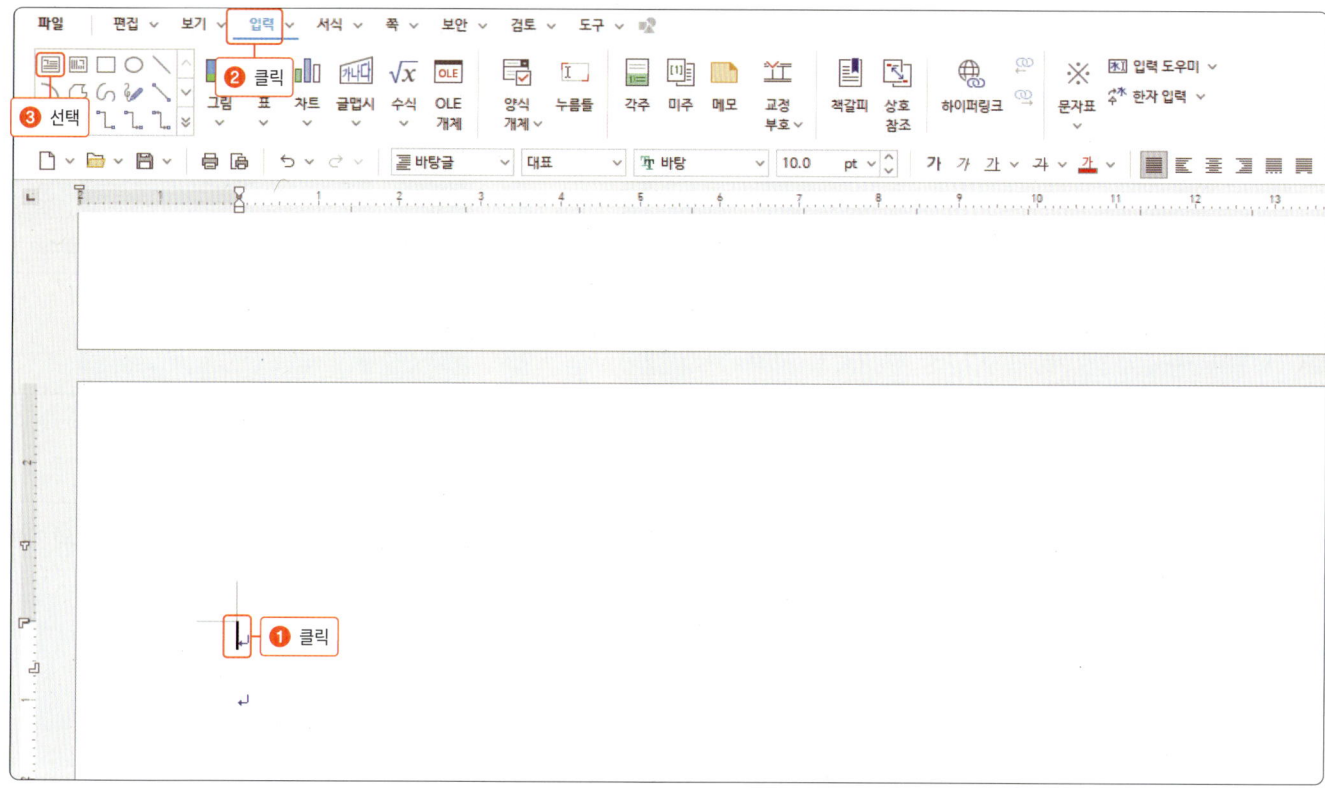

② 마우스 포인터 모양이 ┼로 변경되면 드래그하여 글상자를 입력한 후 테두리를 더블 클릭합니다.

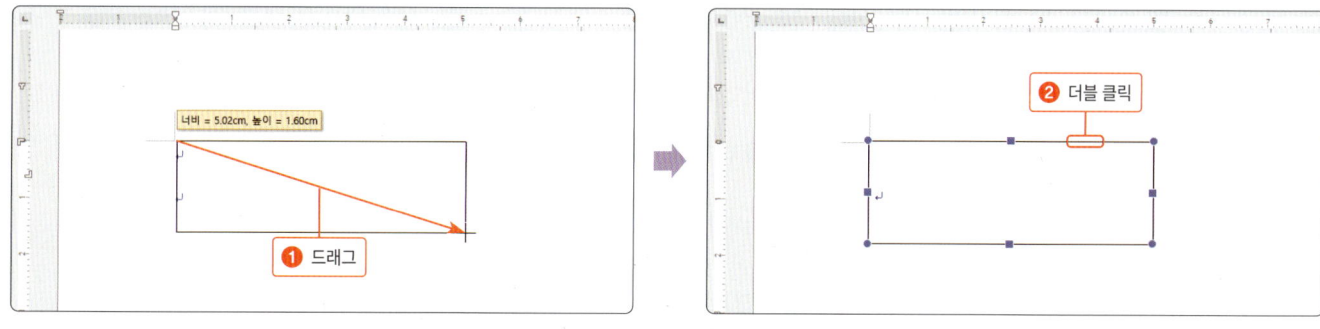

③ [개체 속성] 대화상자가 나오면 [기본] 탭에서 '크기'의 '너비(60mm)', '높이(12mm)'를 입력합니다. 이어서, '크기 고정'과 '글자처럼 취급'을 클릭하여 체크합니다.

※ 글상자 작업은 [문제 2]를 보면서 작업합니다.

디지털정보활용능력 한글 [시험시간 : 40분]

【문제】 첨부된 문제를 다음의 조건을 적용하여 문서를 작성하시오.

① 문서는 A4(210mm×297mm) 크기, 세로 용지 방향으로 작성한다.

② 페이지 여백은 아래와 같이 설정한다.

왼쪽	오른쪽	위쪽	아래쪽	머리말	꼬리말	제본
20mm	20mm	20mm	20mm	10mm	10mm	0mm

③ 아래와 같이 "자동 글머리 기호 넣기"와 "자동 번호 매기기" 기능을 해제한다.

> 도구 → 빠른 교정 → 빠른 교정 내용 → 입력 자동 서식 ⇒ 자동 글머리 기호 넣기(해제)
> 자동 번호 매기기(해제)

※ 만약 입력 자동 서식 메뉴가 없는 경우에는 "자동 글머리 기호 넣기"와 "자동 번호 매기기" 기능이 설정되어 있지 않은 것이므로 별도의 기능 해제 없이 그대로 시험에 응시하시면 됩니다.

④ 글자는 별도의 지시사항이 없는 한 **바탕, 10pt, 양쪽정렬, 줄간격 160%**로 작성한다.

⑤ 영문, 숫자 등은 별도의 지시가 없는 한 반각(1byte) 문자를 사용한다.

⑥ 특수문자는 문자표(전각 기호)를 이용하여 작성한다.

⑦ 교정부호 및 화살표로 기재된 지시사항대로 처리하되, ⟨⎯⎯⎯⟩ ➞ 은 지시사항이므로 작성하지 않는다.

⑧ 1페이지에 [문제1]을 작성하고, 구역을 나누어 2페이지에 [문제2]를 작성한다.

※ 해당 페이지에 작성하지 않거나 의도적으로 텍스트 작성을 하지 않은 경우 0점 처리

⑨ [문제2]는 문제지와 같이 2단으로 다단을 나누어 작성한다.

⑩ '그림 삽입' 시에는 반드시 "KAIT 수검 프로그램"을 통해 다운로드 한 그림 파일을 사용한다.

⑪ 총점 : 200점

[공통사항1(기본설정, 용지설정)] : 8점, [공통사항2(오탈자)] : 40점
[문제1] : 46점, [문제2] : 106점

⑫ 기타 특별히 지시되어 있지 않은 사항은 문제지에 준하여 작성한다.

④ [개체 속성] 대화상자의 [선] 탭을 클릭합니다. 이어서, '**종류(이중 실선), 굵기(1.00mm)**'를 지정한 후 '**사각형 모서리 곡률**'-'**둥근 모양**'을 선택합니다.

※ 실제 시험에서 자주 출제되는 글상자 모양은 '둥근 모양', '반원' 등이 있습니다.

⑤ [개체 속성] 대화상자의 [**채우기**] 탭을 클릭한 후 '**색**'의 '**면 색**'을 선택합니다. 이어서, '**스펙트럼**'을 클릭하여 RGB 값 '**195,174,207**'을 직접 입력한 후 〈적용〉 단추 및 〈설정〉 단추를 클릭합니다.

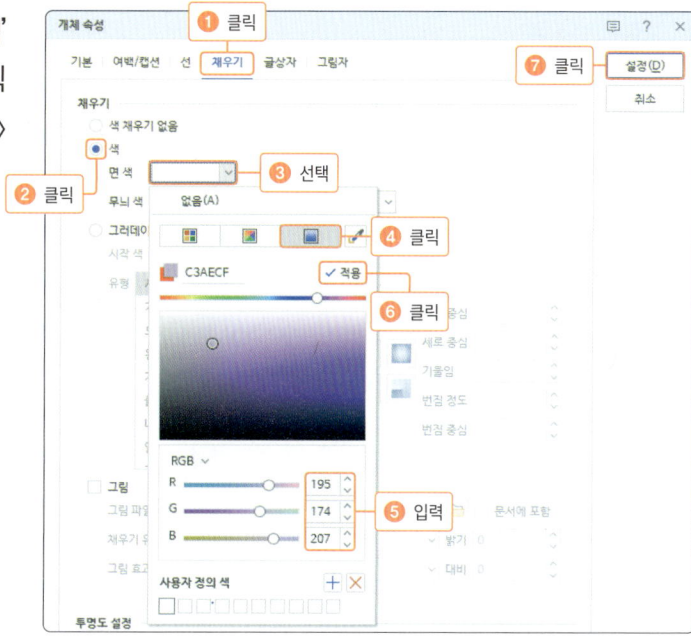

⑥ 글상자의 서식이 변경되면 Esc 키를 누릅니다. 이어서, [서식] 도구 상자에서 '**가운데 정렬**'을 클릭합니다.

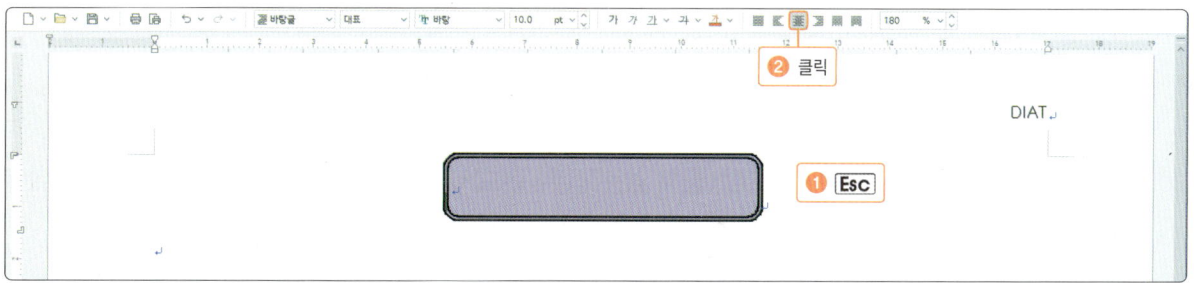

⑦ 글상자 안을 마우스로 클릭한 후 [서식] 도구 상자에서 '**글꼴(맑은 고딕), 글자 크기(23pt), 가운데 정렬**'을 지정합니다.

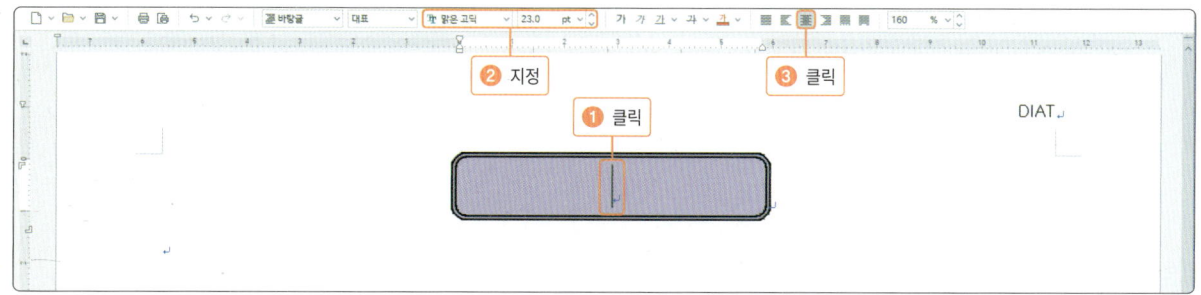

제 16 회 디지털정보활용능력 출제예상 모의고사

- ✓ 시험과목 : 워드프로세서(한글)
- ✓ 시험일자 : 20XX. XX. XX. (X)
- ✓ 응시자 기재사항 및 감독위원 확인

한컴오피스 한글 2022 버전용

수검번호	DIW - XXXX -	감독위원 확인
성 명		

·응시자 유의사항·

1. 응시자는 신분증을 지참하여야 시험에 응시할 수 있으며, 시험이 종료될 때까지 신분증을 제시하지 못 할 경우 해당 시험은 0점 처리됩니다.
2. 시스템(PC작동여부, 네트워크 상태 등)의 이상여부를 반드시 확인하여야 하며, 시스템 이상이 있을시 감독위원에게 조치를 받으셔야 합니다.
3. 시험 중 부주의 또는 고의로 시스템을 파손한 경우는 응시자 부담으로 합니다.
4. 답안 전송 프로그램을 통해 파일을 다운로드하여 답안 파일을 작성하시기 바랍니다.
5. 작성한 답안 파일은 답안 전송 프로그램을 통하여 전송됩니다. 감독위원의 지시에 따라 주시기 바랍니다.
6. 다음 사항의 경우 실격(0점) 혹은 부정행위 처리됩니다.
    1) 답안 파일을 저장하지 않았거나, 저장한 파일이 손상되었을 경우
    2) 답안 파일을 지정된 폴더(바탕화면 – "KAIT" 폴더)에 저장하지 않았을 경우
        ※ 답안 전송 프로그램 로그인 시 바탕화면에 자동 생성됨
    3) 답안 파일을 다른 보조 기억장치(USB) 혹은 네트워크(메신저, 게시판 등)로 전송할 경우
    4) 휴대용 전화기 등 통신기기를 사용할 경우
7. **시험지에 제시된 글꼴이 응시 프로그램에 없는 경우, 반드시 감독위원에게 해당 내용을 통보한 뒤 조치를 받아야 합니다.**
8. 시험의 완료는 작성이 완료된 답안을 저장하고, 답안 전송이 완료된 상태를 확인한 것으로 합니다. 답안 전송 확인 후 문제지는 감독위원에게 제출한 후 퇴실하여야 합니다.
9. 답안 전송이 완료된 경우에는 수정 또는 정정이 불가능합니다.
10. 시험 시행 후 결과는 홈페이지(www.ihd.or.kr)에서 확인하시기 바랍니다.
    ※ 합격자 발표 : 20XX. XX. XX. (X)
    ※ 시험지 공개 : 20XX. XX. XX. (X)

⑧ 글상자에 '**4차 산업혁명**'을 입력합니다.

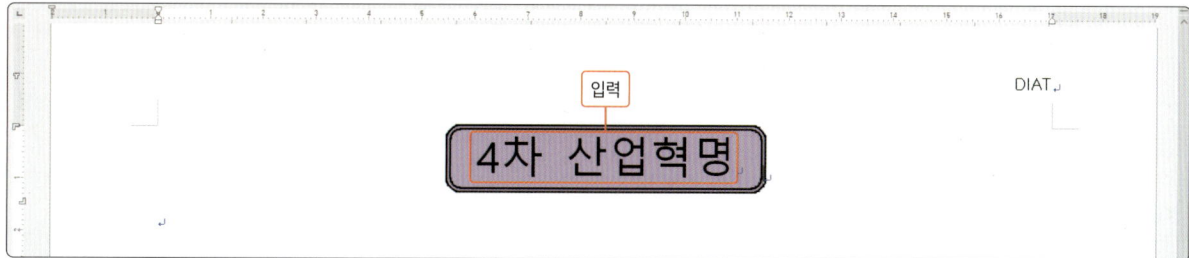

⑨ 글상자 입력 작업이 끝나면 두 번째 줄을 클릭합니다.

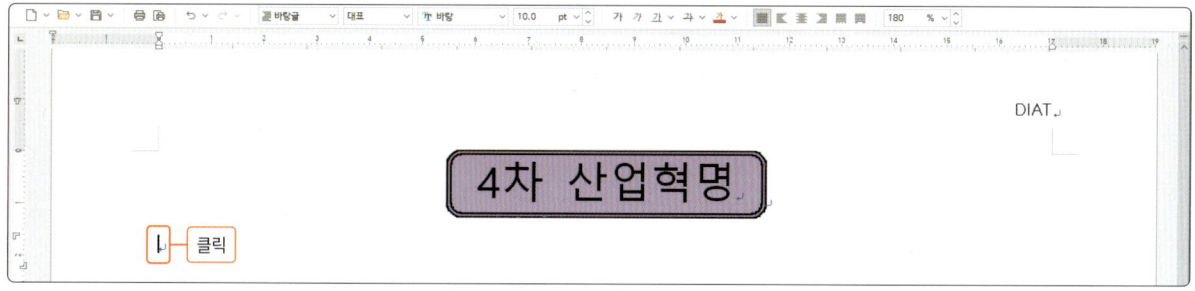

03 단 설정하기

❶ [쪽] 탭에서 '단(▤)'을 클릭합니다.

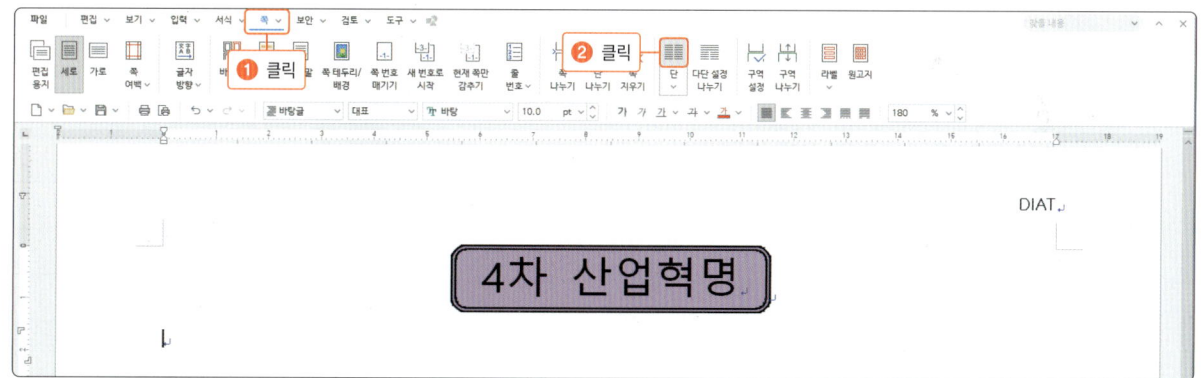

❷ [단 설정] 대화상자가 나오면 '**자주 쓰이는 모양**'-'**둘**'을 선택한 후 〈설정〉 단추를 클릭합니다.

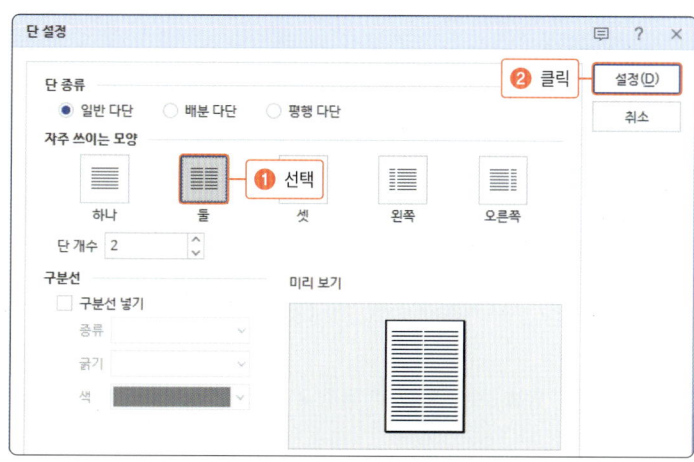

새집증후군

1. 새집증후군이란?

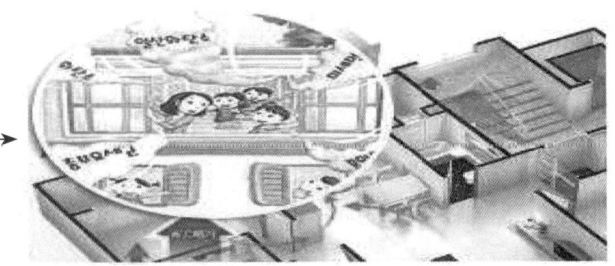

새집증후군(Sick house syndrome)은 집이나 건물을 새로 지을 때 사용하는 건축자재나 벽지 등에서 나오는 유해물질로 인해 거주자들이 느끼는 건강상 문제 및 불쾌감을 이르는 용어이다. 여기에는 벤젠, 톨루엔, 클로로폼, 아세톤, 스타이렌, 포름알데히드 등의 발암물질㉠이 포함되어 있다. 두통, 피로, 호흡곤란, 천식(喘息), 비염(鼻炎), 피부염 등의 증상이 나타나며 이러한 피해를 줄이기 위해서는 환기(換氣)를 자주하고 실내의 오염물질을 내보내고, 보일러 등으로 실내온도를 높이는 베이킹 아웃을 반복한다. 이 밖에 친환경 소재를 사용하거나 공기정화용품을 사용하여 예방한다.

2. 공기정화식물

공기정화식물은 실내 공기(公器) 속에 있는 각종 유해물질, 오염물질이나 등을 정화(淨化)해 실내환경을 쾌적하게 하는 식물로 실내 오염물질 휘발성 유기화합물을 제거하며, 미세먼지 정화 등의 역할을 한다. 이 외에도 식물에 따라 냄새 제거용, 음이온 발생용, 전자파 차단용, 소음 제거용으로도 활용되기도 한다. 대나무야자, 골든포토스, 홍콩야자, 거베라, 고비, 부처손 등은 포름알데히드 제거효과가 뛰어나며 관음죽과 국화는 암모니아 흡수능력이 좋다. 스파티필름은 알코올, 아세톤, 벤젠, 포름알데히드 등의 휘발성 유기화합물 제거 및 습도조절 능력이 있으며 관음죽, 파키라는 이산화탄소 제거에 좋고, 안스리움, 골든포토스 등은 일산화탄소 제거능력이 우수하다.

실내공기 오염순위

종류	입주 전	입주 후 1년
아세톤	80.5	62.7
자일렌	35.2	20.4
스티렌	19.6	14.3
에틸벤젠	8.4	9.6
평균	35.92	26.75

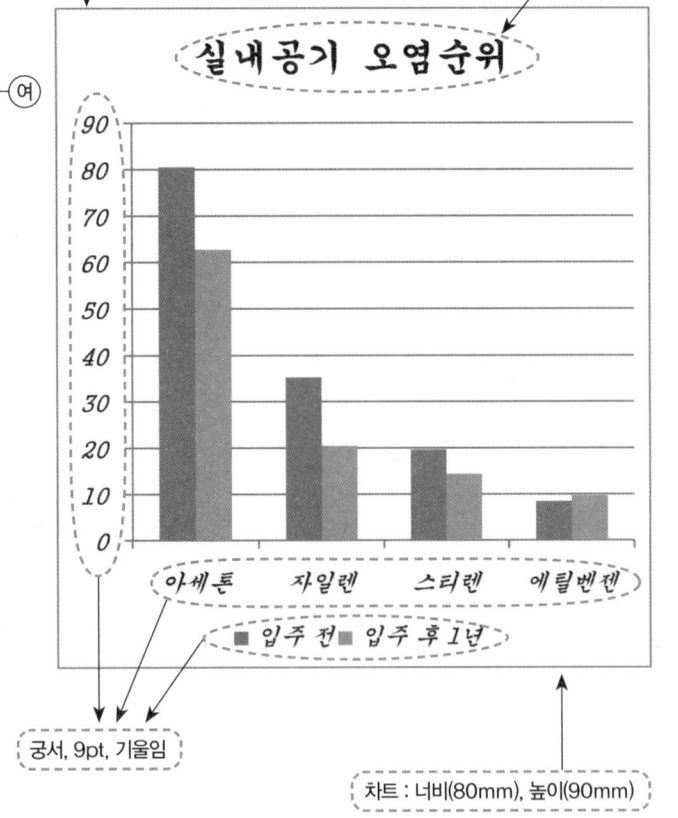

㉠ 암을 유발하는 물질의 총칭

❸ 두 단으로 나누어진 것을 확인합니다. 이어서, 모든 작업이 완료되면 파일을 저장합니다.

※ 눈금자를 보면 단이 두 개로 나누어진 것을 알 수 있습니다.

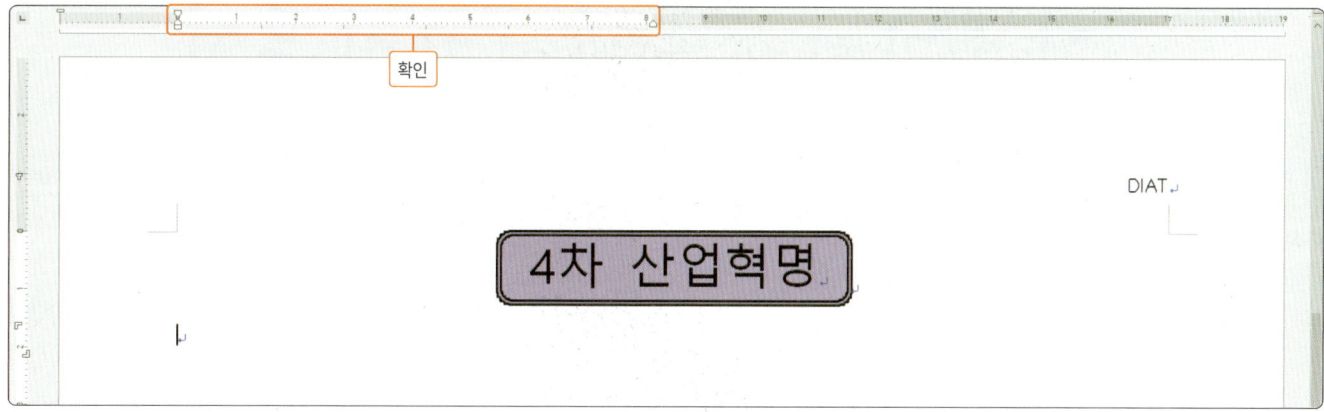

❹ [파일] 탭에서 [저장하기](또는 Alt + S) 또는 [서식] 도구 상자에서 '저장하기(🖫)'를 클릭하여 답안 파일을 저장합니다.

※ 실제 시험을 볼 때 작업 도중에 수시로(10분에 한 번 정도) 저장을 하는 것이 좋습니다.

가족과함께토피어리만들기

방학을 맞이하여 한국도서관에서 주말에 *가족과 함께 토피어리를 만들어 보는 체험시간*을 갖고자 합니다. 토피어리란 자연그대로의 식물을 여러 가지 모양으로 다듬어 보기 좋게 만드는 기술이나 작품을 말합니다. 수태가 습기를 머금고 있기 때문에 건조한 실내에 두면 좋다고 합니다. 처음 만들어보는 것이므로 기초적인 안경을 쓴 토기와 곰 모양 토피어리를 만들 예정입니다. 직접 식물을 심어 방에서 키울 수 있어 아이들에게 교육적 효과가 있는 체험프로그램이오니 많은 참여바랍니다.

■ 안내사항 ■

1. 일   시 : 2023. 6. 30(금) 13:30 ~ 15:30
2. 장   소 : <u>*한국도서관 2층 통합교육실*</u>
3. 참 가 비 : 1인당 2,000원
4. 참가신청 : 한국도서관 홈페이지(http://www.ihd.or.kr)

※ 토피어리 정보
- 우리가 사용하는 수태는 이산화탄소를 흡수하여 정화하는 공기정화능력이 우수하여 토피어리가 공기청정 역할을 합니다.
- 물주기는 여름에는 1~2일에 1회, 겨울에는 4~5일에 한 번씩 뿌리까지 흠뻑 젖도록 줍니다.

2023. 6. 24

한국도서관

다단 설정/글상자 입력

01 다음 지시사항을 참고하여 다단 설정과 글상자를 입력해 보세요. 【문제 2(106점)】

• 소스 파일 : 정복05_문제01.hwpx   • 정답 파일 : 정복05_정답01.hwpx

글상자 - 크기 : 너비(60mm), 높이(12mm), 테두리 : 이중 실선(1.00mm), 반원
채우기 : 색상(RGB:255,238,216), 위치 : 글자처럼 취급, 가운데 정렬
글자 모양 : 굴림체, 25pt, 가운데 정렬

↓

1인 카페 창업

02 다음 지시사항을 참고하여 다단 설정과 글상자를 입력해 보세요. 【문제 2(106점)】

• 소스 파일 : 정복05_문제02.hwpx   • 정답 파일 : 정복05_정답02.hwpx

글상자 - 크기 : 너비(70mm), 높이(12mm), 테두리 : 이중 실선(1.00mm), 둥근 모양
채우기 : 색상(RGB:255,102,0), 위치 : 글자처럼 취급, 가운데 정렬
글자 모양 : 궁서, 20pt, 가운데 정렬

↓

계절별 선호 여행지

03 다음 지시사항을 참고하여 다단 설정과 글상자를 입력해 보세요. 【문제 2(106점)】

• 소스 파일 : 정복05_문제03.hwpx   • 정답 파일 : 정복05_정답03.hwpx

글상자 - 크기 : 너비(70mm), 높이(12mm), 테두리 : 이중 실선(1.00mm), 반원
채우기 : 색상(RGB:255,216,255), 위치 : 글자처럼 취급, 가운데 정렬
글자 모양 : 궁서, 25pt, 가운데 정렬

↓

명화 이야기

| 디지털정보활용능력 | 한글 [시험시간 : 40분] |

【문제】 첨부된 문제를 다음의 조건을 적용하여 문서를 작성하시오.

① 문서는 A4(210mm×297mm) 크기, 세로 용지 방향으로 작성한다.

② 페이지 여백은 아래와 같이 설정한다.

왼쪽	오른쪽	위쪽	아래쪽	머리말	꼬리말	제본
20mm	20mm	20mm	20mm	10mm	10mm	0mm

③ 아래와 같이 "자동 글머리 기호 넣기"와 "자동 번호 매기기" 기능을 해제한다.

도구 → 빠른 교정 → 빠른 교정 내용 → 입력 자동 서식 ⇒	자동 글머리 기호 넣기(해제) 자동 번호 매기기(해제)

※ 만약 입력 자동 서식 메뉴가 없는 경우에는 "자동 글머리 기호 넣기"와 "자동 번호 매기기" 기능이 설정되어 있지 않은 것이므로 별도의 기능 해제 없이 그대로 시험에 응시하시면 됩니다.

④ 글자는 별도의 지시사항이 없는 한 **바탕, 10pt, 양쪽정렬, 줄간격 160%**로 작성한다.

⑤ 영문, 숫자 등은 별도의 지시가 없는 한 반각(1byte) 문자를 사용한다.

⑥ 특수문자는 문자표(전각 기호)를 이용하여 작성한다.

⑦ 교정부호 및 화살표로 기재된 지시사항대로 처리하되, ⌐ ̇ ̇ ̇ ̇ ̇ ̇ ̇ ̇¬→ 은 지시사항이므로 작성하지 않는다.

⑧ **1페이지에 [문제1]을 작성하고, 구역을 나누어 2페이지에 [문제2]를 작성한다.**

※ 해당 페이지에 작성하지 않거나 의도적으로 텍스트 작성을 하지 않은 경우 0점 처리

⑨ [문제2]는 문제지와 같이 2단으로 다단을 나누어 작성한다.

⑩ '그림 삽입' 시에는 반드시 "KAIT 수검 프로그램"을 통해 다운로드 한 그림 파일을 사용한다.

⑪ 총점 : 200점

[공통사항1(기본설정, 용지설정)] : 8점, [공통사항2(오탈자)] : 40점
[문제1] : 46점, [문제2] : 106점

⑫ 기타 특별히 지시되어 있지 않은 사항은 문제지에 준하여 작성한다.

04 다음 지시사항을 참고하여 다단 설정과 글상자를 입력해 보세요.

【문제 2(106점)】

• 소스 파일 : 정복05_문제04.hwpx   • 정답 파일 : 정복05_정답04.hwpx

글상자 - 크기 : 너비(60mm), 높이(12mm), 테두리 : 이중 실선(1.00mm), 반원
채우기 : 색상(RGB:233,174,43), 위치 : 글자처럼 취급, 가운데 정렬
글자 모양 : 굴림, 18pt, 가운데 정렬

↓

디지털 권리장전

---

05 다음 지시사항을 참고하여 다단 설정과 글상자를 입력해 보세요.

【문제 2(106점)】

• 소스 파일 : 정복05_문제05.hwpx   • 정답 파일 : 정복05_정답05.hwpx

글상자 - 크기 : 너비(60mm), 높이(12mm), 테두리 : 이중 실선(1.00mm), 반원
채우기 : 색상(RGB:233,174,43), 위치 : 글자처럼 취급, 가운데 정렬
글자 모양 : 굴림, 17pt, 가운데 정렬

↓

펫티켓 문화 확산

---

06 다음 지시사항을 참고하여 다단 설정과 글상자를 입력해 보세요.

【문제 2(106점)】

• 소스 파일 : 정복05_문제06.hwpx   • 정답 파일 : 정복05_정답06.hwpx

글상자 - 크기 : 너비(60mm), 높이(12mm), 테두리 : 이중 실선(1.00mm), 반원
채우기 : 색상(RGB:105,155,55), 위치 : 글자처럼 취급, 가운데 정렬
글자 모양 : 궁서, 18pt, 가운데 정렬

↓

디지털 윤리

제 15 회 디지털정보활용능력 출제예상 모의고사

☑ 시험과목 : 워드프로세서(한글)
☑ 시험일자 : 20XX. XX. XX. (X)
☑ 응시자 기재사항 및 감독위원 확인

한컴오피스 한글 2022 버전용

수검번호	DIW - XXXX -	감독위원 확인
성 명		

·응시자 유의사항·

1. 응시자는 신분증을 지참하여야 시험에 응시할 수 있으며, 시험이 종료될 때까지 신분증을 제시하지 못 할 경우 해당 시험은 0점 처리됩니다.

2. 시스템(PC작동여부, 네트워크 상태 등)의 이상여부를 반드시 확인하여야 하며, 시스템 이상이 있을시 감독위원에게 조치를 받으셔야 합니다.

3. 시험 중 부주의 또는 고의로 시스템을 파손한 경우는 응시자 부담으로 합니다.

4. 답안 전송 프로그램을 통해 파일을 다운로드하여 답안 파일을 작성하시기 바랍니다.

5. 작성한 답안 파일은 답안 전송 프로그램을 통하여 전송됩니다. 감독위원의 지시에 따라 주시기 바랍니다.

6. 다음 사항의 경우 실격(0점) 혹은 부정행위 처리됩니다.
   1) 답안 파일을 저장하지 않았거나, 저장한 파일이 손상되었을 경우
   2) 답안 파일을 지정된 폴더(바탕화면 – "KAIT" 폴더)에 저장하지 않았을 경우
      ※ 답안 전송 프로그램 로그인 시 바탕화면에 자동 생성됨
   3) 답안 파일을 다른 보조 기억장치(USB) 혹은 네트워크(메신저, 게시판 등)로 전송할 경우
   4) 휴대용 전화기 등 통신기기를 사용할 경우

7. **시험지에 제시된 글꼴이 응시 프로그램에 없는 경우, 반드시 감독위원에게 해당 내용을 통보한 뒤 조치를 받아야 합니다.**

8. 시험의 완료는 작성이 완료된 답안을 저장하고, 답안 전송이 완료된 상태를 확인한 것으로 합니다. 답안 전송 확인 후 문제지는 감독위원에게 제출한 후 퇴실하여야 합니다.

9. 답안 전송이 완료된 경우에는 수정 또는 정정이 불가능합니다.

10. 시험 시행 후 결과는 홈페이지(www.ihd.or.kr)에서 확인하시기 바랍니다.
    ※ 합격자 발표 : 20XX. XX. XX. (X)
    ※ 시험지 공개 : 20XX. XX. XX. (X)

출제유형 06

다단 내용 입력과 한자/각주 입력

- ☑ 다단 내용 입력하기
- ☑ 한자 입력하기
- ☑ 각주 입력하기

문제 미리보기
소스 파일: 유형06_문제.hwpx 정답 파일: 유형06_정답.hwpx 【문제 2(106점)】

DIAT

4차 산업혁명

1. 인공지능 ← 돋움, 12pt, 진하게

구글(Google)의 알파고는 세계의 여러 전문 바둑 기사와 대국에서 완벽에 가까운 승리를 거두면서 전 세계 사람에게 인공지능에 대한 관심을 불러 일으켰다. 인공지능은 인간의 학습 능력, 추론 능력, 지각 능력을 (구현해서) (인공적으로) 문제를 해결하려는 과학 기술 분야를 의미한다. 인공지능(을)→은 크게 특정한 문제를 스스로 해결하는 '약인공지능'과 인간처럼 사고(思考)하여 문제를 해결할 수 있는 '강인공지능'으로 나뉜다. 현재의 인공지능은 기존의 컴퓨터 시스템에서 처리하기 어려웠던 특정(特定) 사진에서 목적한 것을 구분해 내는 것과 같이 현실적이고 실용적인 기능을 목표로 개발 중인 '약인공지능'이 대부분이다.

2. 4차산업 ← 돋움, 12pt, 진하게

일반적으로 농경사회에서 증기 시스템을 이용해 방적기, 방직기가 도입된 인류 최초의 산업혁명을 1차 산업혁명이라 하고 전기, 내연기관을 주축으로 하는 2차 산업혁명을 거쳐 1970년대 시작한 디지털 기술이 접목된 시기를 3차 산업혁명이라 정의하고 있다. 4차 산업혁명이란 정의는 2016년 세계경제포럼에서 의장인 '슈바프'의 주창(主唱)에 의해 화두(話頭)가 되었다. 현재 로봇공학, 인공지능, 생명공학, 자율주행차량 등 기술혁신이 나타나고 있는 최근의 시기를 의미하며 모든 사물의 연결, 탈중앙화, 개방 등이 대표적 형태이다. 요소(要素)기술 및 산업 분야로는 블록체인, 빅데이터, 인공지능, 로봇공학, 양자암호, 사물인터넷, 첨단 헬스케어①가 대표적이다. ← 각주

---

① 의료 관련 기관의 전반적인 서비스를 총칭 ← 궁서, 9pt

- 나 -

판소리와 고수

1. 판소리

판소리는 광대가 병풍을 두르고 돗자리를 펼친 마당이나 공연장에서 짧게는 세 시간, 길게는 여섯 시간 정도 걸리는 긴 이야기를 몸짓을 섞어가며 고수의 북 반주에 맞춰 노래하는 한국 전통음악의 하나이다. 판소리(Pansori)는 당초에 '소리'라는 범칭으로 불리었으며 타령, 잡가, 광대소리, 극가(劇歌), 창극조(唱劇調) 등의 용어로도 통용되었다. 판소리는 광대와 고수, 구경꾼이 모여서 판을 이루는데 이는 판을 구성하는 3가지 구성요소이다. 광대는 고수의 북 장단에 맞추어 소리(창), 아니리①, 발림을 통해서 판소리 공연을 만들어가게 되므로 이것 또한 판소리의 3가지 구성요소로 볼 수 있다. 또한, 소리는 성음(음색), 길(음계), 장단으로 이루어져 있는데 이는 소리(음악)의 3요소를 가리킨다. 1964년 중요무형문화재 제5호로 지정되었으며, 2003년에는 유네스코 인류구전 및 무형유산 걸작으로 선정되었다.

2. 판소리 고수

고수(鼓手)는 북을 치는 사람을 말하는데 판소리에서 사용하는 북은 '소리북' 혹은 '고장북'이라고 부른다. 일반적으로 고수가 갖추어야 할 3가지 요소(要素)로 자세, 추임새, 가락을 든다. 고수의 바른 자세는 책상다리로 앉아 허리를 펴고 소리꾼을 바라보는 것을 말한다. 고수의 추임새는 뱃속에서부터 무게 있는 올라오는 음성으로 소리 가락이나 이야기의 진행 상황에 잘 맞춰야 하고 가락은 맛깔스러운 소리와 조화로운 장단이 되고야 한다.

지난 대회 참가인원

참가구문	2021년	2022년
신인부	96	105
일반부	58	42
초등부	42	67
중/고등부	112	127
합계	308	341

지난 대회 참가인원

---

① 창을 하는 중간 중간에 이야기하듯 엮어나가는 사설

01 다단 내용 입력하기

① 2페이지의 두 번째 줄을 클릭하여 마우스 포인터를 이동시킨 후 [문제 2]를 보면서 다음과 같이 내용을 입력합니다.

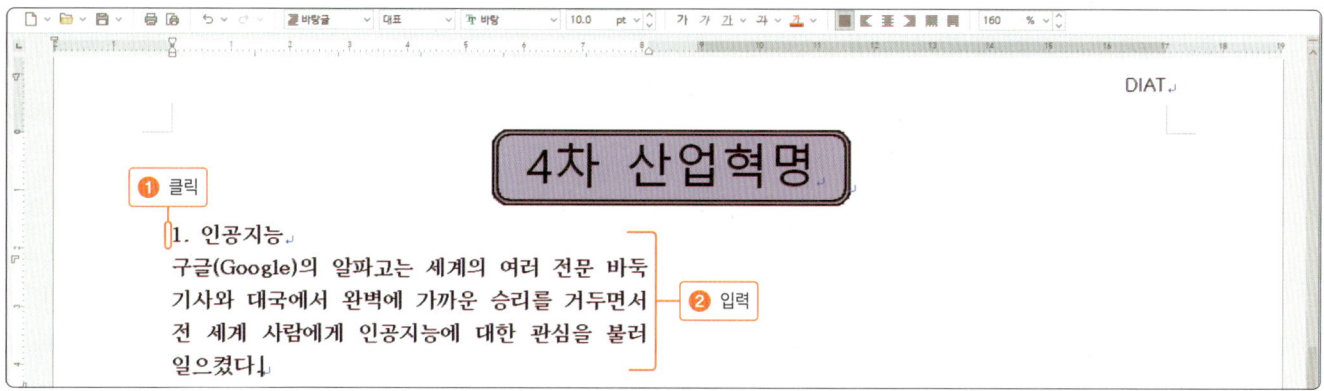

② '1. 인공지능' 부분을 드래그하여 블록으로 지정한 후 [서식] 도구 상자에서 '글꼴(돋움), 글자 크기(12pt), 진하게(가)'을 지정합니다.

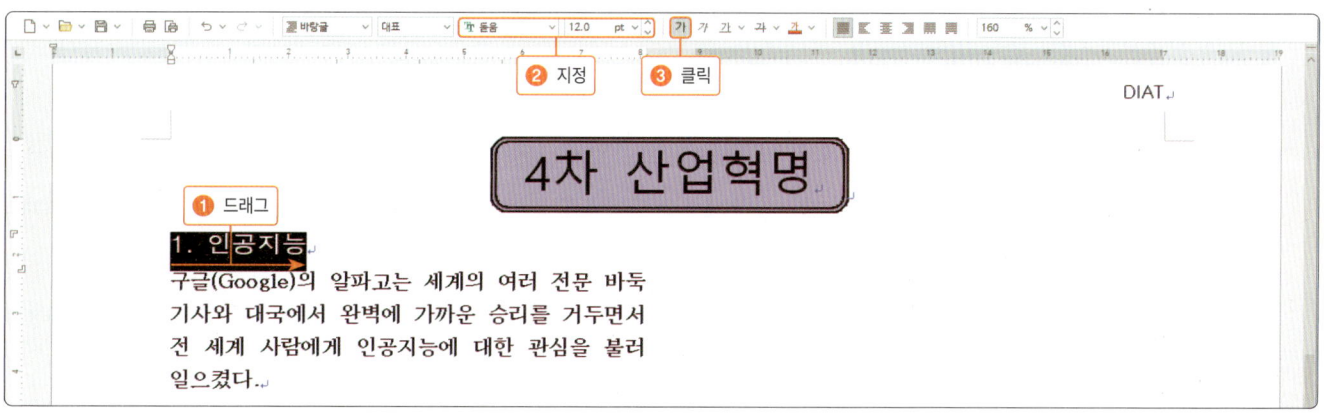

③ 다음 교정 부호에 유의하여 나머지 내용을 입력합니다.

전국판소리경연대회안내

조선 후기 경제적으로 여유가 있는 서민들이 생기면서 문화와 예술에 관심을 가지기 시작했습니다. 그 결과 판소리, 탈놀이, 사설시조, 한글소설 등 서민들이 즐길 수 있는 새로운 문화가 생겨났습니다. 그 중 판소리는 하나의 이야기를 노래와 설명, 몸짓으로 표현하는 것으로 서민들에게 많은 호응을 얻었습니다. 광양시는 ***섬진강변 매화와 전통소리가 어우러지는 격조 높은 국악향연인 '전국판소리경연대회'***를 아래와 같이 개최하오니 관심 있는 학생들이 참가할 수 있도록 안내하여 주시기 바랍니다.

■ 행사안내 ■

1. 기   간 : 2023. 6. 26.(월) ~ 6. 30.(금)
2. 장   소 : 광양시 문화예술회관(예선, 본선)
3. 참가신청 : *사단법인 판소리보존회 홈페이지(http://www.ihd.or.kr)*
4. 참가부문 : 대학(일반)부, 신인부, 고등부, 중등부, 초등부 등 5개 부문

※ 기타사항
- 경연 종목 : 판소리 5마당(춘향가, 심청가, 흥부가, 수궁가, 적벽가) 중 택일하여 경연시간 일반(대학)부 15분 이내, 신인부 8분 이내, 고등부 10분 이내, 초등부와 중등부 7분 이내 준수
- 경연 심사 : 본 대회 심사규정을 따르며 심사위원은 대회장이 위촉하고 행사당일 발표

2023. 06. 24.

전국판소리경연대회추진위원회

- 갑 -

교정 부호 이해하기

- 실제 시험에서는 [문제 2]에서 '자리 바꾸기'와 '다른 단어로 바꾸기'가 출제됩니다.
  - ⌒ **자리 바꾸기**

교정 전	교정 후
구현해서 인공적으로	인공적으로 구현해서

  - ✎ **다른 단어로 바꾸기**

교정 전	교정 후
인공지능을 ← 은	인공지능은

02 한자 입력하기

① '사고'를 드래그하여 블록으로 지정한 후 [입력] 탭에서 '한자 입력(漢)'(또는 F9)을 클릭합니다.

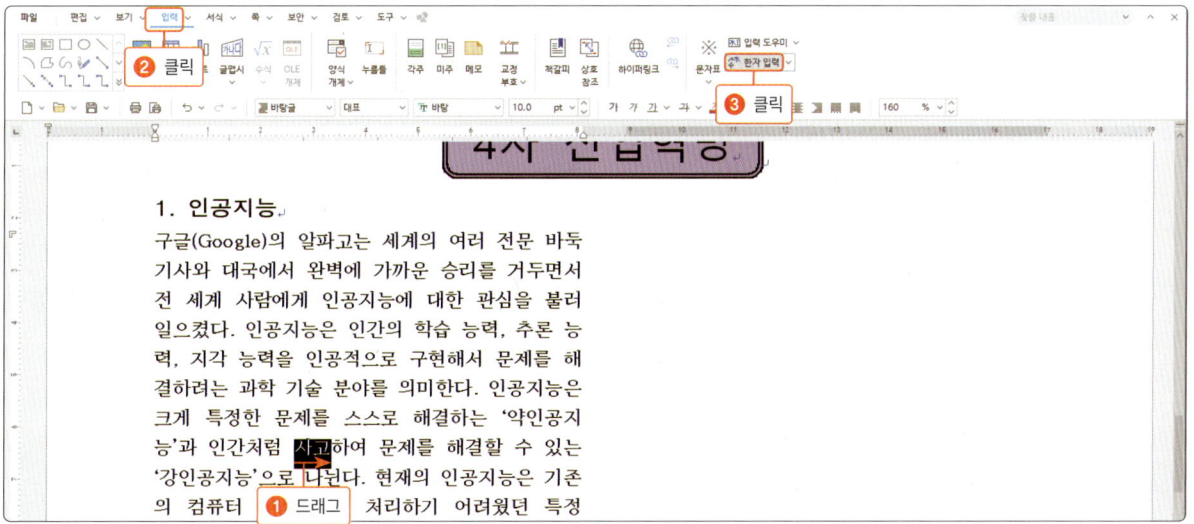

① [한자로 바꾸기] 대화상자가 나오면 '**한자 목록**'에서 문제지([문제 2])와 일치하는 한자를 클릭합니다. 이어서, '**입력 형식**'-'**한글(漢字)**'을 선택한 후 〈바꾸기〉 단추를 클릭합니다.

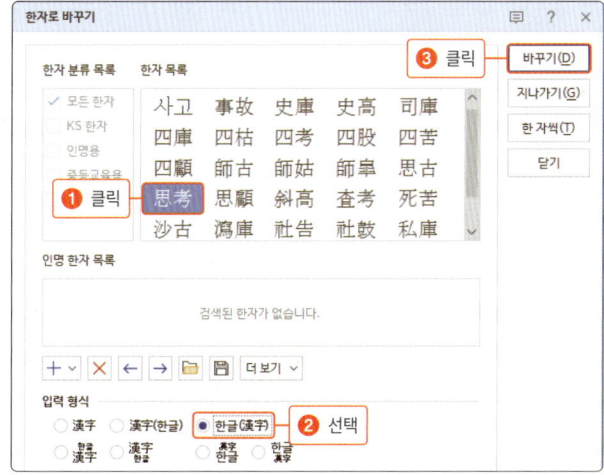

디지털정보활용능력 한글 [시험시간 : 40분]

【문제】 첨부된 문제를 다음의 조건을 적용하여 문서를 작성하시오.

① 문서는 A4(210mm×297mm) 크기, 세로 용지 방향으로 작성한다.

② 페이지 여백은 아래와 같이 설정한다.

왼쪽	오른쪽	위쪽	아래쪽	머리말	꼬리말	제본
20mm	20mm	20mm	20mm	10mm	10mm	0mm

③ 아래와 같이 "자동 글머리 기호 넣기"와 "자동 번호 매기기" 기능을 해제한다.

> 도구 → 빠른 교정 → 빠른 교정 내용 → 입력 자동 서식 ⇒ 자동 글머리 기호 넣기(해제)
> 자동 번호 매기기(해제)

※ 만약 입력 자동 서식 메뉴가 없는 경우에는 "자동 글머리 기호 넣기"와 "자동 번호 매기기" 기능이 설정되어 있지 않은 것이므로 별도의 기능 해제 없이 그대로 시험에 응시하시면 됩니다.

④ 글자는 별도의 지시사항이 없는 한 **바탕, 10pt, 양쪽정렬, 줄간격 160%**로 작성한다.

⑤ 영문, 숫자 등은 별도의 지시가 없는 한 반각(1byte) 문자를 사용한다.

⑥ 특수문자는 문자표(전각 기호)를 이용하여 작성한다.

⑦ 교정부호 및 화살표로 기재된 지시사항대로 처리하되, ⌐----¬→ 은 지시사항이므로 작성하지 않는다.

⑧ 1페이지에 [문제1]을 작성하고, 구역을 나누어 2페이지에 [문제2]를 작성한다.

※ 해당 페이지에 작성하지 않거나 의도적으로 텍스트 작성을 하지 않은 경우 0점 처리

⑨ [문제2]는 문제지와 같이 2단으로 다단을 나누어 작성한다.

⑩ '그림 삽입' 시에는 반드시 "KAIT 수검 프로그램"을 통해 다운로드 한 그림 파일을 사용한다.

⑪ 총점 : 200점

[공통사항1(기본설정, 용지설정)] : 8점, [공통사항2(오탈자)] : 40점
[문제1] : 46점, [문제2] : 106점

⑫ 기타 특별히 지시되어 있지 않은 사항은 문제지에 준하여 작성한다.

❸ 똑같은 방법으로 다른 단어들도 한자로 변환합니다.

> **1. 인공지능**
> 구글(Google)의 알파고는 세계의 여러 전문 바둑 기사와 대국에서 완벽에 가까운 승리를 거두면서 전 세계 사람에게 인공지능에 대한 관심을 불러일으켰다. 인공지능은 인간의 학습 능력, 추론 능력, 지각 능력을 인공적으로 구현해서 문제를 해결하려는 과학 기술 분야를 의미한다. 인공지능은 크게 특정한 문제를 스스로 해결하는 '약인공지능'과 인간처럼 사고(思考)하여 문제를 해결할 수 있는 '강인공지능'으로 나뉜다. 현재의 인공지능은 기존의 컴퓨터 시스템에서 처리하기 어려웠던 <u>특정(特定)</u> 사진에서 목적한 것을 구분해 내는 것과 같이 현실적이고 실용적인 기능을 목표로 개발 중인 '약인공지능'이 대부분이다.

> **TIP 한자로 바꾸기**
> 실제 시험에서는 두 개 이상의 단어가 합쳐진 하나의 단어가 나올 수 있습니다. 한자로 변환하려면 앞 단어부터 한자로 변환한 후 그 뒤 단어를 변환합니다. 문제지에 맞게 단어를 이어 붙이고 괄호를 지워서 [문제 2]에 맞게 수정합니다.

❹ '대부분이다.' 글자 뒤를 클릭한 후 **Enter** 키를 두 번 눌러 문제지([문제 2])를 보면서 두 번째 문단의 내용을 입력합니다.

※ 실제 시험에서는 첫 번째 문단과 두 번째 문단의 내용을 모두 입력한 후 문제지([문제 2])를 참고하여 서식을 지정합니다.

> **2. 4차산업** ❶ 서식 지정
> 일반적으로 농경사회에서 증기 시스템을 이용해 방적기, 방직기가 도입된 인류 최초의 산업혁명을 1차 산업혁명이라 하고 전기, 내연기관을 주축으로 하는 2차 산업혁명을 거쳐 1970년대 시작한 디지털 기술이 접목된 시기를 3차 산업혁명이라 정의하고 있다. 4차 산업혁명이란 정의는 2016년 세계경제포럼에서 의장인 '슈바프'의 주창에 의해 화두가 되었다. 현재 로봇공학, 인공지능, 생명공학, 자율주행차량 등 기술혁신이 나타나고 있는 최근의 시기를 의미하며 모든 사물의 연결, 탈중앙화, 개방 등이 대표적 형태이다. 요소기술 및 산업 분야로는 블록체인, 빅데이터, 인공지능, 로봇공학, 양자암호, 사물인터넷, 첨단 헬스케어가 대표적이다.
>
> ❷ 입력

제 14 회 디지털정보활용능력 출제예상 모의고사

☑ 시험과목 : 워드프로세서(한글)
☑ 시험일자 : 20XX. XX. XX. (X)
☑ 응시자 기재사항 및 감독위원 확인

한컴오피스 한글 2022 버전용

수 검 번 호	DIW - XXXX -	감독위원 확인
성 명		

·응시자 유의사항·

1. 응시자는 신분증을 지참하여야 시험에 응시할 수 있으며, 시험이 종료될 때까지 신분증을 제시하지 못 할 경우 해당 시험은 0점 처리됩니다.

2. 시스템(PC작동여부, 네트워크 상태 등)의 이상여부를 반드시 확인하여야 하며, 시스템 이상이 있을시 감독위원에게 조치를 받으셔야 합니다.

3. 시험 중 부주의 또는 고의로 시스템을 파손한 경우는 응시자 부담으로 합니다.

4. 답안 전송 프로그램을 통해 파일을 다운로드하여 답안 파일을 작성하시기 바랍니다.

5. 작성한 답안 파일은 답안 전송 프로그램을 통하여 전송됩니다. 감독위원의 지시에 따라 주시기 바랍니다.

6. 다음 사항의 경우 실격(0점) 혹은 부정행위 처리됩니다.
   1) 답안 파일을 저장하지 않았거나, 저장한 파일이 손상되었을 경우
   2) 답안 파일을 지정된 폴더(바탕화면 – "KAIT" 폴더)에 저장하지 않았을 경우
      ※ 답안 전송 프로그램 로그인 시 바탕화면에 자동 생성됨
   3) 답안 파일을 다른 보조 기억장치(USB) 혹은 네트워크(메신저, 게시판 등)로 전송할 경우
   4) 휴대용 전화기 등 통신기기를 사용할 경우

7. **시험지에 제시된 글꼴이 응시 프로그램에 없는 경우, 반드시 감독위원에게 해당 내용을 통보한 뒤 조치를 받아야 합니다.**

8. 시험의 완료는 작성이 완료된 답안을 저장하고, 답안 전송이 완료된 상태를 확인한 것으로 합니다. 답안 전송 확인 후 문제지는 감독위원에게 제출한 후 퇴실하여야 합니다.

9. 답안 전송이 완료된 경우에는 수정 또는 정정이 불가능합니다.

10. 시험 시행 후 결과는 홈페이지(www.ihd.or.kr)에서 확인하시기 바랍니다.
    ※ 합격자 발표 : 20XX. XX. XX. (X)
    ※ 시험지 공개 : 20XX. XX. XX. (X)

❺ 앞에서 배운 내용대로 한자를 변환합니다.

※ 한자로 변환하고자 하는 단어를 블록으로 지정한 후, [입력]-'한자 입력' 메뉴에서 한자를 변환합니다.

> 2. 4차산업
> 일반적으로 농경사회에서 증기 시스템을 이용해 방적기, 방직기가 도입된 인류 최초의 산업혁명을 1차 산업혁명이라 하고 전기, 내연기관을 주축으로 하는 2차 산업혁명을 거쳐 1970년대 시작한 디지털 기술이 접목된 시기를 3차 산업혁명이라 정의하고 있다. 4차 산업혁명이란 정의는 2016년 세계경제포험에서 의장인 '슈바프'의 주창(主唱)에 의해 화두(話頭)가 되었다. 현재 로봇공학, 인공지능, 생명공학, 자율주행차량 등 기술혁신이 나타나고 있는 최근의 시기를 의미하며 모든 사물의 연결, 탈중앙화, 개방 등이 대표적 형태이다. 요소(要素)기술 및 산업 분야로는 블록체인, 빅데이터, 인공지능, 로봇공학, 양자암호, 사물인터넷, 첨단 헬스케어가 대표적이다.

03 각주 입력하기

❶ '헬스케어' 글자 뒤를 클릭한 후 [입력] 탭에서 '각주(▣)'(또는 Ctrl + N, N)을 클릭합니다.

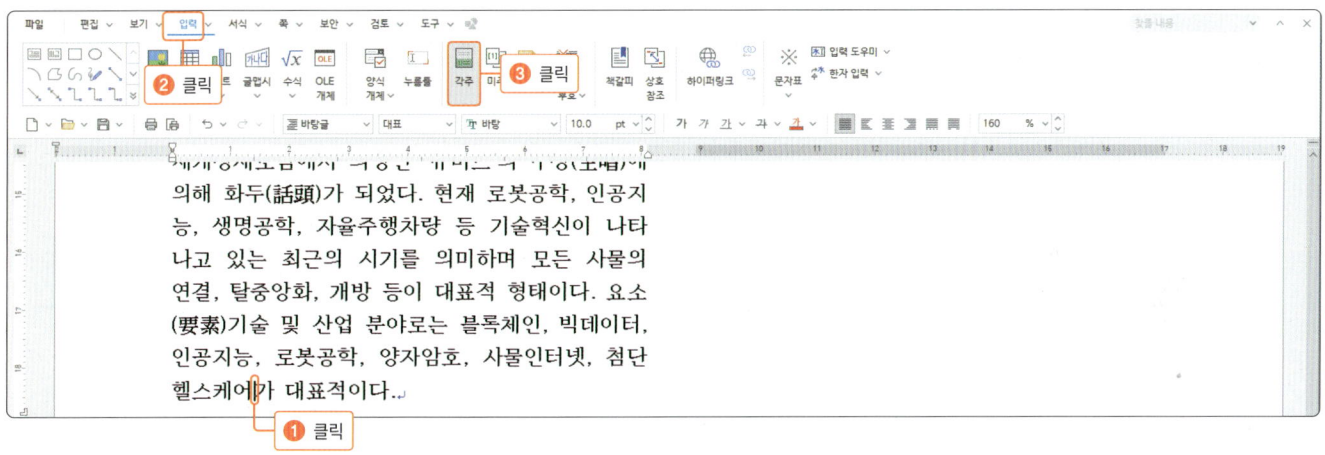

❷ 각주 입력 화면이 나오면 [문제 2]를 보면서 다음과 같이 내용을 입력합니다.

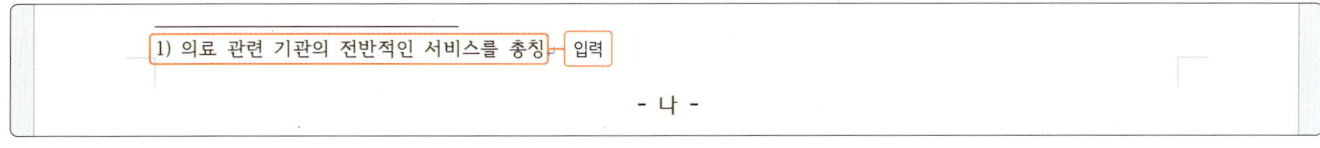

❸ 각주 내용을 드래그하여 블록으로 지정한 후 [서식] 도구 상자에서 '글꼴(궁서), 글자 크기(9pt)'를 지정합니다.

김치의 유래/효능

1. 김치의 유래(由來)

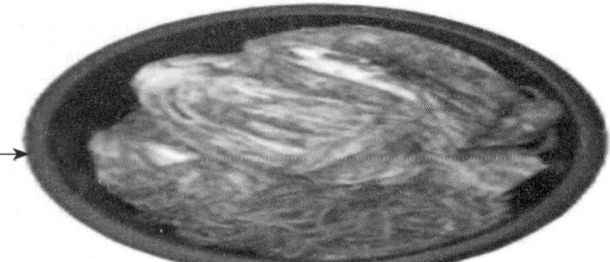

오늘날의 김치 모양은 1600년대 고추가 상용화되기 시작하면서 나타났다. 그러나 실제 김치의 기원은 삼국시대로 거슬러 올라가야 될 만큼 오랜 역사(歷史)를 가지고 있다. 인류(Mankind)는 음식을 오래도록 보관하기 위해 건조를 통해 수분을 증발(蒸發)시키는 방법과 소금으로 절이는 방법, 그리고 발효㉮시켜 저장하는 방법 등을 사용하였다. 김치도 이러한 식품의 저장 발전 과정과 궤를 같이 하고 있다. 우리 조상들도 염장에서 생산되는 소금을 이용해 식품을 절이는 방법을 개발하였고, 이것이 김치의 시작이라 할 수 있다. 당시 한반도는 탄수화물이 주성분인 쌀을 주식으로 하는 농경사회였기 때문에 비타민과 각종 미네랄을 채소를 통해 섭취하였다. 그러나 뚜렷한 4개절이 기후 특징으로 한겨울에 채소를 먹을 수 없게 되자, 염장에서 생산되는 소금으로 배추를 절이게 되었고, 이것이 점차 발전하여 오늘날의 김치가 된 것이다.

2. 김치의 효능(效能)

김치에는 비타민C가 많고 배추, 파, 열무등 푸른 잎에는 카로틴이 많다. 마늘은 비타민의 흡수와 효력(效力)을 높여주고 아미노산과 동물성 단백질을 섭취할 수 있다. 또한 식이섬유소의 공급원이며 다이어트에 효과가 있으며, 비만 예방, 당뇨병, 변비, 담석증에 효과가 있다. 김치가 익을 때 생기는 유산균은 간내의 독성 물질을 만드는 균을 억제하고 암세포 확장을 막아주는 역할을 한다.

김치 재료 식품 분석표

구분	섬유질(g)	비타민C(mg)
배추	0.7	28
무	0.9	44
갓	2.2	16
무청	1.2	50
평균	1.25	34.50

김치 재료 식품 분석표

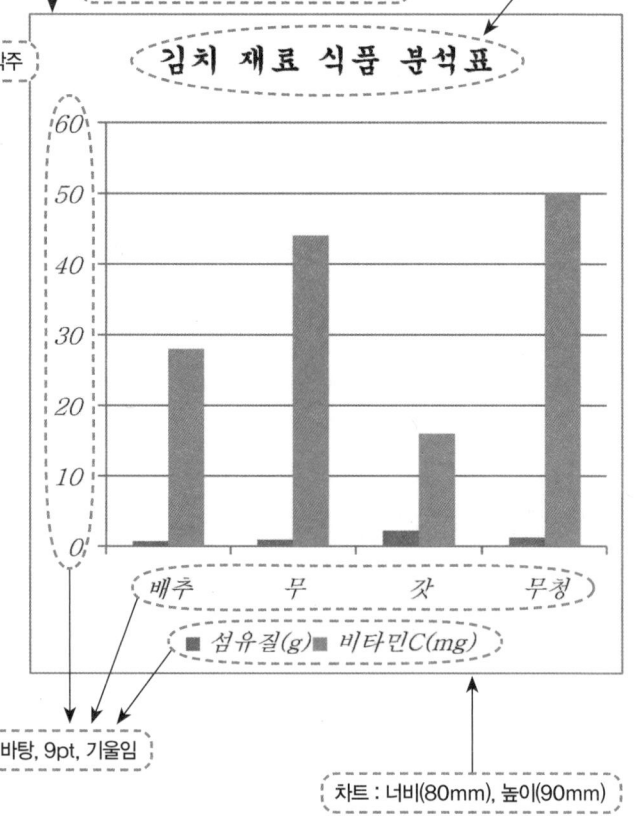

㉮ 효모나 세균 따위의 미생물이 유기 화합물을 분해하여 알코올류, 유기산류 따위를 생기게 하는 작용

④ Esc 키를 눌러 블록 지정을 해제한 후 [주석] 탭에서 '각주/미주 모양( )'를 클릭합니다.

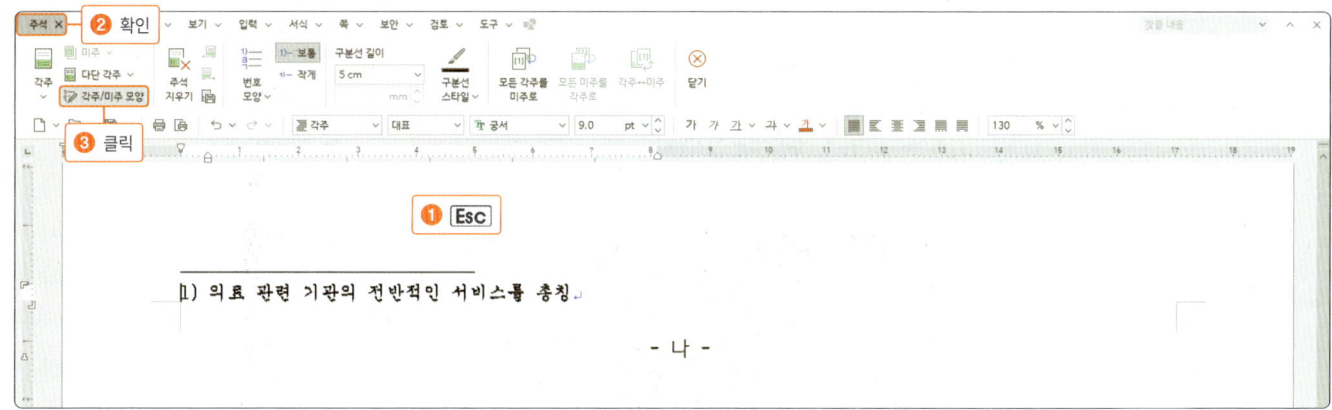

⑤ [주석 모양] 대화상자가 나오면 '번호 모양'-'①,②,③'을 지정한 후 〈설정〉 단추를 클릭합니다.

⑥ 각주 번호 모양이 변경된 것을 확인한 후 [주석] 탭에서 '닫기( )'(또는 Shift+Esc)를 클릭하여 각주 입력 작업을 끝냅니다.

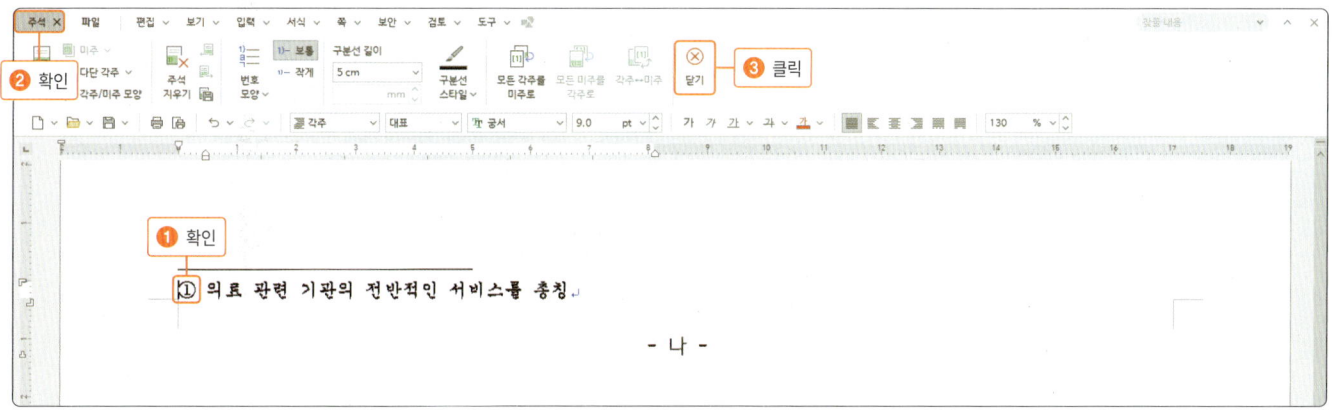

⑦ [파일] 탭에서 [저장하기](또는 Alt+S) 또는 [서식] 도구 상자에서 '저장하기( )'를 클릭하여 답안 파일을 저장합니다.

※ 실제 시험을 볼 때 작업 도중에 수시로(10분에 한 번 정도) 저장을 하는 것이 좋습니다.

> **TIP** 첫 번째 문단과 두 번째 문단 간격은 한 줄 띄어서 입력해야 합니다. 교재 속 문단 부호를 참고하여 각 문단 사이의 간격을 확인해 봅니다.

한국문화체험및전통음식박람회

해마다 우리나라를 방문하는 외국인의 수는 증가하고 있으며, 최근 한류와 맞물려 방문객들의 한국 전통음식 등 한국문화 전반에 대한 관심도 높아지도 있는 추세입니다. 이에 세계 속의 한국문화 및 전통음식의 우수성을 알리고자 **한국문화체험 및 전통음식박람회**를 개최하고자 합니다. 이번 박람회는 한국 전통음식을 비롯한 현대화된 독특한 음식과 다양한 문화공연은 물론, 직접 전통음식을 만들어 보고 시식도 해 볼 수 있는 체험행사도 함께 진행할 예정입니다.

□ 행사안내 □

1. 참가일시 : 2023. 06. 27(화) ~ 06. 28(수), 1박 2일
2. 참가장소 : 민속촌 내 한국문화체험관
3. 참가신청 : *참가신청 홈페이지(http://www.ihd.or.kr)*
4. 참 가 비 : 성인 10,000원, 청소년 5,000원(초등학생 이하 무료)

※ 기타사항

- 볼거리 : 한국음식문화체험관 관람, 한국전통차 선정대회, 민속무용 공연, 사물놀이 경연대회, 전통음식 거리, 국악공연 관람 등
- 준비물 : 1박 2일 일정에 필요한 개인용품, 편안한 복장 한 벌, 운동화

2023. 06. 24.

한국전통문화연구회

- A -

다단 내용 입력과 각주/한자 입력

01 다음 지시사항을 참고하여 다단 내용과 각주/한자를 입력해 보세요. 【문제 2(106점)】

- 소스 파일 : 정복06_문제01.hwpx
- 정답 파일 : 정복06_정답01.hwpx

숏츠(Shorts)

※ 실제 시험에서는 첫 번째 문단과 두 번째 문단의 내용을 모두 입력합니다.

1. 우리나라의 1인 가구 ← 돋움, 12pt, 진하게

2023년도 기준(standard) 통계청에 따르면 싱글족, 미혼자, 독거노인 등의 1인 세대의 비중이 약 45%를 넘어섰다고 합니다. 2000년대 이후부터(자발적으로) 다양한 1인 가구가 등장했으며 1인 가구에 대한 고정관념이 줄어든 편입니다. 가구 수의 경우 실제 함께 살지 않아도 생계 등을 함께 하고 있다면 1인 가구(家口)로 집계되지만 세대는 주민등록 주소지를 기준으로 구분하고 있습니다. '나 홀로 삶'은 이제 무색할 정도로 늘어나고 있습니다. 가족(家族) 실태조사 등을 통해 1인 가구에 대한 실태를 정확히 파악하여 국가에서는 1인 가구 지원정책 및 지원 사업, 안전Ⓐ, 범죄예방, 건강 돌봄에 대한 계획이 필요한 시기입니다. 1인 가구 보고서에 따르면 가장 큰 문제로는 경제 부분이 가장 높게 나왔고 사회적인 불안감에 따(라)른 우울증, 건강문제로 집계되었습니다.

2. 1인 카페 창업 ← 돋움, 12pt, 진하게

치솟는 물가(物價)와 나 홀로 족이 점점 늘어나고 있는 상황에서 많은 분들이 소비 활동에 대해 절약을 기본으로 삼고 있습니다. 이 부분은 창업자들에게도 마찬가지라는 생각이고 인건비와 임대료 등을 절감할 수 있는 소형 매장에 대한 관심도가 높아지고 있는 상황입니다. 그 중 많은 사람들이 선호하고 관심 있게 보는 창업아이템 중 하나는 1인 카페입니다. 코로나 시국을 보내면서 배달시장과 포장이 주력을 이루었고 예산(豫算)을 절감하면서 살아남을 수 있는 경쟁력을 키울 수 있습니다.

Ⓐ 위험이 생기거나 사고가 날 염려가 없음. ← 돋움, 9pt

- 나 -

디지털정보활용능력　한글 [시험시간 : 40분]

【문제】 첨부된 문제를 다음의 조건을 적용하여 문서를 작성하시오.

① 문서는 A4(210mm×297mm) 크기, 세로 용지 방향으로 작성한다.

② 페이지 여백은 아래와 같이 설정한다.

왼쪽	오른쪽	위쪽	아래쪽	머리말	꼬리말	제본
20mm	20mm	20mm	20mm	10mm	10mm	0mm

③ 아래와 같이 "자동 글머리 기호 넣기"와 "자동 번호 매기기" 기능을 해제한다.

> 도구 → 빠른 교정 → 빠른 교정 내용 → 입력 자동 서식 ⇒ 자동 글머리 기호 넣기(해제)
> 자동 번호 매기기(해제)

※ 만약 입력 자동 서식 메뉴가 없는 경우에는 "자동 글머리 기호 넣기"와 "자동 번호 매기기" 기능이 설정되어 있지 않은 것이므로 별도의 기능 해제 없이 그대로 시험에 응시하시면 됩니다.

④ 글자는 별도의 지시사항이 없는 한 **바탕, 10pt, 양쪽정렬, 줄간격 160%**로 작성한다.

⑤ 영문, 숫자 등은 별도의 지시가 없는 한 반각(1byte) 문자를 사용한다.

⑥ 특수문자는 문자표(전각 기호)를 이용하여 작성한다.

⑦ 교정부호 및 화살표로 기재된 지시사항대로 처리하되, ⌐⎯⎯⎯¬→ 은 지시사항이므로 작성하지 않는다.

⑧ 1페이지에 [문제1]을 작성하고, 구역을 나누어 2페이지에 [문제2]를 작성한다.

※ 해당 페이지에 작성하지 않거나 의도적으로 텍스트 작성을 하지 않은 경우 0점 처리

⑨ [문제2]는 문제지와 같이 2단으로 다단을 나누어 작성한다.

⑩ '그림 삽입' 시에는 반드시 "KAIT 수검 프로그램"을 통해 다운로드 한 그림 파일을 사용한다.

⑪ 총점 : 200점

[공통사항1(기본설정, 용지설정)] : 8점, [공통사항2(오탈자)] : 40점
[문제1] : 46점, [문제2] : 106점

⑫ 기타 특별히 지시되어 있지 않은 사항은 문제지에 준하여 작성한다.

02 다음 지시사항을 참고하여 다단 내용과 각주/한자를 입력해 보세요. 【문제 2(106점)】

· 소스 파일 : 정복06_문제02.hwpx   · 정답 파일 : 정복06_정답02.hwpx

※ 실제 시험에서는 첫 번째 문단과 두 번째 문단의 내용을 모두 입력합니다.

1. 여행의 역사 ← 돋움, 12pt, 진하게

여행(旅行)이란 휴식을 위해 일상에서 벗어나 다른 지역이나 타국으로 떠나는 것을 뜻합니다. 크게 국내여행과 해외여행으로 구분이 되는데 2020년대 부터는 본격적으로 우주여행까지 새로운 여행(travel)으로 등장하기 시작하여 관광업계에서도 중요성을 두고 있습니다. 여유 있는 개인적인 시간으로 여겨졌던 관광(觀光)은 오늘날 산업의 관점으로 보기 시작했던 것은 18~19세기 유럽에서부터 시작되었습니다. 21세기가 시작되면서 많은 사람들은 여가시간을 보내기 시작했고 세계적으로 여행의 중요성이 더해지는 이유는 삶의 질을 향상시킬 수 있는 좋은 수단이 되었습니다. 인터넷이 발달하면서 편리한 여행의 수요ⓐ는 더 급증하게 되었고 바다와 산, 계곡 등 다양한 여행지의 장소는(로) 선호하는 나이대가 점차 낮아지고 있습니다.

2. 바다 여행 ← 돋움, 12pt, 진하게

특히 바다는 지구 표면의 약 70.8%를 차지하고 있습니다. 육지(陸贄) 면적의 2.43배이고 지구에 존재하는 물은 바다에 저장되고 있습니다. 고운 모래나 자갈로 깔려 있는 바다는 안전하게 수영할 수 있는 곳과 낚시, 주변의 팔경(八景)을 보며 감탄을 자아내고 있습니다. 바다는 시원한 배경을 바탕으로 청량함이 뿜어져 나오고 최근에는 삐뚤어진 사각 프레임과 함께 포토존이 많이 생겨나고 있습니다. 매년 관광객들의 즐거운 추억이 될 축제를 즐기면서 바다는 우리에게 빠질 수 없는 여행지입니다.

ⓐ 구매자가 원하는 재화나 서비스의 양 ← 돋움, 9pt

- 나 -

제 13 회 디지털정보활용능력 출제예상 모의고사

☑ 시험과목 : 워드프로세서(한글)
☑ 시험일자 : 20XX. XX. XX. (X)
☑ 응시자 기재사항 및 감독위원 확인

한컴오피스 한글 2022 버전용

수 검 번 호	DIW - XXXX -	감독위원 확인
성 명		

· 응시자 유의사항 ·

1. 응시자는 신분증을 지참하여야 시험에 응시할 수 있으며, 시험이 종료될 때까지 신분증을 제시하지 못 할 경우 해당 시험은 0점 처리됩니다.

2. 시스템(PC작동여부, 네트워크 상태 등)의 이상여부를 반드시 확인하여야 하며, 시스템 이상이 있을시 감독위원에게 조치를 받으셔야 합니다.

3. 시험 중 부주의 또는 고의로 시스템을 파손한 경우는 응시자 부담으로 합니다.

4. 답안 전송 프로그램을 통해 파일을 다운로드하여 답안 파일을 작성하시기 바랍니다.

5. 작성한 답안 파일은 답안 전송 프로그램을 통하여 전송됩니다. 감독위원의 지시에 따라 주시기 바랍니다.

6. 다음 사항의 경우 실격(0점) 혹은 부정행위 처리됩니다.
   1) 답안 파일을 저장하지 않았거나, 저장한 파일이 손상되었을 경우
   2) 답안 파일을 지정된 폴더(바탕화면 – "KAIT" 폴더)에 저장하지 않았을 경우
      ※ 답안 전송 프로그램 로그인 시 바탕화면에 자동 생성됨
   3) 답안 파일을 다른 보조 기억장치(USB) 혹은 네트워크(메신저, 게시판 등)로 전송할 경우
   4) 휴대용 전화기 등 통신기기를 사용할 경우

7. **시험지에 제시된 글꼴이 응시 프로그램에 없는 경우, 반드시 감독위원에게 해당 내용을 통보한 뒤 조치를 받아야 합니다.**

8. 시험의 완료는 작성이 완료된 답안을 저장하고, 답안 전송이 완료된 상태를 확인한 것으로 합니다. 답안 전송 확인 후 문제지는 감독위원에게 제출한 후 퇴실하여야 합니다.

9. 답안 전송이 완료된 경우에는 수정 또는 정정이 불가능합니다.

10. 시험 시행 후 결과는 홈페이지(www.ihd.or.kr)에서 확인하시기 바랍니다.
    ※ 합격자 발표 : 20XX. XX. XX. (X)
    ※ 시험지 공개 : 20XX. XX. XX. (X)

03 다음 지시사항을 참고하여 다단 내용과 각주/한자를 입력해 보세요. 【문제 2(106점)】

• 소스 파일 : 정복06_문제03.hwpx • 정답 파일 : 정복06_정답03.hwpx

※ 실제 시험에서는 첫 번째 문단과 두 번째 문단의 내용을 모두 입력합니다.

1. 명화 '별이 빛나는 밤' ← 돋움, 12pt, 진하게

작년 한해 우리나라에서 가장 사랑받던 명화(名畫) 10점을 선정하였습니다. 고전 작품부터 현대에 이르기까지 국내외적으로 가장 유명한 명화 10점 외에도 많은 작품이 쏟아져 나왔었는데 국외 작품Ⓐ 중 가장 인기 있었던 작품은 바로 빈센트 반 고흐 작품의 '별이 빛나는 밤'입니다. 고흐에게 밤하늘은 표현하는 무한함을 대상이었고, 반짝이는 별로 밤의 정경을 다루었습니다. 이 작품은 고갱(Gauguin)과 다툰 뒤 자신의 귀를 자른 사건 이후 생레미의 요양원에 지내면서 그린 그림입니다. 그는 병실(病室) 밖으로 내다보이는 밤 풍경을 상상하며 그렸는데 자연에 대한 주관적이고 내적인 표현을 구현하고 있습니다. 땅과 하늘을 수직으로 높이 연결하는 사이프러스는 전통적으로 애도(哀悼)와 무덤이 관련된 나무이지만 반 고흐는 죽음을 불길하게 보지 안았다고 합니다.
(않)

2. 초등학교의 놀라운 변화 ← 돋움, 12pt, 진하게

제주도의 한 초등학교에서는 미술실을 미술관으로 탈바꿈하여 세간의 화제가 되고 있습니다. 지역사회뿐만 아니라 교사, 학생, 관광객까지 몰리고 있고 전교생을 대상으로 미술관 수업을 진행하여 흥미롭고 긍정적인 효과를 거두고 있다고 합니다. 학교에서의 미술관 수업, 인성교육, 학부모 공개수업, 지역주민들을 대상으로 초청 관람회 등으로 다양하게 미술관을 활용하고 있습니다. 전시구성과 도슨트 교육(敎育)은 전문 업체에서 맡아 하고 있는데 도슨트는 라틴어에서 유래된 말로 관람객들에게 전시물에 대해 설명을 해주는 사람을 말합니다.

Ⓐ 예술 창작 활동으로 얻어지는 제작물 ← 궁서, 9pt

- B -

환경교육한마당

1. 기후변화협약이란?

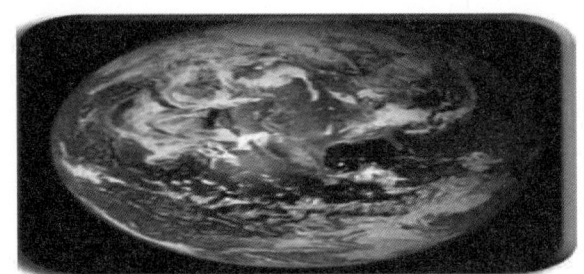

지구온난화 방지를 위해 모든 온실가스의 인위적 방출을 규제하기 위한 국제 협약(協約)으로, 정식 명칭은 기후변화에 관한 유엔 기본협약이다. 한국은 1993년 12월 47번째로 가입하였다. 기후변화협약은 가입국의 의무사항, 재정지원, 기술이전, 조직 등의 전문과 26개 조항으로 구성되어 있다. 협약(Agreement) 가입국의 의무사항은 개발도상국Ⓐ과 선진국 모두에게 공통으로 적용되는 일반 의무사항과 선진국에만 적용되는 특별의무사항으로 구분(區分)된다. 지구온난화를 일으키는 온실가스 중 배출량이 가장 많은 탄산가스 배출량의 규제에 초점이 맞춰져 있다. 기후(氣候)변화협약 체결국은 염화플루오린화탄소를 제외한 모든 온실가스의 배출량과 제거량을 조사하여 이를 협상위원회에 보고해야 하며, 기후변화 방지를 위한 국가계획도 작성해야 한다.

2. 태양에너지 활용

태양광 발전은 태양광을 직접 전기(電氣)에너지로 변환시키는 기술로 햇빛을 받으면 광전효과에 의해 태양 빛을 직접 전기에너지로 변환시키는 발전방식이다. 태양열 이용기술은 가장 먼저 상용화가 시작된 분야이다. 태양광선의 파동 성질을 이용하는 광열학적 이용 분야로 태양열의 흡수, 저장, 등을 통해 발전하는 방식을 의미한다. 4계절 건물의 냉난방과 산업 공정, 농수산 분야, 태양열 발전, 초고온 태양열 연료생산기술 등에 활용(活用)하며, 집열, 축열 기술에 널리 이용된다.

환경교육한마당 체험 만족도

구분	남	여
나무야나무야	34	66
수력발전소	59	41
자전거발전	56	44
태양광자동차	52	48
합계	201	199

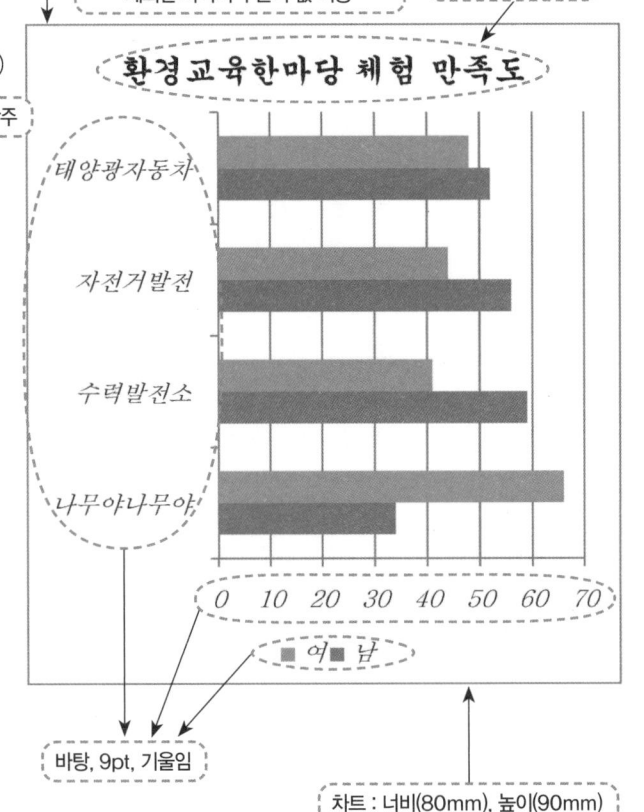

Ⓐ 산업의 근대화와 경제 개발이 선진국에 비하여 뒤떨어진 나라를 말한다.

1. 디지털 권리란?

디지털(Digital) 권리는 개인이 디지털 미디어에 액세스, 사용, 생성 및 게시하거나 컴퓨터, 기타 전자 장치 및 통신 네트워크에 액세스하고 사용할 수 있도록 허용하는 인권 및 법적 권리이다. 이 개념은 디지털 기술, 특히 인터넷의 맥락에서 개인정보 보호 및 표현의 자유와 같은 기존 권리의 보호(保護) 및 실현과 관련있다. 디지털 심화 시대에 원칙과 기준을 제시하며 해외 사례와는 다르게 AI 중심의 논의를 넘어 리터러시 향상, 격차 해소 등 디지털 전반의 이슈를 포괄(包括)하고 있다는 점이 특징이다.

2. 디지털 권리장전

디지털 환경에서 사람들이 가지는 기본적인 권리(權利)와 자유를 명시한 문서를 의미한다. 인간의 존엄과 가치에 대한 존중을 기본으로 디지털 향유권이 인간의 보편적 권리로 보장되는 새로운 디지털 질서를 정립하여 디지털 혁신을 추구하면서도 그 혜택을 모두가 정의롭고 공정하게 향유하고자 하는데 그 목적을 두고 있다. 챗GPT① 및 인공지능을 비롯한 디지털 기술 개발 활용이 확산(擴散)되면서 개인정보 유출, 저작권 분쟁, 디지털 격차 등 새로운 사회적 문제들이 등장하고 이런 문제 해결을 위한 사회적 비용과 피해는 국민 모두에게 돌아갈 수 있다. 현재와 같은 새로운 국면에 디지털 규범 및 질서의 필요성이 대두되고 있는 시점이 디지털 환경에서의 공정성, 신뢰성 확보를 위해 함께 지켜나가야 할 규범과 질서(秩序)를 만들어나갈 필요성이 생기게 된 것이다.

---

① Open AI가 개발한 대화 전문 인공지능 챗봇

- B -

충북환경교육한마당

사회가 발전하면서 우리는 해마다 반복되는 *기상이변과 기후변화*를 실감하게 됩니다. 지난해 충북환경교육진흥조례, 충북학교환경교육조례가 통과되어 충북지역 환경교육 활성화 기반이 마련되었습니다. 이에 충청북도교육청에서는 충북의 사회 환경교육 및 학교 환경교육 담당자, 환경교육 전문가, 환경 관련 공무원 등이 다 함께 만나 충북의 환경교육 미래상을 제시하고 사회 환경교육과 학교 환경교육 활성화를 통해 지속 가능한 사회를 구현하고자 충북환경교육 한마당을 개최하게 되었습니다.

◐ 참가안내 ◐

1. 참가일시 : 2023. 06. 30.(금) 10:00 ~ 16:00
2. 참가장소 : 충북대학교 개신문화관 로비
3. 참가대상 : 유치원, 초중고생, 일반인
4. 참가접수 : **충북환경네트워크 홈페이지(http://www.ihd.or.kr)**

※ 기타사항
- 프로그램 : 청소년환경활동 발표대회, 환경교육 사례발표(충북, 전국사례), 충북환경교육 오픈 컨퍼런스(환경교육 희망을 그리다), 기후변화 대응을 위한 전문가와의 특별한 만남
- 체험행사 : 나무야나무야, 수력발전소, 자전거 발전기, 태양광 자동차, 꽃 브로치 만들기

2023. 06. 24.

충북환경교육한마당준비위원회

1. 펫티켓이란?

펫티켓(Pettiquette)은 'pet'과 'etiquette'의 합성어로, 반려인과 비반려인이 서로 지켜야 할 일종의 예의 및 예절을 뜻한다. 펫티켓의 가장 기본이 되는 것은 복종 훈련이다. 반려동물이 사람을 물거나 위협적인 상황이 발생할 때 반려동물을 컨트롤할 수 있어야하기 때문이다. 복종(服從) 훈련이라는 말에서 반려동물을 강압적으로 통제(統制)한다고 생각 할 수도 있으나, 복종 훈련은 반려동물이 보호자를 보호자로 명확하게 인식하고 스스로 따르도록 하는 예절 교육에 가깝다. 복종 훈련을 마친 후에도 안전장치는 꼭 필요하다. 자신의 반려동물이 아무리 얌전하더라도 처음 보는 사람이 그런 사실을 알 수는 없고, 반려동물을 무서워하는 사람과도 마주칠 수도 있기 때문에 안전장치는 꼭 필요한 사항이다. 예를 들어 많은 훈련사가 꼭 맹견(猛犬)이 아니더라도 일정 크기 이상의 개는 입마개를 착용하는 것을 권장하는 이유가 그런 좋은 사례라고 할 수 있다.

2. 비반려인의 펫티켓

반려인만이 아니라 비반려인①도 지켜야 할 기본적인 펫티켓이 있다. 우선 반려동물의 눈을 응시하지 않아야 한다. 반려동물이 공격의 신호로 받아들일 가능성(可能性)이 높기 때문이다. 자신이 좋아한다고 반려동물에게 갑자기 무작정 다가가서 함부로 만지는 등 반려동물과 그 보호자가 예상할 수 없는 돌발행동을 한다면 자칫 큰 사고로 이어질 수 있다. 반려동물을 자극(刺戟)할 수 있기 때문이다.

---

① 최근 6개월 이내에 동물을 키운 경험이 없는 사람

【문제】 첨부된 문제를 다음의 조건을 적용하여 문서를 작성하시오.

① 문서는 A4(210mm×297mm) 크기, 세로 용지 방향으로 작성한다.

② 페이지 여백은 아래와 같이 설정한다.

왼쪽	오른쪽	위쪽	아래쪽	머리말	꼬리말	제본
20mm	20mm	20mm	20mm	10mm	10mm	0mm

③ 아래와 같이 "자동 글머리 기호 넣기"와 "자동 번호 매기기" 기능을 해제한다.

> 도구 → 빠른 교정 → 빠른 교정 내용 → 입력 자동 서식 ⇒ 자동 글머리 기호 넣기(해제)
> 자동 번호 매기기(해제)

※ 만약 입력 자동 서식 메뉴가 없는 경우에는 "자동 글머리 기호 넣기"와 "자동 번호 매기기" 기능이 설정되어 있지 않은 것이므로 별도의 기능 해제 없이 그대로 시험에 응시하시면 됩니다.

④ 글자는 별도의 지시사항이 없는 한 **바탕, 10pt, 양쪽정렬, 줄간격 160%**로 작성한다.

⑤ 영문, 숫자 등은 별도의 지시가 없는 한 반각(1byte) 문자를 사용한다.

⑥ 특수문자는 문자표(전각 기호)를 이용하여 작성한다.

⑦ 교정부호 및 화살표로 기재된 지시사항대로 처리하되, ⌐ ¬→ 은 지시사항이므로 작성하지 않는다.

⑧ 1페이지에 [문제1]을 작성하고, 구역을 나누어 2페이지에 [문제2]를 작성한다.

※ 해당 페이지에 작성하지 않거나 의도적으로 텍스트 작성을 하지 않은 경우 0점 처리

⑨ [문제2]는 문제지와 같이 2단으로 다단을 나누어 작성한다.

⑩ '그림 삽입' 시에는 반드시 "KAIT 수검 프로그램"을 통해 다운로드 한 그림 파일을 사용한다.

⑪ 총점 : 200점

[공통사항1(기본설정, 용지설정)] : 8점, [공통사항2(오탈자)] : 40점
[문제1] : 46점, [문제2] : 106점

⑫ 기타 특별히 지시되어 있지 않은 사항은 문제지에 준하여 작성한다.

1. 디지털 윤리란?

디지털을 활용할 때 자신의 감정을 조절하고 타인을 존중하며 상대방을 배려하는 긍정적인 사회관계를 형성할 수 있는 기본 소양을 의미한다. 기술의 사용에 개발과 관련된 윤리적 문제를 다루는 학문으로 디지털을 윤리적으로 사용하기 위한 원칙들을 제시한다. 원칙(原則) 중 첫 번째는 존중이다. 이는 다양성과 개인의 권리를 포용하고 인간적(人間的) 가치를 존중하는 것을 의미한다.

2. 디지털 윤리 교육의 필요성

첫째, 디지털 윤리를 지킴으로써 우리는 개인 프라이버시를 보호하고 알고리즘 및 인공지능 사용의 공정성을 촉진하며 디지털 상호 작용에 대한 신뢰를 높일 수 있다. 둘째, 알고리즘과 인공지능이 점점 더 우리의 디지털 경험을 형성함에 따라 공정성과 알고리즘 편향(偏向)에 대한 우려가 대두되고 있다. 셋째, 디지털 격차를 해서하고 디지털 포용을 촉진할 필요가 있다. 넷째, 사이버 보안 위협이 만연한 시대에 디지털 윤리 교육은 사이버 보안 조치의 중요성(重要性)으로 강조되고 있다. 다섯째, 인공지능, 블록체인(Blockchain)ⓐ 및 가상현실과 같은 신흥 기술의 급속한 발전(發展)은 또 다른 윤리적 문제를 제기하고 있다. 빠르게 진화하는 디지털 환경의 벼랑에 서 있는 지금, 디지털 윤리의 중요성은 그 어느 때보다 강조되고 있다. 디지털 윤리 교육을 통해 책임 있는 행동을 위해 안내를 제시하고 사이버 보안을 보장함으로써 개인의 권리를 보호하며 사회 정의를 촉진하고 신뢰를 구축하는 디지털 사회를 형성할 수 있게 될 것이다.

ⓐ 가상 화폐로 거래할 때 해킹을 막기 위한 기술

- 을 -

제 12 회 디지털정보활용능력 출제예상 모의고사

☑ 시험과목 : 워드프로세서(한글)
☑ 시험일자 : 20XX. XX. XX. (X)
☑ 응시자 기재사항 및 감독위원 확인

한컴오피스 한글 2022 버전용

수검번호	DIW - XXXX -	감독위원 확인
성 명		

·응시자 유의사항·

1. 응시자는 신분증을 지참하여야 시험에 응시할 수 있으며, 시험이 종료될 때까지 신분증을 제시하지 못 할 경우 해당 시험은 0점 처리됩니다.

2. 시스템(PC작동여부, 네트워크 상태 등)의 이상여부를 반드시 확인하여야 하며, 시스템 이상이 있을시 감독위원에게 조치를 받으셔야 합니다.

3. 시험 중 부주의 또는 고의로 시스템을 파손한 경우는 응시자 부담으로 합니다.

4. 답안 전송 프로그램을 통해 파일을 다운로드하여 답안 파일을 작성하시기 바랍니다.

5. 작성한 답안 파일은 답안 전송 프로그램을 통하여 전송됩니다. 감독위원의 지시에 따라 주시기 바랍니다.

6. 다음 사항의 경우 실격(0점) 혹은 부정행위 처리됩니다.
   1) 답안 파일을 저장하지 않았거나, 저장한 파일이 손상되었을 경우
   2) 답안 파일을 지정된 폴더(바탕화면 – "KAIT" 폴더)에 저장하지 않았을 경우
      ※ 답안 전송 프로그램 로그인 시 바탕화면에 자동 생성됨
   3) 답안 파일을 다른 보조 기억장치(USB) 혹은 네트워크(메신저, 게시판 등)로 전송할 경우
   4) 휴대용 전화기 등 통신기기를 사용할 경우

7. **시험지에 제시된 글꼴이 응시 프로그램에 없는 경우, 반드시 감독위원에게 해당 내용을 통보한 뒤 조치를 받아야 합니다.**

8. 시험의 완료는 작성이 완료된 답안을 저장하고, 답안 전송이 완료된 상태를 확인한 것으로 합니다. 답안 전송 확인 후 문제지는 감독위원에게 제출한 후 퇴실하여야 합니다.

9. 답안 전송이 완료된 경우에는 수정 또는 정정이 불가능합니다.

10. 시험 시행 후 결과는 홈페이지(www.ihd.or.kr)에서 확인하시기 바랍니다.
    ※ 합격자 발표 : 20XX. XX. XX. (X)
    ※ 시험지 공개 : 20XX. XX. XX. (X)

출제유형 07 - 그림 삽입과 쪽 테두리 설정

- ☑ 그림 삽입하기
- ☑ 쪽 테두리 설정하기

문제 미리보기

소스 파일 : 유형07_문제.hwpx   정답 파일 : 유형07_정답.hwpx   【문제 2(106점)】

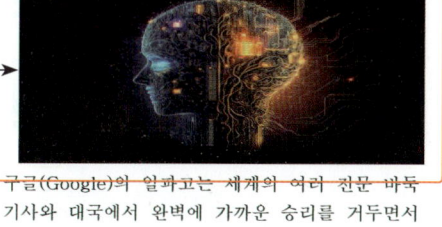

천연비누

1. 웰빙비누

대기오염과 스트레스 지수가 높아지면서 유해 환경으로부터 피부를 보호하려는 다양한 방법들이 시도되고 있다. 특히 피부 트러블(Trouble)로 고민이 많다면 돈을 들여가며 관리를 받는다. 피부는 전문 클리닉의 관리도 중요하지만 생활 속에서 꾸준하게 관리하는 것이 더 중요하다. 천연비누 만들기가 웰빙의 중요한 테마가 떠오르는 이유도 바로 여기에 있다. 자신의 피부 특성을 파악(把握)하고 피부 기능을 최적화할 수 있는 천연비누를 만들어 쓰면 맑고 깨끗한 피부(皮膚)는 물론, 건강(健康)하고 활력 넘치는 생활을 할 수 있다. 비누는 완성된 한 달쯤 실온에서 숙성(熟成)시켜 사용하게 되며 보다 나은 비누를 만들려면 3~4개월까지도 숙성시킨다.

2. 식물성비누

나무 추출성분은 식물성㉯이고 피부에 해가 적어 화장품에 많이 쓰이고 있다. 소나무 추출물 혹은 솔잎 추출물은 구하기도 쉽고 사람들에게 거부감도 없어 두루두루 쓰이는데, 특히 자외선에 의한 색소침착과 피부세포 손상을 예방하는 효과가 큰 것으로 알려져 있다. 또한, 풍부한 수렴효과로 피부에 청량감을 주고, 항균효과, 기미 및 잡티생성 억제, 맑고 투명(透明)한 피부를 유지해주는 효과가 있다. 바오밥나무 추출물은 보습효과가 뛰어나 보습제에 주로 쓰이며, 이 열매는 유지 성분도 풍부하다. 바오밥나무는 40%가 넘는 수분함량 때문에 목재로서의 가치는 낮지만, 약용으로는 효과가 뛰어난 것으로 알려져 있다.

㉯ 식물에서만 볼 수 있는 고유한 성질

아로마오일 사용현황(단위 : 톤)

아로마오일	사용량	만족 점수
싸이프러스	45	75
카모마일	50	81
유칼립튜스	40	77
자스민	60	87
합계	195	320

아로마오일 사용현황

01 그림 삽입하기

① 2페이지의 첫 번째 문단 내용의 글자 앞을 클릭한 후 [입력] 탭에서 '그림( )'(또는 Ctrl + N, I)을 클릭합니다.

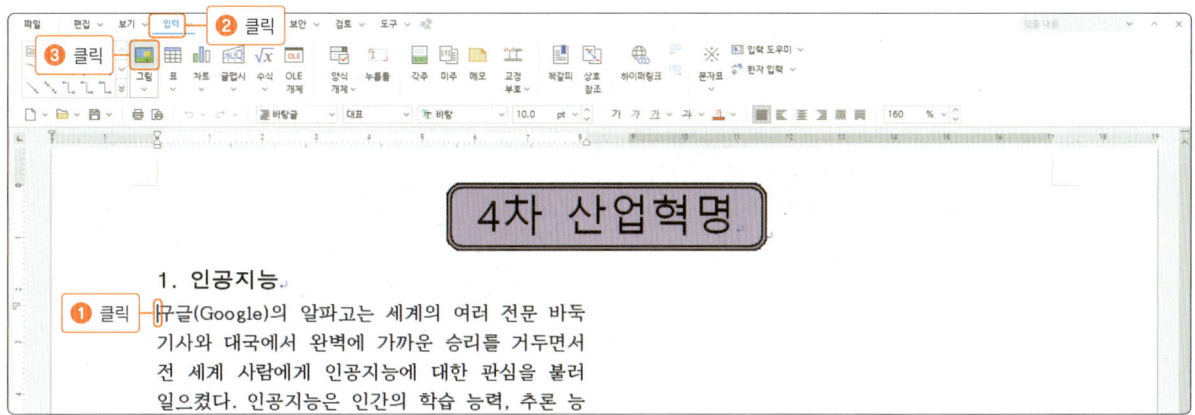

② [그림 넣기] 대화상자가 나오면 [출제유형 완전정복]-[출제유형 07] 폴더에서 '그림A'를 선택합니다. 이어서, '문서에 포함'을 클릭하여 체크한 후 〈열기〉 단추를 클릭합니다.

※ 나머지 기능이 체크되어 있다면 클릭하여 체크를 해제합니다.

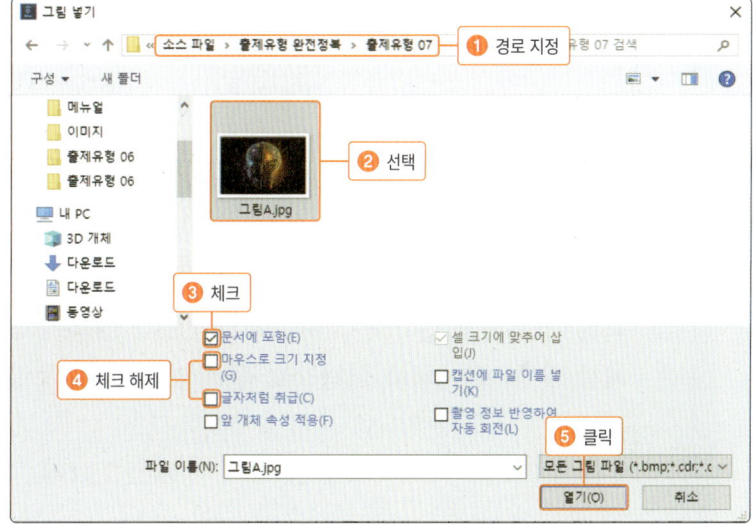

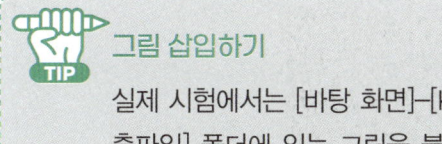 그림 삽입하기
실제 시험에서는 [바탕 화면]-[KAIT]-[제출파일] 폴더에 있는 그림을 불러와 입력합니다.

③ 삽입된 그림을 더블 클릭합니다.

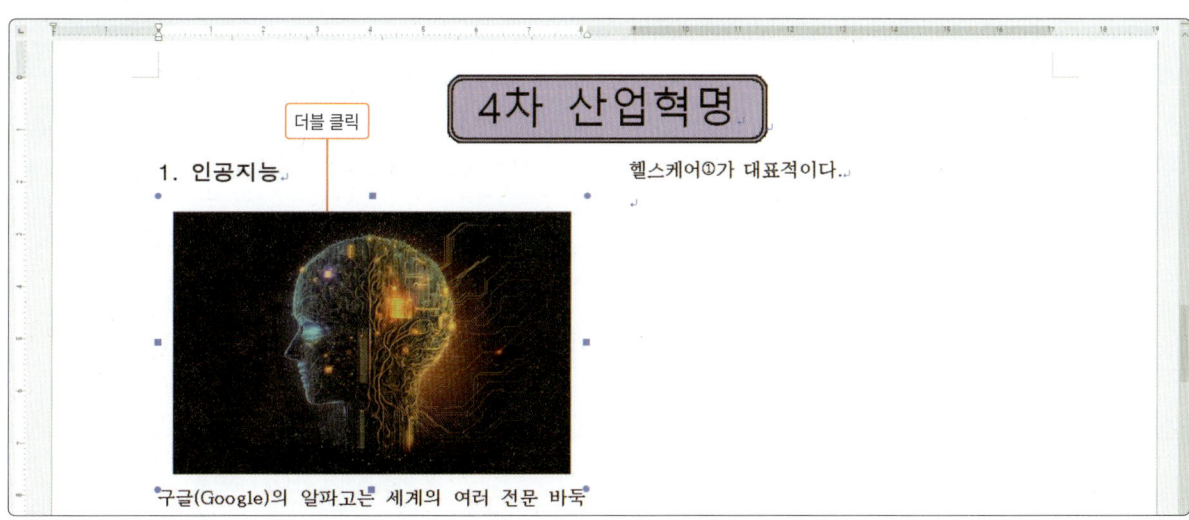

천연화장품 만들기

피부가 민감한 사람에게 겨울은 괴로운 계절입니다. **춥고 *건조한 날씨는 피부에 악영향*** 을 미치며, 공기를 더욱 건조하게 만드는 난방기는 피부 수분을 더욱 메마르게 하기 때문입니다. 이에 우리는 흔히 피부의 보습력을 강화해주기 위해 보습 크림을 바르지만, 상대적으로 식물성 오일이 오히려 피부에 더욱 좋은 것으로 알려져 있습니다. 한국천연비누협회에서는 건조한 겨울을 건강하게 보낼 수 있도록 식물성 오일을 이용한 나만의 천연화장품 만들기 행사를 실시하고자 합니다.

◆ 행사안내 ◆

1. 프로그램 : 식물성 오일로 천연화장품 만들기
2. 운영일정 : 2023년 9월 9일(토) ~ 10일(일)
3. 참 가 비 : 일반 5,000원 / 학생 3,000원
4. 참가신청 : *<u>한국천연비누협회 홈페이지(http://www.ihd.or.kr)</u>* 를 통한 사전 접수

※ 기타사항

- 원활한 행사를 위해 날짜별로 선착순 60명만 신청이 가능하며, 접수는 참가비 입금 순으로 처리됩니다.(참가비가 입금되지 않으면 자동으로 접수가 취소됩니다.)
- 체험 첫 날에는 행사 기념으로 천연비누 1개를 증정합니다.

2023. 08. 26.

한국천연비누협회

④ [개체 속성] 대화상자가 나오면 [기본] 탭에서 '크기'의 '너비(85mm)', '높이(40mm)'를 입력한 후 '크기 고정'과 '본문과의 배치'–'어울림( )'를 클릭합니다. 이어서, '가로(쪽)–왼쪽(0mm)'과 '세로(쪽)–위(22mm)'를 지정한 후 〈설정〉 단추를 클릭합니다.

⑤ 그림의 크기 및 위치가 변경된 것을 확인한 후 Esc 키를 누릅니다.

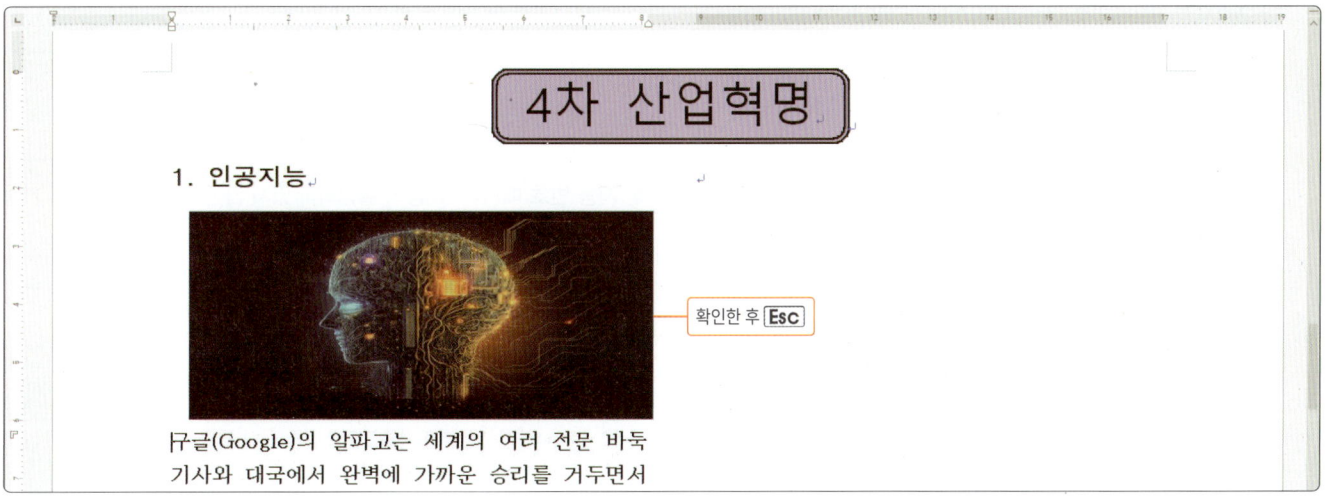

02 쪽 테두리 설정하기

① [쪽] 탭에서 '쪽 테두리/배경( )'을 클릭합니다.

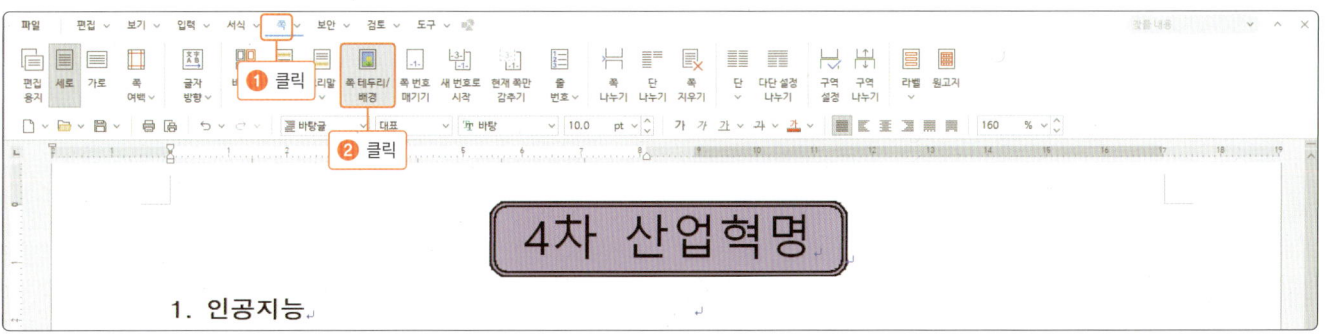

디지털정보활용능력 한글 [시험시간 : 40분]

【문제】 첨부된 문제를 다음의 조건을 적용하여 문서를 작성하시오.

① 문서는 A4(210mm×297mm) 크기, 세로 용지 방향으로 작성한다.

② 페이지 여백은 아래와 같이 설정한다.

왼쪽	오른쪽	위쪽	아래쪽	머리말	꼬리말	제본
20mm	20mm	20mm	20mm	10mm	10mm	0mm

③ 아래와 같이 "자동 글머리 기호 넣기"와 "자동 번호 매기기" 기능을 해제한다.

> 도구 → 빠른 교정 → 빠른 교정 내용 → 입력 자동 서식 ⇒ 자동 글머리 기호 넣기(해제)
> 자동 번호 매기기(해제)

※ 만약 입력 자동 서식 메뉴가 없는 경우에는 "자동 글머리 기호 넣기"와 "자동 번호 매기기" 기능이 설정되어 있지 않은 것이므로 별도의 기능 해제 없이 그대로 시험에 응시하시면 됩니다.

④ 글자는 별도의 지시사항이 없는 한 **바탕, 10pt, 양쪽정렬, 줄간격 160%**로 작성한다.

⑤ 영문, 숫자 등은 별도의 지시가 없는 한 반각(1byte) 문자를 사용한다.

⑥ 특수문자는 문자표(전각 기호)를 이용하여 작성한다.

⑦ 교정부호 및 화살표로 기재된 지시사항대로 처리하되, ┈┈┈┈► 은 지시사항이므로 작성하지 않는다.

⑧ 1페이지에 [문제1]을 작성하고, 구역을 나누어 2페이지에 [문제2]를 작성한다.

※ 해당 페이지에 작성하지 않거나 의도적으로 텍스트 작성을 하지 않은 경우 0점 처리

⑨ [문제2]는 문제지와 같이 2단으로 다단을 나누어 작성한다.

⑩ '그림 삽입' 시에는 반드시 "KAIT 수검 프로그램"을 통해 다운로드 한 그림 파일을 사용한다.

⑪ 총점 : 200점

[공통사항1(기본설정, 용지설정)] : 8점, [공통사항2(오탈자)] : 40점
[문제1] : 46점, [문제2] : 106점

⑫ 기타 특별히 지시되어 있지 않은 사항은 문제지에 준하여 작성한다.

❷ [쪽 테두리/배경] 대화상자가 나오면 '테두리(이중 실선), 모두(▣), 위치(머리말 포함), 적용 범위(현재 구역)'를 지정한 후 〈설정〉 단추를 클릭합니다.

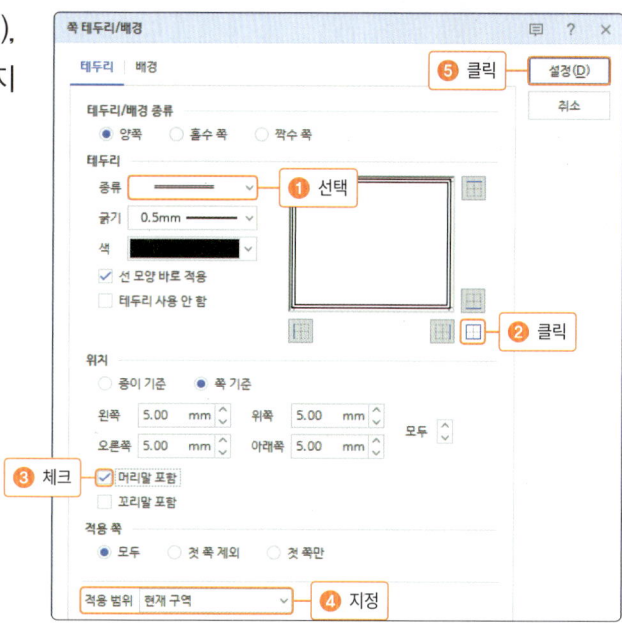

❸ 쪽 테두리가 머리말을 포함하여 설정된 것을 확인합니다.

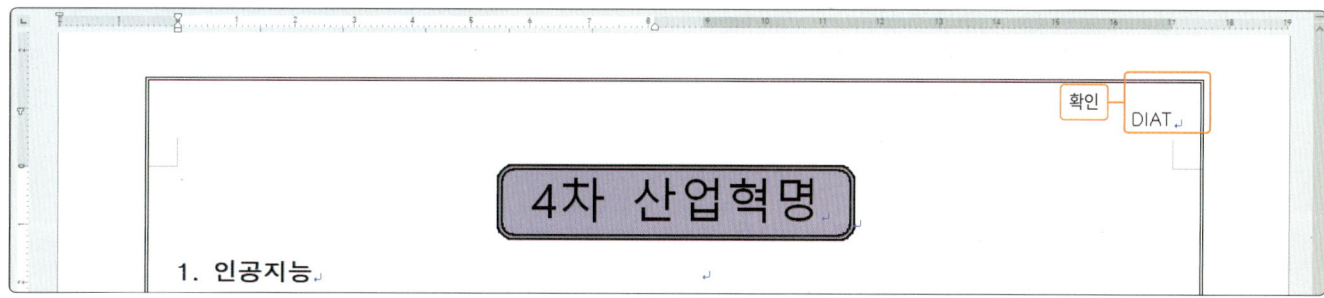

❹ [파일] 탭에서 [저장하기](또는 Alt + S) 또는 [서식] 도구 상자에서 '저장하기(💾)'를 클릭하여 답안 파일을 저장합니다.

※ 실제 시험을 볼 때 작업 도중에 수시로(10분에 한 번 정도) 저장을 하는 것이 좋습니다.

제 11 회 디지털정보활용능력 출제예상 모의고사

☑ 시험과목 : 워드프로세서(한글)
☑ 시험일자 : 20XX. XX. XX. (X)
☑ 응시자 기재사항 및 감독위원 확인

한컴오피스 한글 2022 버전용

수검번호	DIW - XXXX -	감독위원 확인
성 명		

·응시자 유의사항·

1. 응시자는 신분증을 지참하여야 시험에 응시할 수 있으며, 시험이 종료될 때까지 신분증을 제시하지 못 할 경우 해당 시험은 0점 처리됩니다.
2. 시스템(PC작동여부, 네트워크 상태 등)의 이상여부를 반드시 확인하여야 하며, 시스템 이상이 있을시 감독위원에게 조치를 받으셔야 합니다.
3. 시험 중 부주의 또는 고의로 시스템을 파손한 경우는 응시자 부담으로 합니다.
4. 답안 전송 프로그램을 통해 파일을 다운로드하여 답안 파일을 작성하시기 바랍니다.
5. 작성한 답안 파일은 답안 전송 프로그램을 통하여 전송됩니다. 감독위원의 지시에 따라 주시기 바랍니다.
6. 다음 사항의 경우 실격(0점) 혹은 부정행위 처리됩니다.
    1) 답안 파일을 저장하지 않았거나, 저장한 파일이 손상되었을 경우
    2) 답안 파일을 지정된 폴더(바탕화면 – "KAIT" 폴더)에 저장하지 않았을 경우
        ※ 답안 전송 프로그램 로그인 시 바탕화면에 자동 생성됨
    3) 답안 파일을 다른 보조 기억장치(USB) 혹은 네트워크(메신저, 게시판 등)로 전송할 경우
    4) 휴대용 전화기 등 통신기기를 사용할 경우
7. **시험지에 제시된 글꼴이 응시 프로그램에 없는 경우, 반드시 감독위원에게 해당 내용을 통보한 뒤 조치를 받아야 합니다.**
8. 시험의 완료는 작성이 완료된 답안을 저장하고, 답안 전송이 완료된 상태를 확인한 것으로 합니다. 답안 전송 확인 후 문제지는 감독위원에게 제출한 후 퇴실하여야 합니다.
9. 답안 전송이 완료된 경우에는 수정 또는 정정이 불가능합니다.
10. 시험 시행 후 결과는 홈페이지(www.ihd.or.kr)에서 확인하시기 바랍니다.
    ※ 합격자 발표 : 20XX. XX. XX. (X)
    ※ 시험지 공개 : 20XX. XX. XX. (X)

그림 삽입과 쪽 테두리 설정

01 다음 지시사항을 참고하여 그림 삽입과 쪽 테두리를 설정해 보세요.　　【문제 2(106점)】

· 소스 파일 : 정복07_문제01.hwpx　　· 정답 파일 : 정복07_정답01.hwpx

그림A 삽입(바탕화면-KAIT-제출파일폴더)
너비(85mm), 높이(40mm)
위치 : 어울림(가로-쪽의 왼쪽:0.0mm,
　　　　세로-쪽의 위:22mm)

쪽 테두리 : 이중 실선, 머리말 포함

DIAT

1. 우리나라의 1인 가구

2023년도 기준(standard) 통계청에 따르면 싱글족, 미혼자, 독거노인 등의 1인 세대의 비중이 약 45%를 넘어섰다고 합니다. 2000년대 이후부터

---

02 다음 지시사항을 참고하여 그림 삽입과 쪽 테두리를 설정해 보세요.　　【문제 2(106점)】

· 소스 파일 : 정복07_문제02.hwpx　　· 정답 파일 : 정복07_정답02.hwpx

그림A 삽입(바탕화면-KAIT-제출파일폴더)
너비(85mm), 높이(40mm)
위치 : 어울림(가로-쪽의 왼쪽:0.0mm,
　　　　세로-쪽의 위:22mm)

쪽 테두리 : 이중 실선, 머리말 포함

DIAT

1. 여행의 역사

여행(旅行)이란 휴식을 위해 일상에서 벗어나 다른 지역이나 타국으로 떠나는 것을 뜻합니다. 크게 국내여행과 해외여행으로 구분이 되는데 2020

신종플루

1. 신종플루 정의

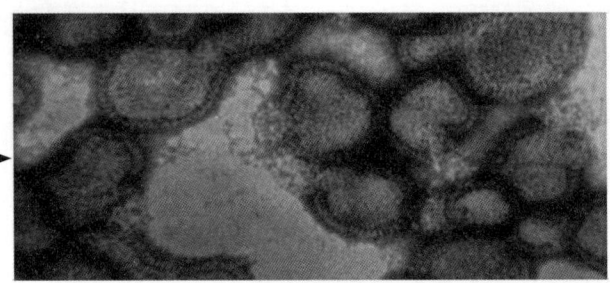

신종플루는 A형 인플루엔자 바이러스에 감염된 돼지에서 발생하여 생긴 신종 인플루엔자 바이러스에 의해 감염(感染)되는 호흡기 질환이다. 초기에 '돼지독감'으로 불린 이 바이러스성 질환(疾患)은 멕시코에서 등장하여 미국으로 퍼진 후 전 세계로 확산이 되었다. 신종플루는 계절 인플루엔자와 증상은 유사하여 발열, 기침, 인후통, 콧물, 두통, 오한, 피로, 오심, 구토가 나타날 수 있다. 일반적 계절 인플루엔자처럼 감염된 사람의 재채기나 기침에서 발생(發生)하는 비말이 호흡기로 들어오면서 감염(Infection)이 가능하고, 바이러스가 묻어있는 표면과 물체의 접촉한 손으로 코와 입을 만졌을 때에도 감염이 될 수 있다.

2. 신종플루 증상

신종플루는 계절 인플루엔자와 유사한 증상을 보이며 전형적인 증상은 갑작스런 고열(38도), 근육통, 두통, 오한 등의 전신증상과 마른기침, 인후통, 콧물 등의 호흡기 증상이 나타난다. 일부 신종플루 감염자에게는 구토나 설사 등의 증상도 나타날 수 있다. 대개 이러한 증상(症狀)은 갑자기 나타나는 것이 인플루엔자ⓐ 증상의 특징이며, 신종플루는 이러한 전신증상이 호흡기(呼吸器) 증상보다 더 우월하다는 것이 일반 감기와 차이점이 있다. 어린이의 경우 10일 이후까지 전염 가능성이 있어 사람들은 자신이 바이러스(Virus)에 감염되었다는 사실을 알기도 전에 이미 다른 사람을 감염시킨다. 신종플루 환자는 마스크를 착용하는 것이 바람직하다.

신종플루 환자들의 증상

증상	남성 비율(%)	여성 비율(%)
고열/기침	78	89
오한	45	37
근육통	41	33
구토/설사	15	27
합계	179	186

ⓐ 인플루엔자 바이러스에 의하여 일어나는 감기

03 다음 지시사항을 참고하여 그림 삽입과 쪽 테두리를 설정해 보세요. 【문제 2(106점)】

- 소스 파일 : 정복07_문제03.hwpx
- 정답 파일 : 정복07_정답03.hwpx

쪽 테두리 : 이중 실선, 머리말 포함

DIAT

그림A 삽입(바탕화면-KAIT-제출파일폴더)
너비(85mm), 높이(38mm)
위치 : 어울림(가로-쪽의 왼쪽:0.0mm,
세로-쪽의 위:22mm)

명화 이야기

1. 명화 '별이 빛나는 밤'

작년 한해 우리나라에서 가장 사랑받던 명화(名畫) 10점을 선정하였습니다. 고전 작품부터 현대에 이르기까지 국내외적으로 가장 유명한 명화

---

04 다음 지시사항을 참고하여 그림 삽입과 쪽 테두리를 설정해 보세요. 【문제 2(106점)】

- 소스 파일 : 정복07_문제04.hwpx
- 정답 파일 : 정복07_정답04.hwpx

쪽 테두리 : 이중 실선, 머리말 포함

DIAT

그림A 삽입(바탕화면-KAIT-제출파일폴더)
너비(85mm), 높이(40mm)
위치 : 어울림(가로-쪽의 왼쪽:0.0mm,
세로-쪽의 위:22mm)

디지털 권리장전

1. 디지털 권리란?

디지털(Digital) 권리는 개인이 디지털 미디어에 액세스, 사용, 생성 및 게시하거나 컴퓨터, 기타 전자 장치 및 통신 네트워크에 액세스하고 사용

올바른손씻기캠페인

모란보건소는 문화예술회관 대강당에서 어린이집 및 유치원 아동 700여명을 대상으로 **올바른 손 씻기에 대한 뮤지컬 아동극**을 공연합니다. 이번 공연은 어린이 눈높이에 맞춘 아동극을 통해 올바른 손 씻기 실천으로 감염병과 식중독을 사전에 예방하고 유아 시기부터 조기에 올바른 생활 습관을 유도하기 위해 마련된 공연입니다. 극단 놀이터의 아동극 '뭉치와 병균 끈적이' 공연과 손 씻기 퀴즈는 1회 50분으로 구성되어 있으며 아동들이 손 씻기에 대한 관심과 흥미를 유도하는 방식으로 진행됩니다.

▶ 행사안내 ◀

1. 행사일시 : 2023. 09. 15(금) ~ 16(토), 2회 공연(10:00, 14:00)
2. 행사장소 : 문화예술회관 대강당
3. 행사접수 : _모란보건소 홈페이지(http://www.ihd.or.kr)_
4. 참가대상 : 어린이집, 유치원 아동

※ 기타사항
- 신청 마감은 2023. 09. 08(금)까지 선착순 마감이며, 행사관련 참가비는 없습니다.
- 이번 캠페인에서는 감염병 예방의 기본인 올바른 손 씻기 방법 6단계를 안내하고 교육 리플릿과 물티슈 등 홍보물을 배포할 예정입니다.

2023. 08. 26.

질병관리본부

05 다음 지시사항을 참고하여 그림 삽입과 쪽 테두리를 설정해 보세요. 【문제 2(106점)】

• 소스 파일 : 정복07_문제05.hwpx   • 정답 파일 : 정복07_정답05.hwpx

쪽 테두리 : 이중 실선, 머리말 포함

DIAT

그림A 삽입(바탕화면-KAIT-제출파일폴더)
너비(85mm), 높이(40mm)
위치 : 어울림(가로-쪽의 왼쪽:0.0mm,
        세로-쪽의 위:22mm)

펫티켓 문화 확산

1. 펫티켓이란?

펫티켓(Pettiquette)은 'pet'과 'etiquette'의 합성어로, 반려인과 비반려인이 서로 지켜야 할 일종의 예의 및 예절을 뜻한다. 펫티켓의 가장 기본이

---

06 다음 지시사항을 참고하여 그림 삽입과 쪽 테두리를 설정해 보세요. 【문제 2(106점)】

• 소스 파일 : 정복07_문제06.hwpx   • 정답 파일 : 정복07_정답06.hwpx

쪽 테두리 : 이중 실선, 머리말 포함

DIAT

그림A 삽입(바탕화면-KAIT-제출파일폴더)
너비(85mm), 높이(38mm)
위치 : 어울림(가로-쪽의 왼쪽:0.0mm,
        세로-쪽의 위:22mm)

디지털 윤리

1. 디지털 윤리란?

디지털을 활용할 때 자신의 감정을 조절하고 타인을 존중하며 상대방을 배려하는 긍정적인 사회 관계를 형성할 수 있는 기본 소양을 의미한다. 기

디지털정보활용능력　한글 [시험시간 : 40분]

【문제】 첨부된 문제를 다음의 조건을 적용하여 문서를 작성하시오.

① 문서는 A4(210mm×297mm) 크기, 세로 용지 방향으로 작성한다.

② 페이지 여백은 아래와 같이 설정한다.

왼쪽	오른쪽	위쪽	아래쪽	머리말	꼬리말	제본
20mm	20mm	20mm	20mm	10mm	10mm	0mm

③ 아래와 같이 "자동 글머리 기호 넣기"와 "자동 번호 매기기" 기능을 해제한다.

> 도구 → 빠른 교정 → 빠른 교정 내용 → 입력 자동 서식 ⇒ 자동 글머리 기호 넣기(해제)
> 자동 번호 매기기(해제)

※ 만약 입력 자동 서식 메뉴가 없는 경우에는 "자동 글머리 기호 넣기"와 "자동 번호 매기기" 기능이 설정되어 있지 않은 것이므로 별도의 기능 해제 없이 그대로 시험에 응시하시면 됩니다.

④ 글자는 별도의 지시사항이 없는 한 **바탕, 10pt, 양쪽정렬, 줄간격 160%**로 작성한다.

⑤ 영문, 숫자 등은 별도의 지시가 없는 한 반각(1byte) 문자를 사용한다.

⑥ 특수문자는 문자표(전각 기호)를 이용하여 작성한다.

⑦ 교정부호 및 화살표로 기재된 지시사항대로 처리하되, ┌┄┄┄┄┄┐→ 은 지시사항이므로 작성하지 않는다.

⑧ 1페이지에 [문제1]을 작성하고, 구역을 나누어 2페이지에 [문제2]를 작성한다.

※ 해당 페이지에 작성하지 않거나 의도적으로 텍스트 작성을 하지 않은 경우 0점 처리

⑨ [문제2]는 문제지와 같이 2단으로 다단을 나누어 작성한다.

⑩ '그림 삽입' 시에는 반드시 "KAIT 수검 프로그램"을 통해 다운로드 한 그림 파일을 사용한다.

⑪ 총점 : 200점

[공통사항1(기본설정, 용지설정)] : 8점, [공통사항2(오탈자)] : 40점
[문제1] : 46점, [문제2] : 106점

⑫ 기타 특별히 지시되어 있지 않은 사항은 문제지에 준하여 작성한다.

MEMO

제 10 회 디지털정보활용능력 출제예상 모의고사

☑ 시험과목 : 워드프로세서(한글)
☑ 시험일자 : 20XX. XX. XX. (X)
☑ 응시자 기재사항 및 감독위원 확인

한컴오피스 한글 2022 버전용

수검번호	DIW - XXXX -	감독위원 확인
성 명		

·응시자 유의사항·

1. 응시자는 신분증을 지참하여야 시험에 응시할 수 있으며, 시험이 종료될 때까지 신분증을 제시하지 못 할 경우 해당 시험은 0점 처리됩니다.

2. 시스템(PC작동여부, 네트워크 상태 등)의 이상여부를 반드시 확인하여야 하며, 시스템 이상이 있을시 감독위원에게 조치를 받으셔야 합니다.

3. 시험 중 부주의 또는 고의로 시스템을 파손한 경우는 응시자 부담으로 합니다.

4. 답안 전송 프로그램을 통해 파일을 다운로드하여 답안 파일을 작성하시기 바랍니다.

5. 작성한 답안 파일은 답안 전송 프로그램을 통하여 전송됩니다. 감독위원의 지시에 따라 주시기 바랍니다.

6. 다음 사항의 경우 실격(0점) 혹은 부정행위 처리됩니다.
   1) 답안 파일을 저장하지 않았거나, 저장한 파일이 손상되었을 경우
   2) 답안 파일을 지정된 폴더(바탕화면 - "KAIT" 폴더)에 저장하지 않았을 경우
      ※ 답안 전송 프로그램 로그인 시 바탕화면에 자동 생성됨
   3) 답안 파일을 다른 보조 기억장치(USB) 혹은 네트워크(메신저, 게시판 등)로 전송할 경우
   4) 휴대용 전화기 등 통신기기를 사용할 경우

7. **시험지에 제시된 글꼴이 응시 프로그램에 없는 경우, 반드시 감독위원에게 해당 내용을 통보한 뒤 조치를 받아야 합니다.**

8. 시험의 완료는 작성이 완료된 답안을 저장하고, 답안 전송이 완료된 상태를 확인한 것으로 합니다. 답안 전송 확인 후 문제지는 감독위원에게 제출한 후 퇴실하여야 합니다.

9. 답안 전송이 완료된 경우에는 수정 또는 정정이 불가능합니다.

10. 시험 시행 후 결과는 홈페이지(www.ihd.or.kr)에서 확인하시기 바랍니다.
    ※ 합격자 발표 : 20XX. XX. XX. (X)
    ※ 시험지 공개 : 20XX. XX. XX. (X)

출제유형 08 표 작성

- ☑ 표 만들기
- ☑ 표 편집하기
- ☑ 블록 계산하기

문제 미리보기

소스 파일 : 유형08_문제.hwpx   정답 파일 : 유형08_정답.hwpx 【문제2(100점)】

4차산업 특허 동향 — 굴림체, 12pt, 진하게, 가운데 정렬

구분	인공지능	지능형로봇
2020	1,150	563
2021	2,367	1,002
2022	3,668	1,595
2023	4,174	2,341
합계	11,359	5,501

위쪽 제목 셀 : 색상(RGB:202,86,167), 진하게
제목 셀 아래선 : 이중 실선(0.5mm)
글자 모양 : 굴림, 10pt, 가운데 정렬
합계는 블록계산식 기능을 이용

자동차 역사와 레이싱

1. 자동차의 역사(歷史)

기원전 3,200년경 바퀴가 발명되면서부터 자동차 역사는 시작 되었다고 볼 수 있다. 그 후 르네상스 시대의 레오나르도 다빈치가 스프링의 힘으로 달리는 3륜 자동차의 도면을 그렸으나 실연되지는 못하였고, 시몬 스테핀이 풍력(風力)으로 움직이는 자동차를 고안하였다. 본래 의미의 자동차가 나타나기 시작한 것은 17세기 중반에 증기기관(Steam Engine)이 실용화된 후이며, 특히 1770년 프랑스의 퀴뇨가 제작한 증기자동차는 역사상 처음으로 기계의 힘에 의해 주행한 차로서 유명하다. 1800년대로 들어서면서 자동차의 기술 진보가 이뤄지기 시작하여 1886년에는 칼 벤츠가 자전거 타입 3륜 휘발유 자동차를 1894년에는 독일 루돌프 디젤이 디젤엔진①을 발명(發明)하게 된다.

2. 자동차 레이싱(Racing)

세계 최초의 자동차 경주(競走)는 1887년 파리-베르사유 사이의 30km 구간에서 행해진 것이 시작이다. 미국에서 열린 최초의 자동차 경주는 1895년 자동차 6대가 참가한 시카고 레이스라고 할 수 있다. 자동차 경주는 국제경기로 초기부터 발달되었기 때문에 언어, 풍습(風習)이 각기 다른 나라에서 레이스를 치르기 위해서는 형평에 어긋나지 않는 공통적인 규정의 적용이 필요하게 되었다. 국제적인 포뮬러원 자동차 경주 중 하나인 그랑프리 챔피언은 국제자동차연맹에서 규정을 정하여 매년 경주를 개최하고 있다.

자동차 선호도 조사

지역	여자	남자
소형	25.3	22.7
준중형	21.4	19.9
중형	20.4	25.1
SUV	17.9	28.3
평균	21.25	24.00

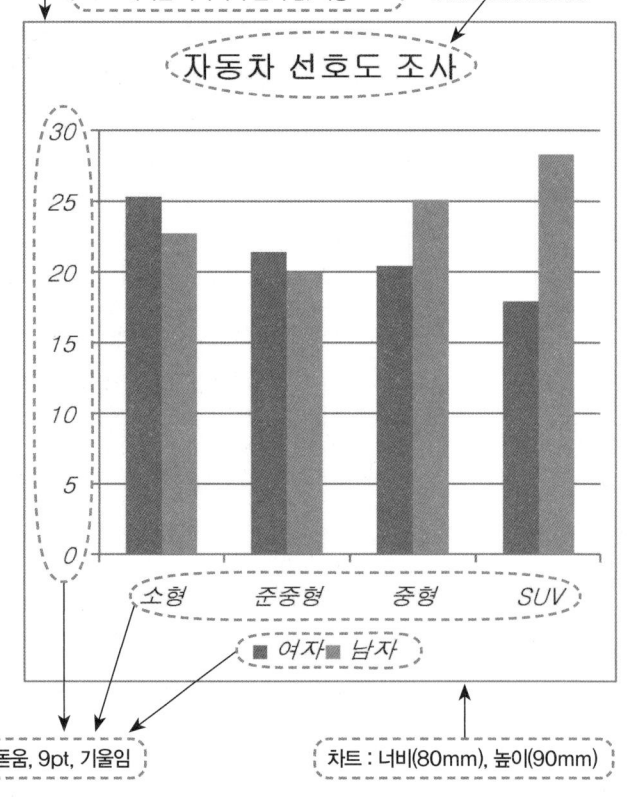

① 경유 또는 중유를 연료로 압축, 점화에 따라 작동하는 왕복운동형 내연기관

01 표 만들기

① 2페이지 마지막 줄의 '**대표적이다.**' 글자 뒤를 클릭한 후 Enter 키를 누릅니다.

※ 문제지([문제 2])를 보면서 문서를 작성한 후 Enter 키를 눌러 오른쪽 단으로 이동하여 표를 작성합니다.

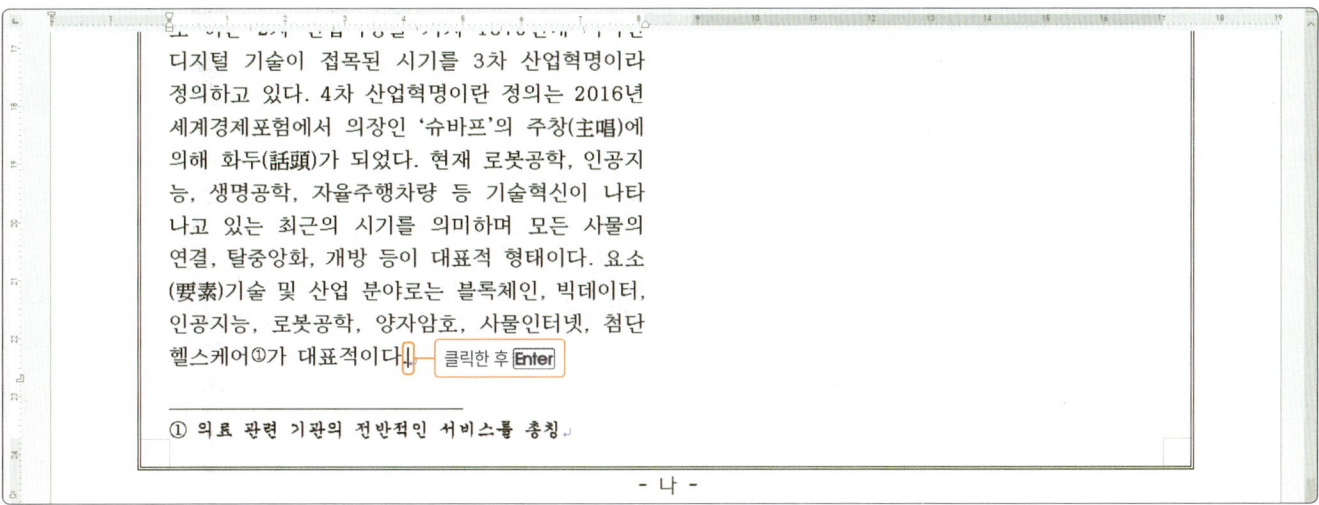

② 오른쪽 단의 첫 번째 줄로 마우스 포인터가 이동하면 [문제 2]를 보고 다음과 같이 표 제목을 입력한 후 Enter 키를 누릅니다.

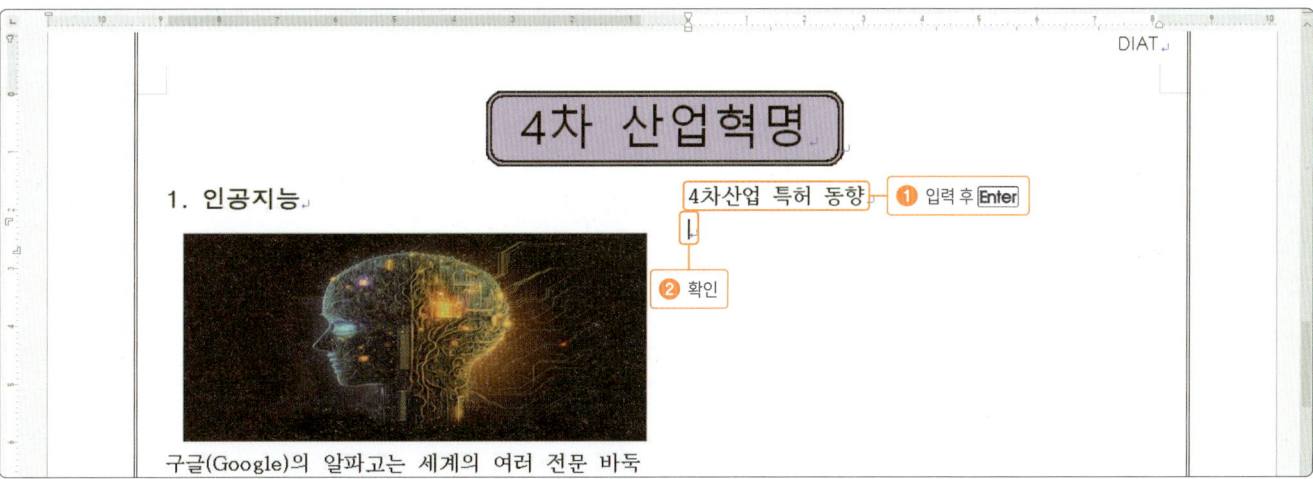

③ 표를 작성하기 위해 [입력] 탭에서 '표(⊞)'(또는 Ctrl + N, T)를 클릭합니다.

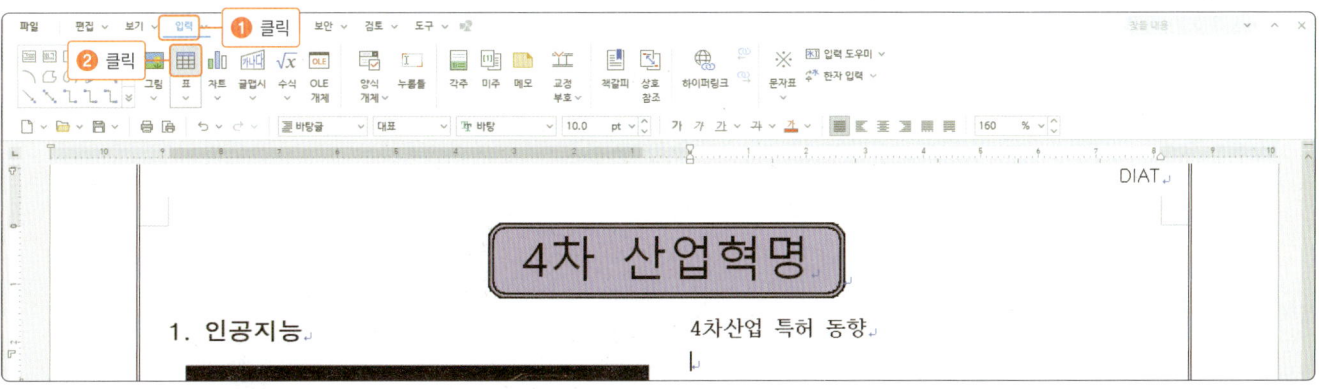

부산국제모터쇼

부산국제모터쇼는 *"자연을 품다. 인간을 담다."*를 주제로 전 세계 유명 브랜드들과 국내 유수의 브랜드가 함께 참가하는 세계적인 자동차 전시회입니다. 전시 외에도 자동차와 관련된 다양한 세미나 및 이벤트가 이루어져 국내는 물론 해외 관람객까지 방문하는 대규모 모터쇼입니다. 본 행사는 미래 자동차의 흐름과 방향을 제시하고, 비교 전시를 통해 기술개발을 촉진함으로써 바이어 유치를 통한 자동차 수출을 확대하고, 올바른 자동차 문화 정착 유도를 목표로 하고 있습니다.

◻ 행사안내 ◻

1. 행사일정 : 2023. 09. 27(수) ~ 09. 30(토), 09:00 ~ 17:00
2. 행사장소 : 부산 킨텍스
3. 입 장 료 : 일반인(10,000원), 대학생(8,000원), 초, 중, 고등학생(7,000원)
4. 전시품목 : <u>*승용차, 모터사이클, 튜닝카, 타이어, 자전거, 부품 및 용품 등*</u>

※ 기타사항

- 부대행사 : 친환경 자동차 시승행사, 국제 기술 세미나, 대학생 자작자동차 대회 입상차량 전시, 포토콘테스트, 카 디자인 공모전 시상식 및 전시, 각국 자동차 사진전, 경품 추첨 행사 등
- 자세한 사항은 홈페이지(http://www.ihd.or.kr)의 공지사항을 참조하시기 바랍니다.

2023. 08. 26.

부산모터쇼조직위원회

④ [표 만들기] 대화상자가 나오면 '**줄 개수(6), 칸 개수(3)**'를 입력합니다. 이어서, '**글자처럼 취급**'이 체크된 것을 확인한 후 〈만들기〉 단추를 클릭합니다.

※ 줄 개수(6)와 칸 개수(3)는 [문제 2]의 표를 참고하여 입력합니다.

⑤ 표가 작성되면 표 제목인 '**4차산업 특허 동향**'을 드래그하여 블록으로 지정한 후 [서식] 도구 상자에서 '**글꼴(굴림체), 글자 크기(12pt), 진하게(가), 가운데 정렬(≡)**'을 지정합니다.

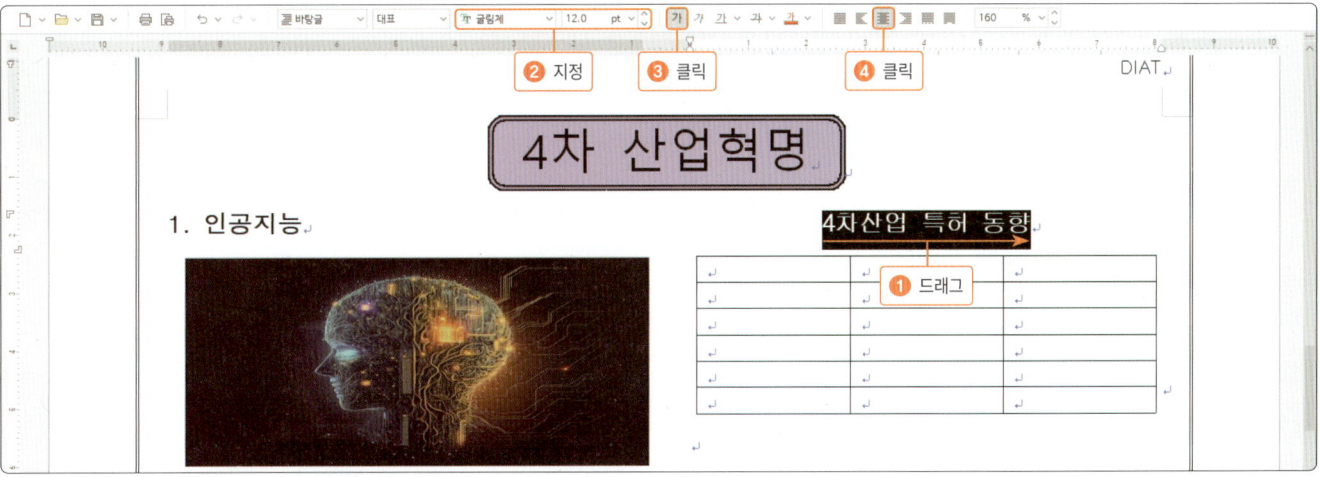

⑥ 이어서, [문제 2]를 보면서 다음과 같이 표 안에 내용을 입력합니다.

※ '인공지능 합계'와 '지능형로봇 합계'는 블록 계산식으로 구해야 하므로 입력하지 않습니다.

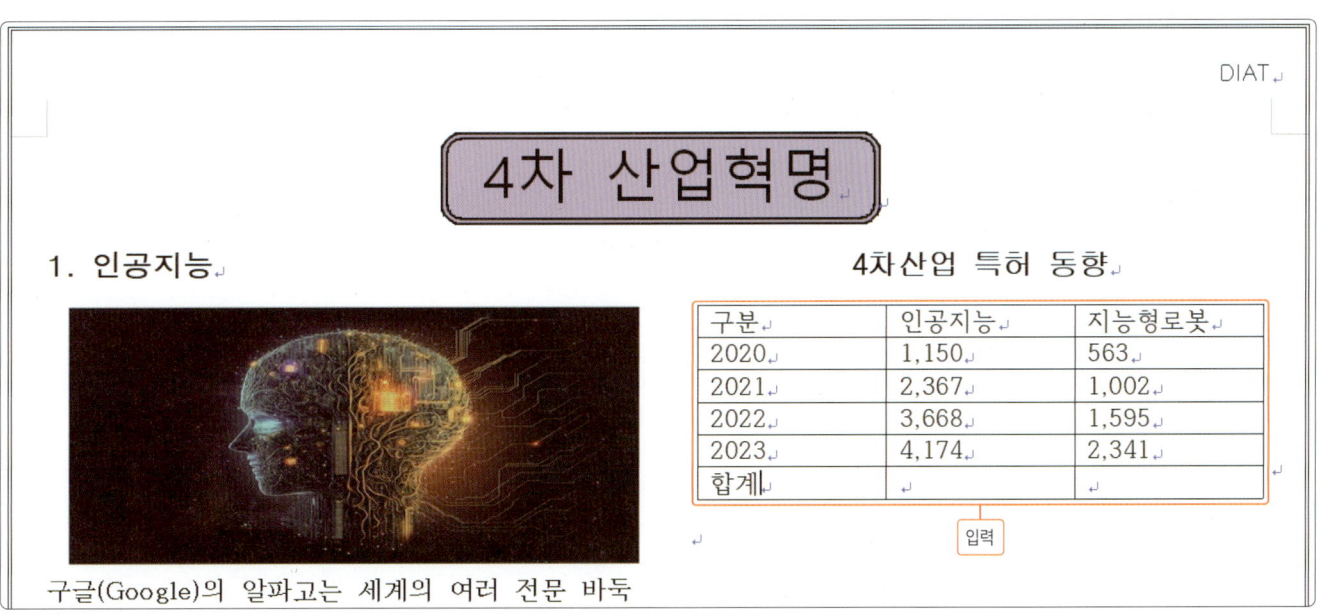

디지털정보활용능력 　**한글 [시험시간 : 40분]**

【문제】 첨부된 문제를 다음의 조건을 적용하여 문서를 작성하시오.

① 문서는 A4(210mm×297mm) 크기, 세로 용지 방향으로 작성한다.

② 페이지 여백은 아래와 같이 설정한다.

왼쪽	오른쪽	위쪽	아래쪽	머리말	꼬리말	제본
20mm	20mm	20mm	20mm	10mm	10mm	0mm

③ 아래와 같이 "자동 글머리 기호 넣기"와 "자동 번호 매기기" 기능을 해제한다.

> 도구 → 빠른 교정 → 빠른 교정 내용 → 입력 자동 서식 ⇒ 자동 글머리 기호 넣기(해제)
> 　　　　　　　　　　　　　　　　　　　　　　　　　　자동 번호 매기기(해제)

※ 만약 입력 자동 서식 메뉴가 없는 경우에는 "자동 글머리 기호 넣기"와 "자동 번호 매기기" 기능이 설정되어 있지 않은 것이므로 별도의 기능 해제 없이 그대로 시험에 응시하시면 됩니다.

④ 글자는 별도의 지시사항이 없는 한 **바탕, 10pt, 양쪽정렬, 줄간격 160%**로 작성한다.

⑤ 영문, 숫자 등은 별도의 지시가 없는 한 반각(1byte) 문자를 사용한다.

⑥ 특수문자는 문자표(전각 기호)를 이용하여 작성한다.

⑦ 교정부호 및 화살표로 기재된 지시사항대로 처리하되, ⟨⋯⋯⟩→ 은 지시사항이므로 작성하지 않는다.

⑧ 1페이지에 [문제1]을 작성하고, 구역을 나누어 2페이지에 [문제2]를 작성한다.

※ 해당 페이지에 작성하지 않거나 의도적으로 텍스트 작성을 하지 않은 경우 0점 처리

⑨ [문제2]는 문제지와 같이 2단으로 다단을 나누어 작성한다.

⑩ '그림 삽입' 시에는 반드시 "KAIT 수검 프로그램"을 통해 다운로드 한 그림 파일을 사용한다.

⑪ 총점 : 200점

[공통사항1(기본설정, 용지설정)] : 8점, [공통사항2(오탈자)] : 40점
[문제1] : 46점, [문제2] : 106점

⑫ 기타 특별히 지시되어 있지 않은 사항은 문제지에 준하여 작성한다.

02 표 편집하기

① 표 전체를 드래그하여 블록으로 지정한 후 [서식] 도구 상자에서 '글꼴(굴림), 글자 크기(10pt), 가운데 정렬(≡)'을 지정합니다.

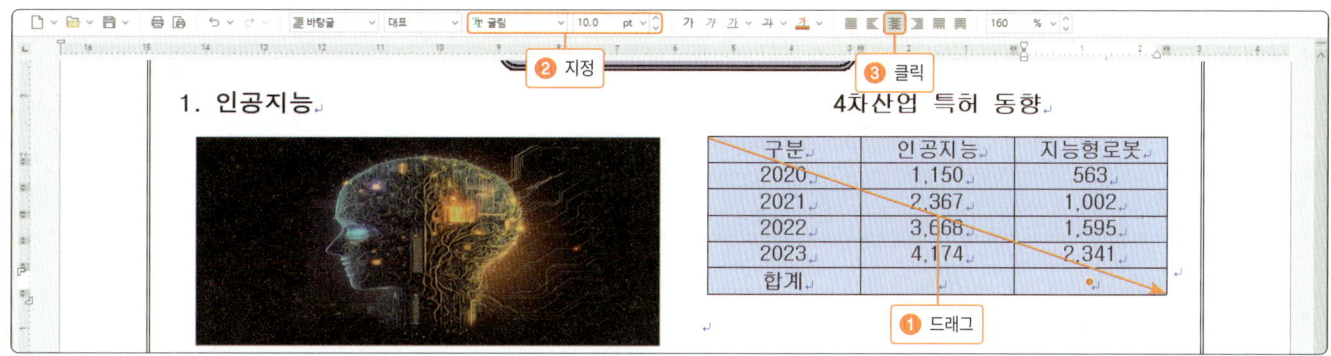

② 표의 높이를 조절하기 위해 Ctrl 키를 누른 채 키보드의 아래쪽 방향키(↓)를 두 번 누릅니다.

※ 표의 높이 조절은 [문제 2]를 보면서 최대한 비슷하게 높이를 조절합니다.

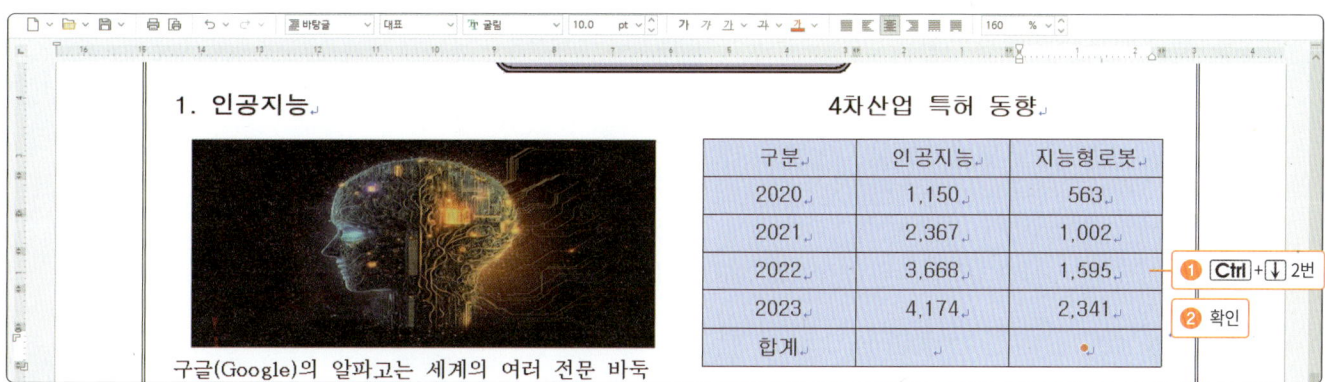

> **TIP**
> 표의 높이나 너비 등의 크기 조절은 문제지를 참고하여 조절합니다.
> - Ctrl+방향키 : Ctrl 키를 누른 채 방향키를 누르면 표 전체의 크기가 변경됩니다.
> - Alt+방향키 : Alt 키를 누른 채 방향키를 누르면 선택한 셀 부분의 너비만 변경됩니다.

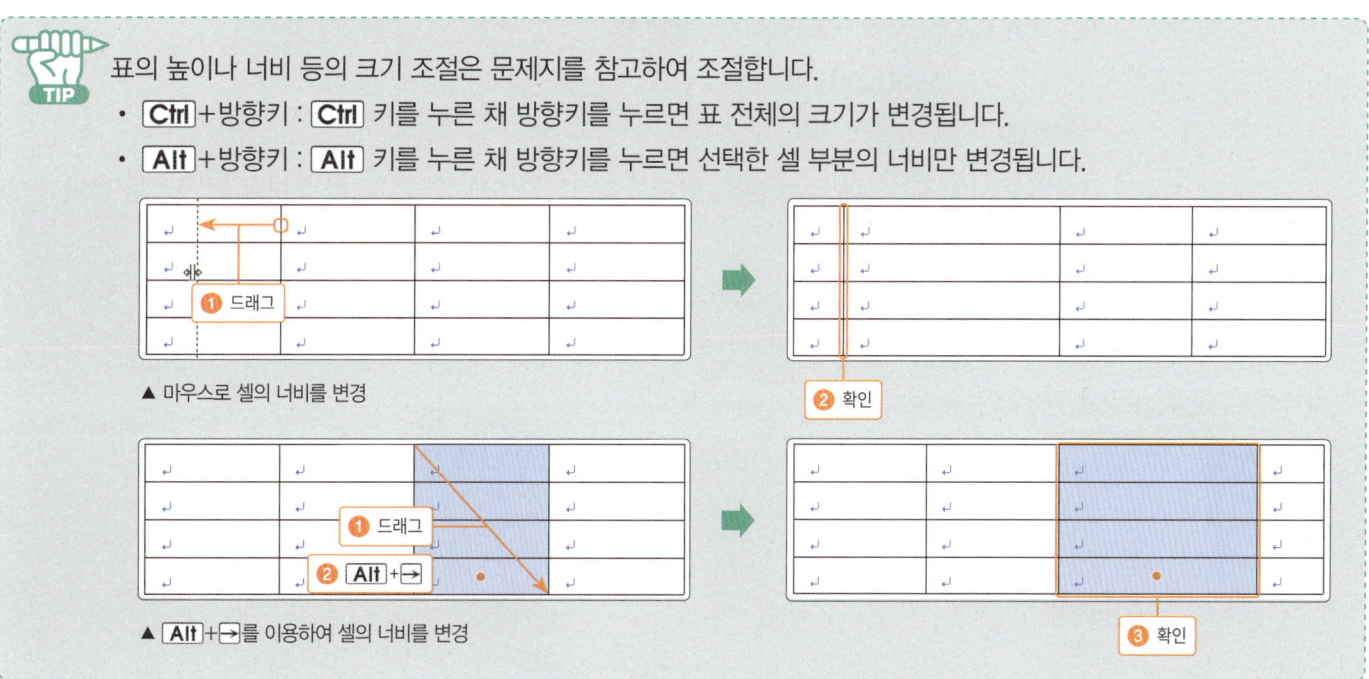

제 09 회 디지털정보활용능력 출제예상 모의고사

☑ 시험과목 : 워드프로세서(한글)
☑ 시험일자 : 20XX. XX. XX. (X)
☑ 응시자 기재사항 및 감독위원 확인

한컴오피스 한글 2022 버전용

수검번호	DIW - XXXX -	감독위원 확인
성 명		

· 응시자 유의사항 ·

1. 응시자는 신분증을 지참하여야 시험에 응시할 수 있으며, 시험이 종료될 때까지 신분증을 제시하지 못 할 경우 해당 시험은 0점 처리됩니다.

2. 시스템(PC작동여부, 네트워크 상태 등)의 이상여부를 반드시 확인하여야 하며, 시스템 이상이 있을시 감독위원에게 조치를 받으셔야 합니다.

3. 시험 중 부주의 또는 고의로 시스템을 파손한 경우는 응시자 부담으로 합니다.

4. 답안 전송 프로그램을 통해 파일을 다운로드하여 답안 파일을 작성하시기 바랍니다.

5. 작성한 답안 파일은 답안 전송 프로그램을 통하여 전송됩니다. 감독위원의 지시에 따라 주시기 바랍니다.

6. 다음 사항의 경우 실격(0점) 혹은 부정행위 처리됩니다.
    1) 답안 파일을 저장하지 않았거나, 저장한 파일이 손상되었을 경우
    2) 답안 파일을 지정된 폴더(바탕화면 - "KAIT" 폴더)에 저장하지 않았을 경우
        ※ 답안 전송 프로그램 로그인 시 바탕화면에 자동 생성됨
    3) 답안 파일을 다른 보조 기억장치(USB) 혹은 네트워크(메신저, 게시판 등)로 전송할 경우
    4) 휴대용 전화기 등 통신기기를 사용할 경우

7. **시험지에 제시된 글꼴이 응시 프로그램에 없는 경우, 반드시 감독위원에게 해당 내용을 통보한 뒤 조치를 받아야 합니다.**

8. 시험의 완료는 작성이 완료된 답안을 저장하고, 답안 전송이 완료된 상태를 확인한 것으로 합니다. 답안 전송 확인 후 문제지는 감독위원에게 제출한 후 퇴실하여야 합니다.

9. 답안 전송이 완료된 경우에는 수정 또는 정정이 불가능합니다.

10. 시험 시행 후 결과는 홈페이지(www.ihd.or.kr)에서 확인하시기 바랍니다.
    ※ 합격자 발표 : 20XX. XX. XX. (X)
    ※ 시험지 공개 : 20XX. XX. XX. (X)

한국정보통신진흥협회 KAIT
Korea Association for ICT promotion

③ 다음과 같이 표의 제목 셀을 드래그하여 블록으로 지정한 후 [서식] 도구 상자에서 '**진하게(가)**'를 클릭합니다. 이어서, 지정된 블록 위에서 마우스 오른쪽 단추를 눌러 바로 가기 메뉴가 나오면 [셀 테두리/배경]-[각 셀마다 적용]을 클릭합니다.

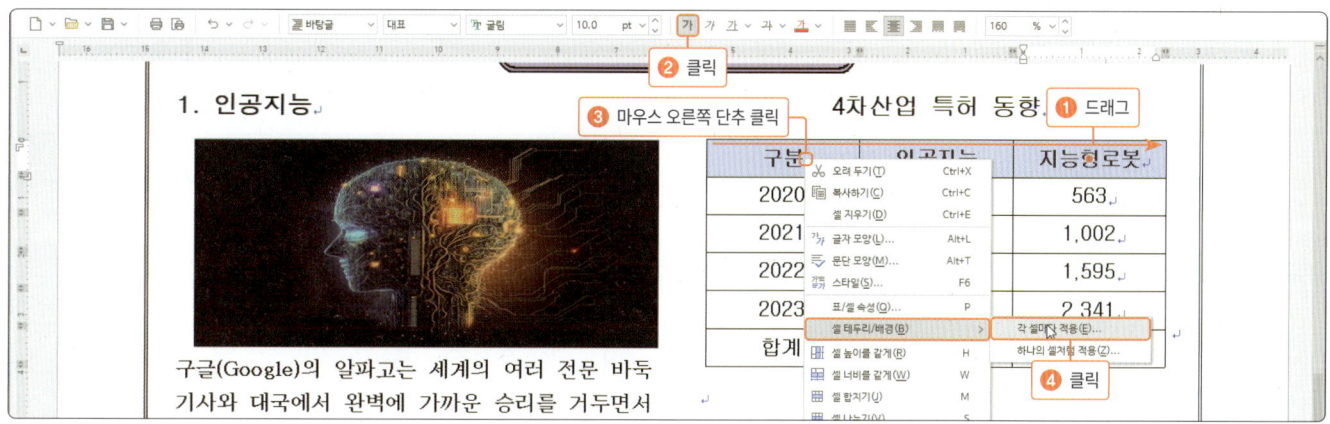

④ [셀 테두리/배경] 대화상자가 나오면 [테두리] 탭에서 '종류(이중 실선), 굵기(0.5mm), 아래쪽 테두리(▭)'를 지정합니다.

⑤ [셀 테두리/배경] 대화상자의 [배경] 탭을 클릭한 후 '색'의 '면 색'을 선택합니다. 이어서, '스펙트럼'을 클릭하여 RGB값 '202,86,167'을 직접 입력한 후 〈적용〉 단추 및 〈설정〉 단추를 클릭합니다.

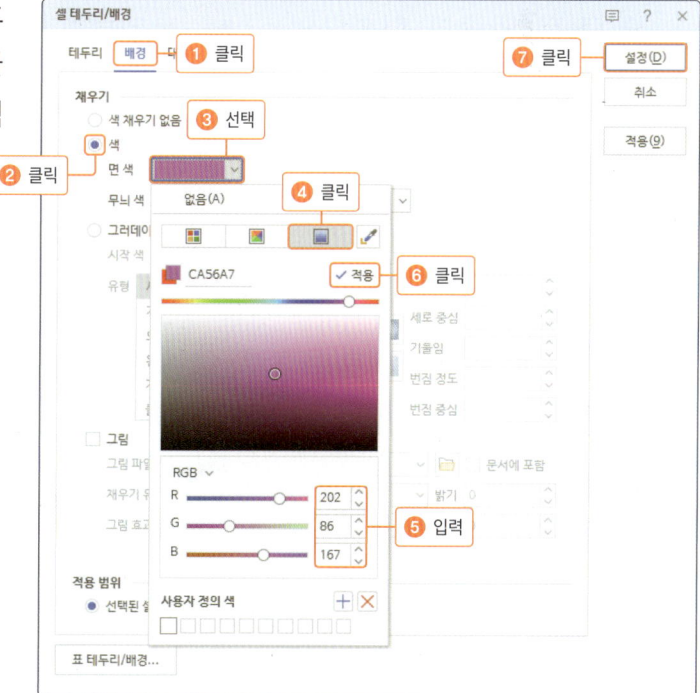

직무 만족

1. 직무 만족이란?

직무 만족은 개인이 자신의 업무에 대해서 가지는 일반적인 태도나 만족하는 정도를 의미한다. 직무 만족도가 높으면 일 자체에 대해 긍정적으로 느끼게 되고 업무 능률 향상을 가져온다. 더욱 개념을 확대해 보면 개별 직원의 회사에 대한 충성도 증대로 불필요한 이직을 줄일 수 있고 회사의 성과 향상에 기여할 수 있다. 직무 만족은 기업 측면에서 보았을 때 조직이 효과적으로 잘 운영되고 있는지를 판단하는 중요한 하나의 척도(尺度)이며, 개인적인 측면에서는 직업에 대한 가치 부여와 자아실현, 삶의 질에 대한 만족도 향상에도 기여한다.

2. 직무 만족의 영향요인

직무 만족은 직원을 '내부고객'이라는 개념으로 접근하는 것이다. 마케팅ⓐ의 관점에서 일반적 의미의 고객은 기업의 매출을 발생시키거나 잠재적(潛在的)으로 매출 발생에 기여하는 외부고객이다. Porter(1973)는 조직 요인, 작업환경 요인, 근무내용 요인, 개인적 요인의 네 가지로 제시하였으며, Locke(1976)는 직무 자체, 급여와 보상, 승진, 인정, 복리후생, 상사, 동료, 작업 조건, 회사 방침의 아홉 가지로 제시하였다. 일반적으로 직무 만족에 있어서 동료 및 상사와의 커뮤니케이션 및 관계, 임금 및 보상, 직무에 대한 호감 및 적성(適性), 근무 시설 및 설비 등의 근무 환경 요소가 영향을 미치는 것으로 연구되고 있다. 또한 성별, 연령, 근속 년수 등 개인적인 특성에 따라서도 차이가 있을 수 있다.

업체별 직무 만족 점수

업체	2021	2022
빛나리전자	83	87
금나리유통	84	81
해나리패션	82	84
엄마표식품	86	83
합계	335	335

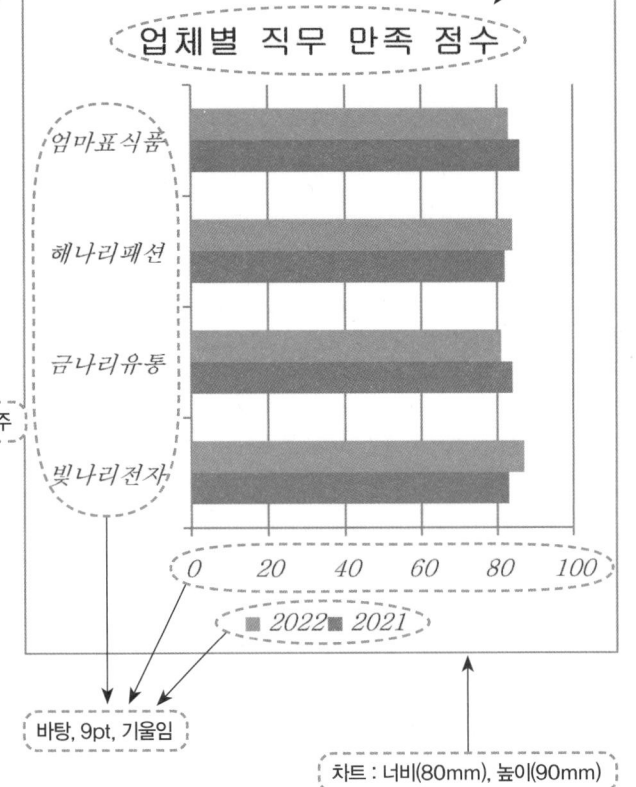

ⓐ 상품, 서비스를 소비자에게 판매하는 일련의 활동

03 블록 계산하기

1. 블록 계산식을 이용하여 합계를 구하기 위해 다음과 같이 드래그하여 블록으로 지정합니다. 이어서, 블록으로 지정된 셀 위에서 마우스 오른쪽 단추를 눌러 [블록 계산식]-[블록 합계]를 클릭합니다.

   ※ [표 레이아웃] 탭에서 [계산식]-'블록 합계'를 선택할 수도 있습니다.

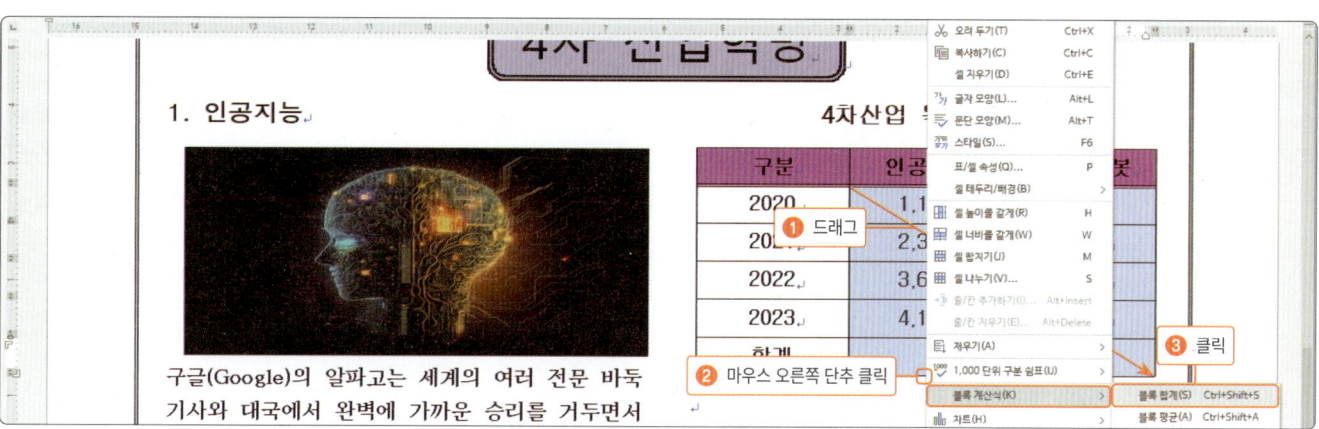

2. [파일] 탭에서 [저장하기](또는 Alt + S) 또는 [서식] 도구 상자에서 '저장하기(💾)'를 클릭하여 답안 파일을 저장합니다.

   ※ 실제 시험을 볼 때 작업 도중에 수시로(10분에 한 번 정도) 저장을 하는 것이 좋습니다.

좋은일터만들기컨퍼런스

기업 운영의 기반이 되는 직원은 내부고객이라고 불릴 만큼 중요하며 직원이 만족하면 기업의 성과도 높아집니다. 특히 고객을 직접 대면하는 서비스직의 경우 직원이 만족하는 좋은 일터 만들기에 대한 노력이 더욱 절실합니다. 이에 따라 직무만족증진위원회에서는 *"좋은 일터 만들기 컨퍼런스"* 를 개최하고자 합니다. 이번 행사에서는 '2023 좋은 일터 Top 10'에 선정된 기업들의 우수 사례 발표와 직원 만족증진을 위한 시설 및 장비 전시회 등고 함께 진행할 예정입니다.

◎ 행사안내 ◎

1. 행사일시 : 2023년 9월 29일(금), 08:00 ~ 17:30
2. 행사장소 : *한국직업개발정보센터 2층 그랜드볼룸*
3. 참가대상 : 일반기업 HR 관련 부서 종사자, 관련분야 연구자, 관공서 등
4. 참 가 비 : 무료 (1개 회사당 최대 3인까지만 참석 가능)

※ 기타사항

- 참가 신청은 행사 홈페이지(http://www.ihd.or.kr)의 참가안내 - 등록신청 메뉴에서 하실 수 있으며, 선착순 등록으로 조기 마감될 수 있습니다.
- 기타 내용은 직무만족증진위원회 교류사업팀 담당자(02-123-4567)에게 문의하시기 바랍니다.

2023. 08. 26.

직무만족증진위원회

표 작성

01 다음 지시사항을 참고하여 표를 작성해 보세요. 【문제 2(106점)】

· 소스 파일 : 정복08_문제01.hwpx   · 정답 파일 : 정복08_정답01.hwpx

숏츠(Shorts)

1인 카페 창업

궁서, 12pt, 진하게, 가운데 정렬

1. 우리나라의 1인 가구

지역별 1인 카페 개업 현황

지역	2023년	2024년
서울특별시	150	200
경기도	80	120
인천광역시	20	35
광주광역시	15	20
합계	265	375

2023년도 기준(standard) 통계청에 따르면 싱글족, 미혼자, 독거노인 등의 1인 세대의 비중이 약 45%를 넘어섰다고 합니다. 2000년대 이후부터 자발적으로 다양한 1인 가구가 등장했으며 1인 가구에 대한 고정관념이 줄어든 편입니다. 가구

위쪽 제목 셀 : 색상(RGB:255,102,0), 진하게
제목 셀 아래선 : 이중 실선(0.5mm)
글자 모양 : 굴림, 10pt, 가운데 정렬
합계는 블록계산식 기능을 이용

---

02 다음 지시사항을 참고하여 표를 작성해 보세요. 【문제 2(106점)】

· 소스 파일 : 정복08_문제02.hwpx   · 정답 파일 : 정복08_정답02.hwpx

숏츠(Shorts)

계절별 선호 여행지

굴림체, 12pt, 진하게, 가운데 정렬

1. 여행의 역사

여행 선호 계절 비율(%)

장소	남성	여성
봄	55	89
여름	73	45
가을	76	67
겨울	81	84
합계	285	285

여행(旅行)이란 휴식을 위해 일상에서 벗어나 다른 지역이나 타국으로 떠나는 것을 뜻합니다. 크게 국내여행과 해외여행으로 구분이 되는데 2020년대 부터는 우주여행까지 본격적으로 새로운 여행(travel)으로 등장하기 시작하여 관광업계에서

위쪽 제목 셀 : 색상(RGB:255,255,0), 진하게
제목 셀 아래선 : 이중 실선(0.5mm)
글자 모양 : 굴림, 10pt, 가운데 정렬
평균은 블록계산식 기능을 이용

디지털정보활용능력　한글 [시험시간 : 40분]

【문제】 첨부된 문제를 다음의 조건을 적용하여 문서를 작성하시오.

① 문서는 A4(210mm×297mm) 크기, 세로 용지 방향으로 작성한다.

② 페이지 여백은 아래와 같이 설정한다.

왼쪽	오른쪽	위쪽	아래쪽	머리말	꼬리말	제본
20mm	20mm	20mm	20mm	10mm	10mm	0mm

③ 아래와 같이 "자동 글머리 기호 넣기"와 "자동 번호 매기기" 기능을 해제한다.

> 도구 → 빠른 교정 → 빠른 교정 내용 → 입력 자동 서식 ⇒ 자동 글머리 기호 넣기(해제)
> 자동 번호 매기기(해제)

※ 만약 입력 자동 서식 메뉴가 없는 경우에는 "자동 글머리 기호 넣기"와 "자동 번호 매기기" 기능이 설정되어 있지 않은 것이므로 별도의 기능 해제 없이 그대로 시험에 응시하시면 됩니다.

④ 글자는 별도의 지시사항이 없는 한 **바탕, 10pt, 양쪽정렬, 줄간격 160%**로 작성한다.

⑤ 영문, 숫자 등은 별도의 지시가 없는 한 반각(1byte) 문자를 사용한다.

⑥ 특수문자는 문자표(전각 기호)를 이용하여 작성한다.

⑦ 교정부호 및 화살표로 기재된 지시사항대로 처리하되, ⬚⟶ 은 지시사항이므로 작성하지 않는다.

⑧ 1페이지에 [문제1]을 작성하고, 구역을 나누어 2페이지에 [문제2]를 작성한다.

※ 해당 페이지에 작성하지 않거나 의도적으로 텍스트 작성을 하지 않은 경우 0점 처리

⑨ [문제2]는 문제지와 같이 2단으로 다단을 나누어 작성한다.

⑩ '그림 삽입' 시에는 반드시 "KAIT 수검 프로그램"을 통해 다운로드 한 그림 파일을 사용한다.

⑪ 총점 : 200점

[공통사항1(기본설정, 용지설정)] : 8점, [공통사항2(오탈자)] : 40점
[문제1] : 46점, [문제2] : 106점

⑫ 기타 특별히 지시되어 있지 않은 사항은 문제지에 준하여 작성한다.

03 다음 지시사항을 참고하여 표를 작성해 보세요. 【문제 2(106점)】

• 소스 파일 : 정복08_문제03.hwpx   • 정답 파일 : 정복08_정답03.hwpx

명화 이야기

굴림체, 12pt, 진하게, 가운데 정렬

1. 명화 '별이 빛나는 밤'

작년 한해 우리나라에서 가장 사랑받던 명화(名畵) 10점을 선정하였습니다. 고전 작품부터 현대에 이르기까지 국내외적으로 가장 유명한 명화 10점 외에도 많은 작품이 쏟아져 나왔었는데 국외 작품ⓐ 중 가장 인기 있었던 작품은 바로 빈센

학생들이 선호하는 명화 작가 비율(%)

작가명	초등학생	중고등학생
고흐	45	55
고갱	35	65
르누아르	27	73
다빈치	50	50
합계	157	243

위쪽 제목 셀 : 색상(RGB:255,194,0), 진하게
제목 셀 아래선 : 이중 실선(0.5mm)
글자 모양 : 굴림, 10pt, 가운데 정렬
합계는 블록계산식 기능을 이용

---

04 다음 지시사항을 참고하여 표를 작성해 보세요. 【문제 2(106점)】

• 소스 파일 : 정복08_문제04.hwpx   • 정답 파일 : 정복08_정답04.hwpx

디지털 권리장전

굴림체, 12pt, 진하게, 가운데 정렬

1. 디지털 권리란?

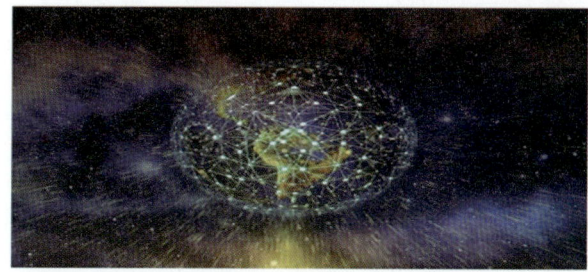

디지털(Digital) 권리는 개인이 디지털 미디어에 액세스, 사용, 생성 및 게시하거나 컴퓨터, 기타 전자 장치 및 통신 네트워크에 액세스하고 사용할 수 있도록 허용하는 인권 및 법적 권리이다. 이 개념은 디지털 기술, 특히 인터넷의 맥락에서

디지털 격차 실태조사(단위:%)

연도	저소득층	고령층
2020	87.8	64.3
2021	95.1	68.6
2022	95.4	69.1
2023	95.6	69.9
평균	93.48	67.97

위쪽 제목 셀 : 색상(RGB:105,155,55), 진하게
제목 셀 아래선 : 이중 실선(0.5mm)
글자 모양 : 돋움, 10pt, 가운데 정렬
평균은 블록계산식 기능을 이용

제 08 회 디지털정보활용능력 출제예상 모의고사

- ☑ 시험과목 : 워드프로세서(한글)
- ☑ 시험일자 : 20XX. XX. XX. (X)
- ☑ 응시자 기재사항 및 감독위원 확인

한컴오피스 한글 2022 버전용

수검번호	DIW - XXXX -	감독위원 확인
성 명		

·응시자 유의사항·

1. 응시자는 신분증을 지참하여야 시험에 응시할 수 있으며, 시험이 종료될 때까지 신분증을 제시하지 못 할 경우 해당 시험은 0점 처리됩니다.

2. 시스템(PC작동여부, 네트워크 상태 등)의 이상여부를 반드시 확인하여야 하며, 시스템 이상이 있을시 감독위원에게 조치를 받으셔야 합니다.

3. 시험 중 부주의 또는 고의로 시스템을 파손한 경우는 응시자 부담으로 합니다.

4. 답안 전송 프로그램을 통해 파일을 다운로드하여 답안 파일을 작성하시기 바랍니다.

5. 작성한 답안 파일은 답안 전송 프로그램을 통하여 전송됩니다. 감독위원의 지시에 따라 주시기 바랍니다.

6. 다음 사항의 경우 실격(0점) 혹은 부정행위 처리됩니다.
    1) 답안 파일을 저장하지 않았거나, 저장한 파일이 손상되었을 경우
    2) 답안 파일을 지정된 폴더(바탕화면 – "KAIT" 폴더)에 저장하지 않았을 경우
        ※ 답안 전송 프로그램 로그인 시 바탕화면에 자동 생성됨
    3) 답안 파일을 다른 보조 기억장치(USB) 혹은 네트워크(메신저, 게시판 등)로 전송할 경우
    4) 휴대용 전화기 등 통신기기를 사용할 경우

7. **시험지에 제시된 글꼴이 응시 프로그램에 없는 경우, 반드시 감독위원에게 해당 내용을 통보한 뒤 조치를 받아야 합니다.**

8. 시험의 완료는 작성이 완료된 답안을 저장하고, 답안 전송이 완료된 상태를 확인한 것으로 합니다. 답안 전송 확인 후 문제지는 감독위원에게 제출한 후 퇴실하여야 합니다.

9. 답안 전송이 완료된 경우에는 수정 또는 정정이 불가능합니다.

10. 시험 시행 후 결과는 홈페이지(www.ihd.or.kr)에서 확인하시기 바랍니다.
    ※ 합격자 발표 : 20XX. XX. XX. (X)
    ※ 시험지 공개 : 20XX. XX. XX. (X)

한국정보통신진흥협회 KAIT
Korea Association for ICT promotion

05 다음 지시사항을 참고하여 표를 작성해 보세요. 【문제 2(106점)】

- 소스 파일 : 정복08_문제05.hwpx
- 정답 파일 : 정복08_정답05.hwpx

숏츠(Shorts)

펫티켓 문화 확산

굴림체, 12pt, 진하게, 가운데 정렬

1. 펫티켓이란?

반려동물 양육가구 비율(단위:%)

년도	반려견	반려묘
2021	42	28
2022	45	25
2023	50	20
2024	52	22
합계	189	95

위쪽 제목 셀 : 색상(RGB:53,135,145), 진하게
제목 셀 아래선 : 이중 실선(0.5mm)
글자 모양 : 돋움, 10pt, 가운데 정렬
합계는 블록계산식 기능을 이용

펫티켓(Pettiquette)은 'pet'과 'etiquette'의 합성어로, 반려인과 비반려인이 서로 지켜야 할 일종의 예의 및 예절을 뜻한다. 펫티켓의 가장 기본이 되는 것은 복종 훈련이다. 반려동물이 사람을 물거나 위협적인 상황이 발생할 때 반려동물을 컨

---

06 다음 지시사항을 참고하여 표를 작성해 보세요. 【문제 2(106점)】

- 소스 파일 : 정복08_문제06.hwpx
- 정답 파일 : 정복08_정답06.hwpx

숏츠(Shorts)

디지털 윤리

굴림체, 12pt, 진하게, 가운데 정렬

1. 디지털 윤리란?

디지털 윤리 교육 필요성(단위 : %)

영역	초등학생	중고등학생
정보 보호	30	20
온라인 소통	25	20
사이버 괴롭힘	15	25
법적 윤리	5	5
합계	75	70

위쪽 제목 셀 : 색상(RGB:53,135,145), 진하게
제목 셀 아래선 : 이중 실선(0.5mm)
글자 모양 : 돋움, 10pt, 가운데 정렬
합계는 블록계산식 기능을 이용

디지털을 활용할 때 자신의 감정을 조절하고 타인을 존중하며 상대방을 배려하는 긍정적인 사회 관계를 형성할 수 있는 기본 소양을 의미한다. 기술의 개발과 사용에 관련된 윤리적 문제를 다루는 학문으로 디지털을 윤리적으로 사용하기 위한

와인의 종류

1. 레드 와인

레드 와인의 경우 포도즙과 껍질이 함께 발효(醱酵)되기 때문에 타닌(tannin)과 안토시아닌 양이 많아지며 이것이 와인에 떫은 맛과 붉은 자줏빛을 부여한다. 특히 타닌은 와인의 구조와 골격을 형성하며 천연방부제 역할을 하기 때문에, 타닌이 들어 있는 레드 와인은 화이트 와인보다 보존기간이 훨씬 길다. 그렇지만 모든 적포도 품종(品種)이 동일한 양의 타닌을 함유하는 것은 아니다. 레드 와인은 보통 두 가지 스타일로 나뉜다. 하나는 부담 없이 마시기 좋은 과일 맛이 많은 레드 와인으로, 이것은 통이나 발효조에 몇 개월 동안 저장했다가 병입하는 와인은 아니다. 몇 개월에서 몇 년 동안 오크통에서 숙성시키는 레드 와인으로, 오크통 내에서 화학적 복잡한 상호작용(相互作用)이 일어나며 이 과정에서 와인의 향, 품미, 질감이 조금씩 미묘하게 변한다.

2. 화이트 와인

화이트 와인은 과일의 신선함과 섬세함을 보존하는데 중점을 두는데, 이는 오랜 시간 저온에서 가장 잘 유지된다. 이러한 점 때문에 온도(溫度) 조절형 스테인리스 발효조로 서서히 낮은 온도에서 발효가 일어나도록 하여 과일 향과 섬세함이 느껴지는 화이트 와인을 만든다. 최고의 화이트 와인은 서늘한 기후를 갖고 있는 유럽 북부 지역에서 생산되었다. 레드 와인과 달리 화이트 와인은 통상적(通常的)으로 유산발효㉠를 거치지 않는데 그 이유는 화이트 와인에서는 신선한 산도가 중요하기 때문이다.

㉠ 사과산이 젖산으로 변하는 과정

국내 와인 수입금액(단위:만달러)

연도	레드	화이트
2019년	14,527	3,550
2020년	18,562	4,908
2021년	32,100	9,211
2022년	45,123	10,510
합계	110,312	28,179

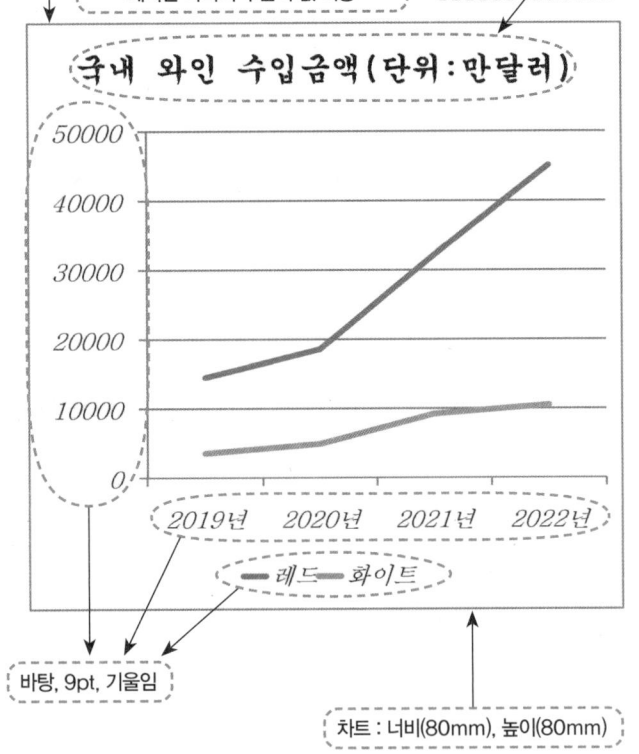

- 나 -

MEMO

DIAT

부산와인박람회

부산와인박람회는 국내 유일의 와인산업을 대표하는 전시회로서 지난 20년 동안 한국 와인산업이 성장과 함께 해왔습니다. 또한, 국내 소비자가 좋아할만한 와인과 세계 각국의 프리미엄 와인을 한 자리에서 즐길 수 있는 행사입니다. 참가업체에게는 제품홍보와 비즈니스 파트너 발굴의 기회를 제공하고, 구매자 들에게는 와인품평회 및 와인도전 등과 같은 다양한 체험 이벤트를 선보입니다. 와인을 즐기고 좋아하시는 분들의 많은 참여바랍니다.

★ 행사안내 ★

1. 행 사 명 : 부산와인박람회
2. 행사일시 : 2023. 11. 27.(금)~2023. 11. 29.(일), 11:00~21:00
3. 행사장소 : 부산 벡스코
4. 사전등록 : *2023. 11. 12.(일) 18:00까지 온라인으로 등록*

※ 기타사항
- 다양한 국가의 와인업체와 상담을 원하는 바이어(수입업체)는 협회 홈페이지(http://www.ihd.or.kr) 방문 후 등록하시기 바랍니다.
- 박람회 참가비 : 1인당 20,000원(미성년자는 참여할 수 없음)

2023. 10. 28.

한국와인협회

출제유형 09 차트 작성

- ✅ 차트 만들기
- ✅ 차트 편집하기

문제 미리보기 소스 파일 : 유형09_문제.hwpx 정답 파일 : 유형09_정답.hwpx 【문제 2(106점)】

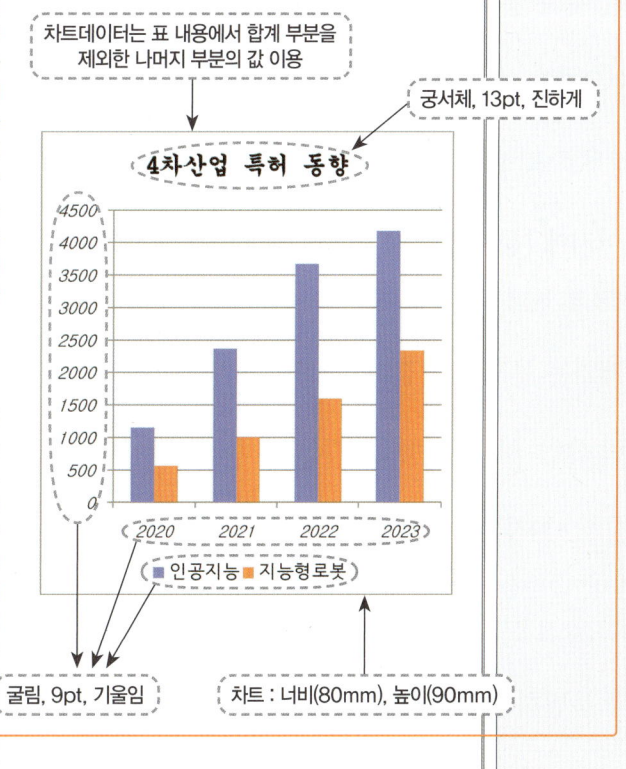

- 차트데이터는 표 내용에서 합계 부분을 제외한 나머지 부분의 값 이용
- 궁서체, 13pt, 진하게
- 굴림, 9pt, 기울임
- 차트 : 너비(80mm), 높이(90mm)

디지털정보활용능력 한글 [시험시간 : 40분]

【문제】 첨부된 문제를 다음의 조건을 적용하여 문서를 작성하시오.

① 문서는 A4(210mm×297mm) 크기, 세로 용지 방향으로 작성한다.

② 페이지 여백은 아래와 같이 설정한다.

왼쪽	오른쪽	위쪽	아래쪽	머리말	꼬리말	제본
20mm	20mm	20mm	20mm	10mm	10mm	0mm

③ 아래와 같이 "자동 글머리 기호 넣기"와 "자동 번호 매기기" 기능을 해제한다.

> 도구 → 빠른 교정 → 빠른 교정 내용 → 입력 자동 서식 ⇒ 자동 글머리 기호 넣기(해제)
> 자동 번호 매기기(해제)

※ 만약 입력 자동 서식 메뉴가 없는 경우에는 "자동 글머리 기호 넣기"와 "자동 번호 매기기" 기능이 설정되어 있지 않은 것이므로 별도의 기능 해제 없이 그대로 시험에 응시하시면 됩니다.

④ 글자는 별도의 지시사항이 없는 한 **바탕, 10pt, 양쪽정렬, 줄간격 160%**로 작성한다.

⑤ 영문, 숫자 등은 별도의 지시가 없는 한 반각(1byte) 문자를 사용한다.

⑥ 특수문자는 문자표(전각 기호)를 이용하여 작성한다.

⑦ 교정부호 및 화살표로 기재된 지시사항대로 처리하되, ⌐⎯⎯⎯¬→ 은 지시사항이므로 작성하지 않는다.

⑧ 1페이지에 [문제1]을 작성하고, 구역을 나누어 2페이지에 [문제2]를 작성한다.

※ 해당 페이지에 작성하지 않거나 의도적으로 텍스트 작성을 하지 않은 경우 0점 처리

⑨ [문제2]는 문제지와 같이 2단으로 다단을 나누어 작성한다.

⑩ '그림 삽입' 시에는 반드시 "KAIT 수검 프로그램"을 통해 다운로드 한 그림 파일을 사용한다.

⑪ 총점 : 200점

[공통사항1(기본설정, 용지설정)] : 8점, [공통사항2(오탈자)] : 40점
[문제1] : 46점, [문제2] : 106점

⑫ 기타 특별히 지시되어 있지 않은 사항은 문제지에 준하여 작성한다.

01 차트 만들기

① 2페이지의 합계 열을 제외한 표 전체를 드래그하여 블록으로 지정한 후 [표 디자인( )] 탭에서 '차트 만들기( )'를 클릭합니다.

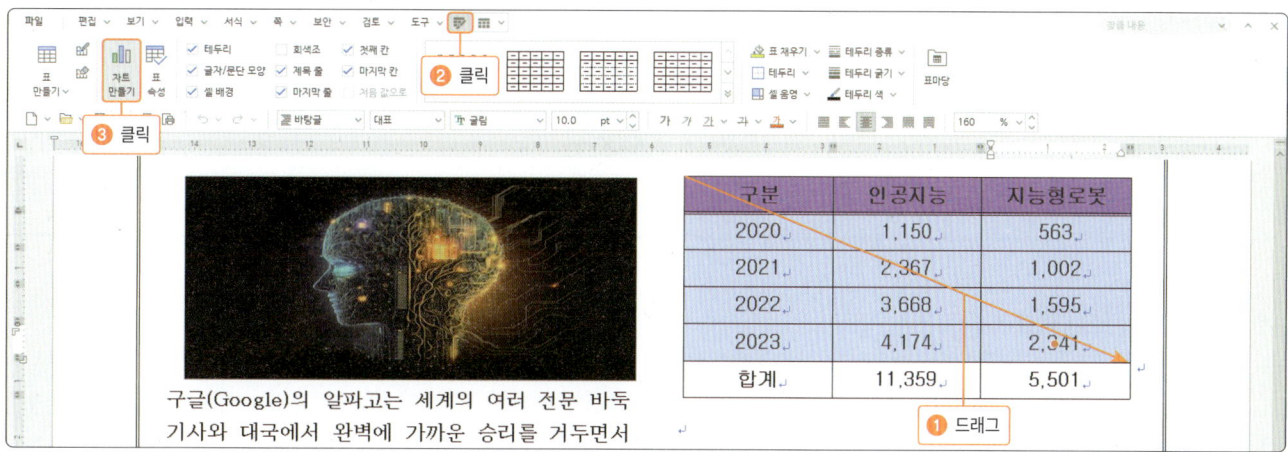

② [차트 데이터 편집] 대화상자가 나오면 '닫기( )'를 눌러 대화상자를 닫습니다. 이어서, 차트 위에서 마우스 오른쪽 단추를 눌러 바로 가기 메뉴가 나오면 [개체 속성]을 클릭합니다.

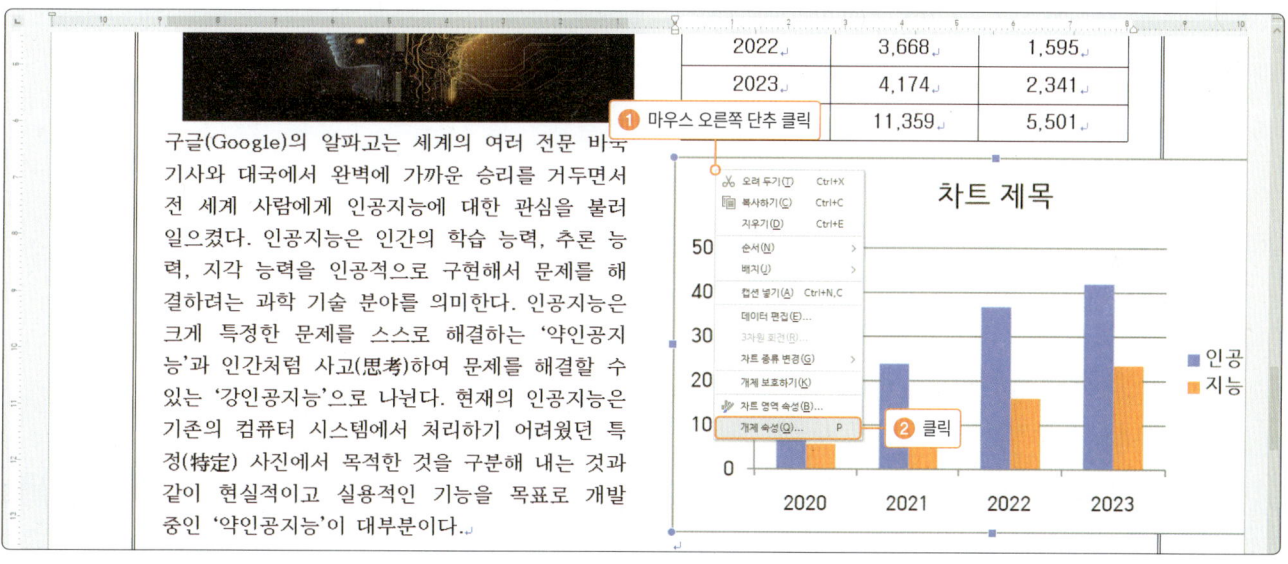

③ [개체 속성] 대화상자가 나오면 [기본] 탭에서 '크기'의 '너비(80mm)', '높이(90mm)'를 입력합니다. 이어서, '크기 고정'과 '글자처럼 취급'을 클릭하여 체크한 후 〈설정〉 단추를 클릭합니다.

> **TIP** 가로 막대형 차트로 변경
> [차트 디자인( )] 탭에서 [차트 종류 변경]-'묶은 가로 막대형'을 선택합니다.

출제유형 09　**99**　차트 작성

제 07 회 디지털정보활용능력 출제예상 모의고사

☑ 시험과목 : 워드프로세서(한글)
☑ 시험일자 : 20XX. XX. XX. (X)
☑ 응시자 기재사항 및 감독위원 확인

한컴오피스 한글 2022 버전용

수검번호	DIW - XXXX -	감독위원 확인
성 명		

·응시자 유의사항·

1. 응시자는 신분증을 지참하여야 시험에 응시할 수 있으며, 시험이 종료될 때까지 신분증을 제시하지 못 할 경우 해당 시험은 0점 처리됩니다.

2. 시스템(PC작동여부, 네트워크 상태 등)의 이상여부를 반드시 확인하여야 하며, 시스템 이상이 있을시 감독위원에게 조치를 받으셔야 합니다.

3. 시험 중 부주의 또는 고의로 시스템을 파손한 경우는 응시자 부담으로 합니다.

4. 답안 전송 프로그램을 통해 파일을 다운로드하여 답안 파일을 작성하시기 바랍니다.

5. 작성한 답안 파일은 답안 전송 프로그램을 통하여 전송됩니다. 감독위원의 지시에 따라 주시기 바랍니다.

6. 다음 사항의 경우 실격(0점) 혹은 부정행위 처리됩니다.
   1) 답안 파일을 저장하지 않았거나, 저장한 파일이 손상되었을 경우
   2) 답안 파일을 지정된 폴더(바탕화면 - "KAIT" 폴더)에 저장하지 않았을 경우
      ※ 답안 전송 프로그램 로그인 시 바탕화면에 자동 생성됨
   3) 답안 파일을 다른 보조 기억장치(USB) 혹은 네트워크(메신저, 게시판 등)로 전송할 경우
   4) 휴대용 전화기 등 통신기기를 사용할 경우

7. **시험지에 제시된 글꼴이 응시 프로그램에 없는 경우, 반드시 감독위원에게 해당 내용을 통보한 뒤 조치를 받아야 합니다.**

8. 시험의 완료는 작성이 완료된 답안을 저장하고, 답안 전송이 완료된 상태를 확인한 것으로 합니다. 답안 전송 확인 후 문제지는 감독위원에게 제출한 후 퇴실하여야 합니다.

9. 답안 전송이 완료된 경우에는 수정 또는 정정이 불가능합니다.

10. 시험 시행 후 결과는 홈페이지(www.ihd.or.kr)에서 확인하시기 바랍니다.
    ※ 합격자 발표 : 20XX. XX. XX. (X)
    ※ 시험지 공개 : 20XX. XX. XX. (X)

02 차트 편집하기

① 차트 제목 : '차트 제목' 위에서 마우스 오른쪽 단추를 클릭한 후 [제목 편집]을 클릭합니다.

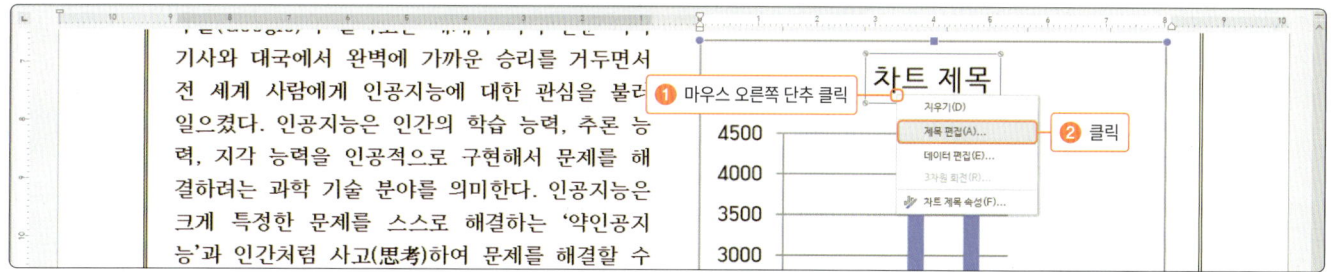

② [차트 글자 모양] 대화상자가 나오면 '글자 내용(4차산업 특허 동향), 한글 글꼴(궁서체), 영문 글꼴(궁서체), 진하게(), 크기(13pt)'를 지정합니다.

※ 차트 제목은 문제지([문제 2])를 보고 정확하게 입력합니다.

> **TIP 한글/영어 글꼴**
> 언어별 설정에 숫자는 영어 글꼴을 한글과 숫자가 같이 있을 경우에는 한글과 영어 글꼴 모두 시험지에 지시한 '궁서체'를 지정합니다.

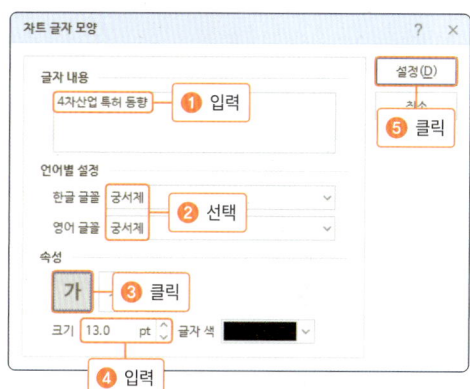

③ [차트 디자인( )] 탭에서 [차트 구성추가]-[범례]-'아래쪽'을 선택합니다.

※ 범례의 배치는 문제지([문제 2])를 보고 판단하여 선택합니다.

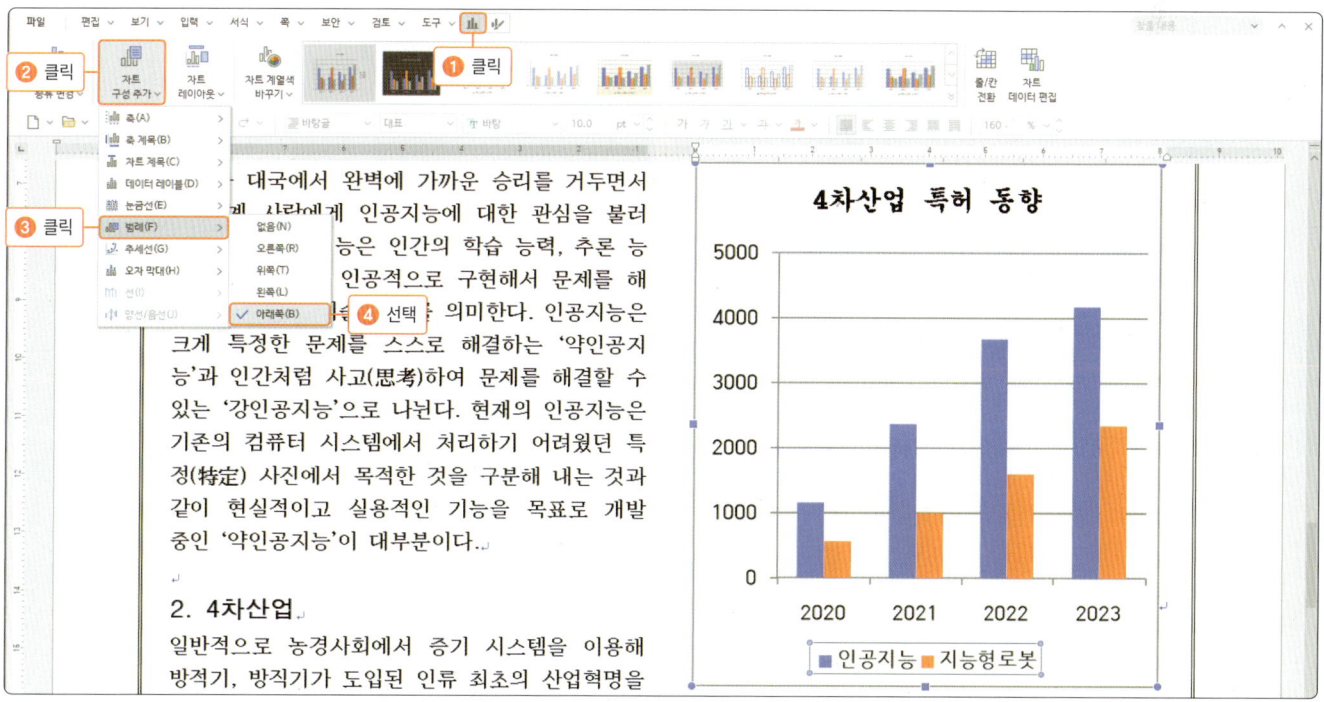

시간선택제일자리

1. 시간선택제일자리

시간선택제일자리는 일과 가정, 그리고 개인의 삶이 균형을 이룰 수 있도록 시간의 선택이 가능하고 유연한(Flexible) 일자리를 의미한다. 구체적으로 육아 및 교육, 일과 학습 병행 등의 개인적 사유, 점진적(漸進的) 퇴직 등의 이유로 근로자가 자발적으로 선택하며, 4대 보험 등의 기본적인 근로 조건이 보장되고, 불합리한 차별을 받지 않는 균등(均等) 처우가 제공되는 일자리를 뜻한다. 이 제도는 특히 육아를 병행하여야 하는 여성들에게 정규 근로 시간에 구애받지 않는 탄력적인 일자리를 제공하여, 경력 단절을 예방하고 경제 활동을 지속하게 하는 데 기여할 수 있다.

2. 기대효과와 과제

시간선택제일자리의 정착에 따른 가장 큰 기대효과는 고용률의 증대이며, 이로 인한 경제적 파급효과ⓐ도 기대해 볼 수 있다. 이 제도는 근로자와 회사 양측 모두에 유리하게 적용될 수 있다. 먼저 근로자 측면에서는 개인적 사유(事由)에 따라 선택이 가능한 탄력적인 일자리를 제공받게 된다. 특히 육아나 교육 문제로 정규 근무가 어려운 여성들에게 사회 경제 활동을 지속할 수 있도록 지원한다. 또한 학습이나 개인적인 발전을 병행(並行)할 수 있도록 하여 삶의 질을 높여준다. 기업체 입장에서는 탄력적인 인력 활용으로 인건비를 절감하는 등 효율적 운영이 가능하다. 개인적인 사유로 퇴사하게 되는 우수 인력을 지속적으로 유지할 수 있으며, 근로자의 만족 향상과 업무 집중으로 인한 생산성의 증가도 기대해 볼 수 있다.

시간선택제 인원 현황

기업명	2021	2022
우리전자	22	31
대성은행	15	17
한솔유통	29	45
나라텔레콤	48	76
합계	114	169

ⓐ 일정한 투자나 양의 증가분에 의한 승수 효과

④ '세로 값 축'을 클릭합니다. 이어서, 오른쪽 단추를 눌러 바로 가기 메뉴가 나오면 [글자 모양 편집]을 클릭합니다.

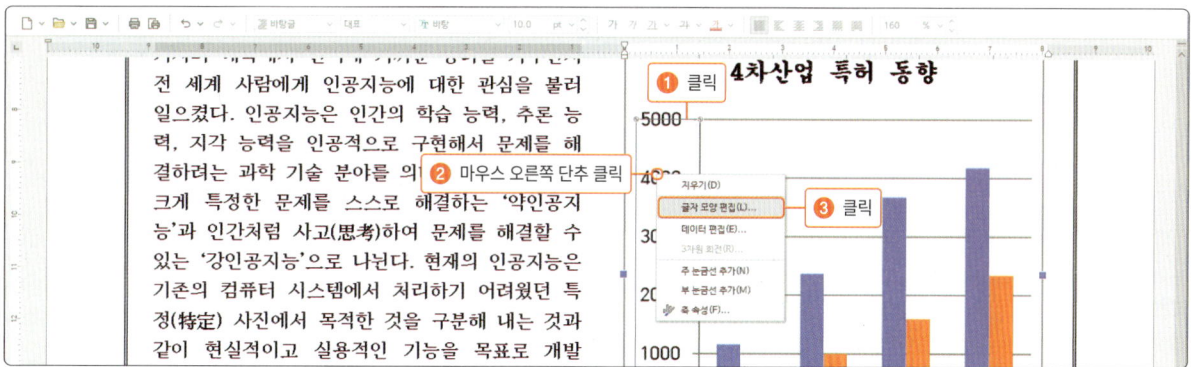

⑤ [글자 모양 편집] 대화상자가 나오면 '한글 글꼴(굴림), 영어 글꼴(굴림), 기울임(가), 크기(9pt)'를 지정합니다.

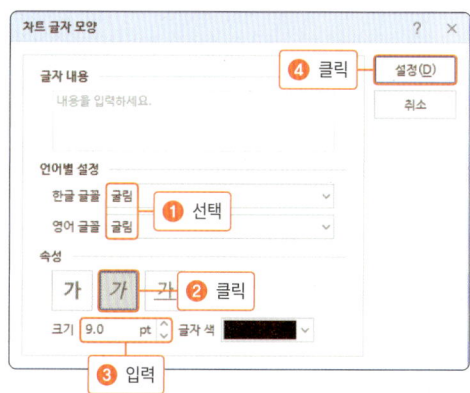

⑥ '가로 값 축'을 클릭합니다. 이어서, 오른쪽 단추를 눌러 바로 가기 메뉴가 나오면 [글자 모양 편집]을 클릭합니다.

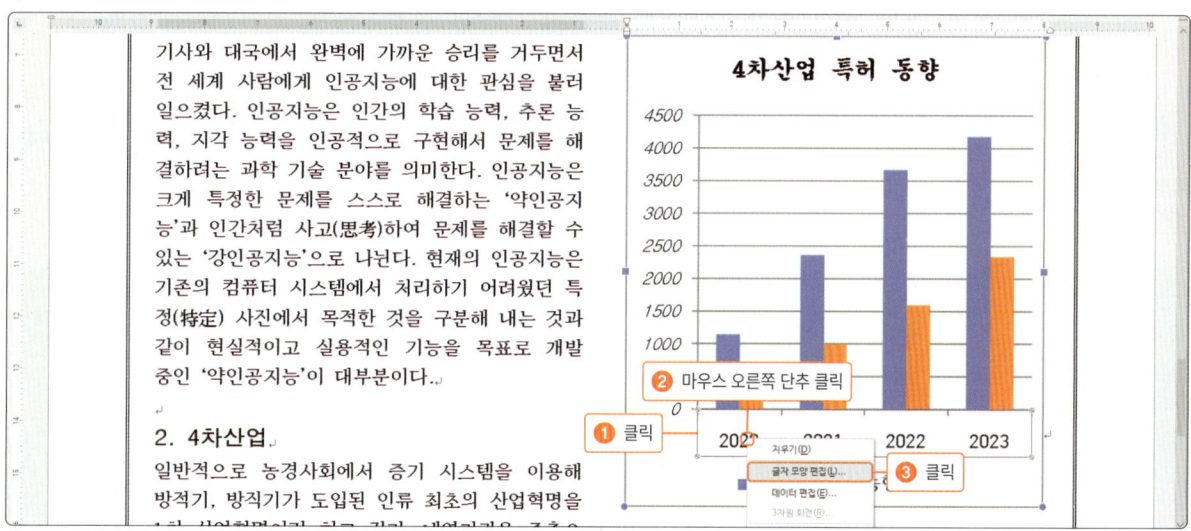

⑦ [글자 모양 편집] 대화상자가 나오면 '한글 글꼴(굴림), 영어 글꼴(굴림), 기울임(가), 크기(9pt)'를 지정합니다.

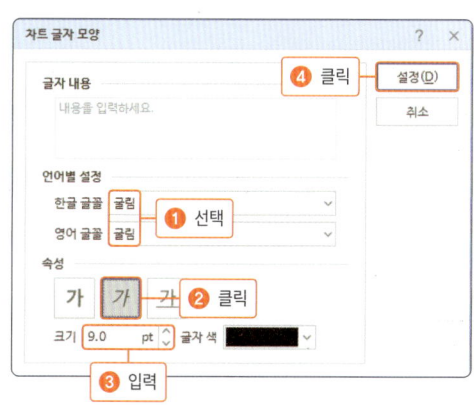

시간선택제일자리박람회

고용노동부가 주최하고 한국고용안정협회가 주관하는 '시간선택제일자리 박람회'가 오는 11월 16일 개최됩니다. **'일과 가정, 개인 발전의 균형'**이라는 주제로 진행되는 이번 행사에는 우리 지역의 150여 개 기업이 참여하여 부스를 운영하며, 현장 채용도 함께 진행됩니다. 이 외에도 취업 지원을 위한 컨설팅, 구직을 위한 이력서 작성 및 면접 기법 특강, 무료 적성 검사 등 다양한 프로그램이 함께 운영됩니다. 여러분의 많은 관심과 참여 부탁드립니다.

◆ 박람회 안내 ◆

1. 행 사 명 : 시간선택제일자리 박람회 '일과 가정, 개인 발전의 균형'
2. 일   시 : 2023년 11월 16일(목) ~ 17일(금) 08:00 ~ 18:00
3. 장   소 : 강남구 역삼동 *한국고용빌딩 1층 전시장*
4. 주   최 : 고용노동부

※ 기타 사항
- 박람회 참가 방법 참여 업체에 대한 사전 정보(채용 규모, 채용 조건 등)는 한국고용안정협회 홈페이지(http://www.ihd.or.kr)에서 참고하실 수 있습니다.
- 기타 문의는 시간선택제일자리 박람회 담당자(02-123-4567)에게 해주시기 바랍니다.

2023. 10. 28.

한국고용안정협회장

❽ '범례'를 클릭합니다. 이어서, 오른쪽 단추를 눌러 바로 가기 메뉴가 나오면 [글자 모양 편집]을 클릭합니다.

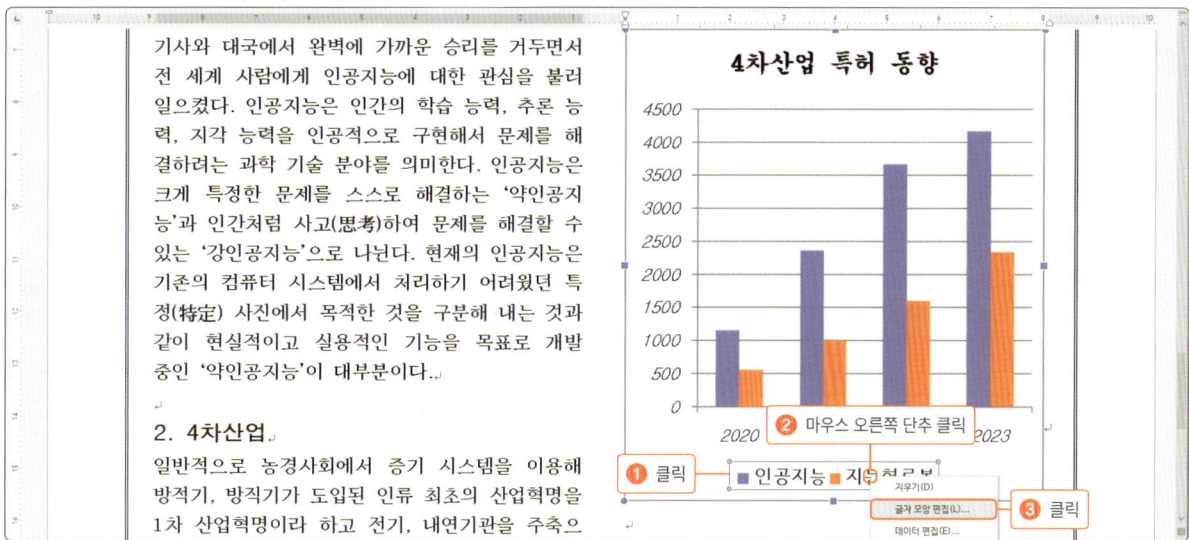

❾ [글자 모양 편집] 대화상자가 나오면 '한글 글꼴(굴림), 영어 글꼴(굴림), 기울임(*가*), 크기(9pt)'를 지정합니다.

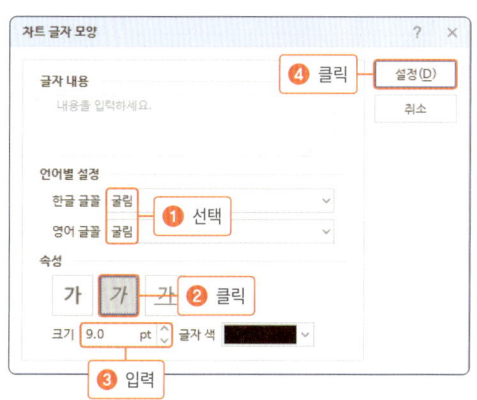

❿ 차트 편집이 완료되면 표 뒤를 클릭한 후 Enter 키를 눌러 문제지([문제 2])와 비슷하게 표와 차트의 간격을 조절합니다.

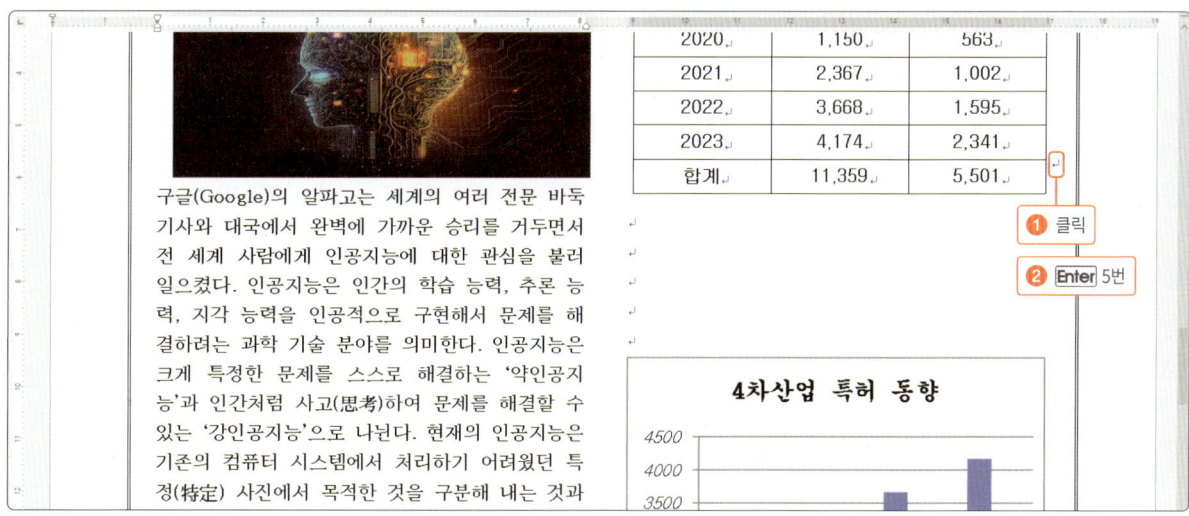

⓫ [파일] 탭에서 [저장하기](또는 Alt + S) 또는 [서식] 도구 상자에서 '저장하기(🖫)'를 클릭하여 답안 파일을 저장합니다.

※ 실제 시험을 볼 때 작업 도중에 수시로(10분에 한 번 정도) 저장을 하는 것이 좋습니다.

디지털정보활용능력 　 한글 [시험시간 : 40분]

【문제】 첨부된 문제를 다음의 조건을 적용하여 문서를 작성하시오.

① 문서는 A4(210mm×297mm) 크기, 세로 용지 방향으로 작성한다.

② 페이지 여백은 아래와 같이 설정한다.

왼쪽	오른쪽	위쪽	아래쪽	머리말	꼬리말	제본
20mm	20mm	20mm	20mm	10mm	10mm	0mm

③ 아래와 같이 "자동 글머리 기호 넣기"와 "자동 번호 매기기" 기능을 해제한다.

> 도구 → 빠른 교정 → 빠른 교정 내용 → 입력 자동 서식 ⇒ 자동 글머리 기호 넣기(해제)
> 자동 번호 매기기(해제)

※ 만약 입력 자동 서식 메뉴가 없는 경우에는 "자동 글머리 기호 넣기"와 "자동 번호 매기기" 기능이 설정되어 있지 않은 것이므로 별도의 기능 해제 없이 그대로 시험에 응시하시면 됩니다.

④ 글자는 별도의 지시사항이 없는 한 **바탕, 10pt, 양쪽정렬, 줄간격 160%**로 작성한다.

⑤ 영문, 숫자 등은 별도의 지시가 없는 한 반각(1byte) 문자를 사용한다.

⑥ 특수문자는 문자표(전각 기호)를 이용하여 작성한다.

⑦ 교정부호 및 화살표로 기재된 지시사항대로 처리하되, ⬚→ 은 지시사항이므로 작성하지 않는다.

⑧ 1페이지에 [문제1]을 작성하고, 구역을 나누어 2페이지에 [문제2]를 작성한다.

※ 해당 페이지에 작성하지 않거나 의도적으로 텍스트 작성을 하지 않은 경우 0점 처리

⑨ [문제2]는 문제지와 같이 2단으로 다단을 나누어 작성한다.

⑩ '그림 삽입' 시에는 반드시 "KAIT 수검 프로그램"을 통해 다운로드 한 그림 파일을 사용한다.

⑪ 총점 : 200점

[공통사항1(기본설정, 용지설정)] : 8점, [공통사항2(오탈자)] : 40점
[문제1] : 46점, [문제2] : 106점

⑫ 기타 특별히 지시되어 있지 않은 사항은 문제지에 준하여 작성한다.

1인 카페 창업

1. 우리나라의 1인 가구

2023년도 기준(standard) 통계청에 따르면 싱글족, 미혼자, 독거노인 등의 1인 세대의 비중이 약 45%를 넘어섰다고 합니다. 2000년대 이후부터 자발적으로 다양한 1인 가구가 등장했으며 1인 가구에 대한 고정관념이 줄어든 편입니다. 가구 수의 경우 실제 함께 살지 않아도 생계 등을 함께 하고 있다면 1인 가구(家口)로 집계되지만 세대는 주민등록 주소지를 기준으로 구분하고 있습니다. '나 홀로 삶'은 이제 무색할 정도로 늘어나고 있습니다. 가족(家族) 실태조사 등을 통해 1인 가구에 대한 실태를 정확히 파악하여 국가에서는 1인 가구 지원정책 및 지원 사업, 안전Ⓐ, 범죄예방, 건강 돌봄에 대한 계획이 필요한 시기입니다. 1인 가구 보고서에 따르면 가장 큰 문제로는 경제 부분이 가장 높게 나왔고 사회적인 불안감에 따른 우울증, 건강문제로 집계되었습니다.

2. 1인 카페 창업

치솟는 물가(物價)와 나 홀로 족이 점점 늘어나고 있는 상황에서 많은 분들이 소비 활동에 대해 절약을 기본으로 삼고 있습니다. 이 부분은 창업자들에게도 마찬가지라는 생각이고 인건비와 임대료 등을 절감할 수 있는 소형 매장에 대한 관심도가 높아지고 있는 상황입니다. 그 중 많은 사람들이 선호하고 관심 있게 보는 창업아이템 중 하나는 1인 카페입니다. 코로나 시국을 보내면서 배달시장과 포장이 주력을 이루었고 예산(豫算)을 절감하면서 살아남을 수 있는 경쟁력을 키울 수 있습니다.

지역별 1인 카페 개업 현황

지역	2023년	2024년
서울특별시	150	200
경기도	80	120
인천광역시	20	35
광주광역시	15	20
합계	265	375

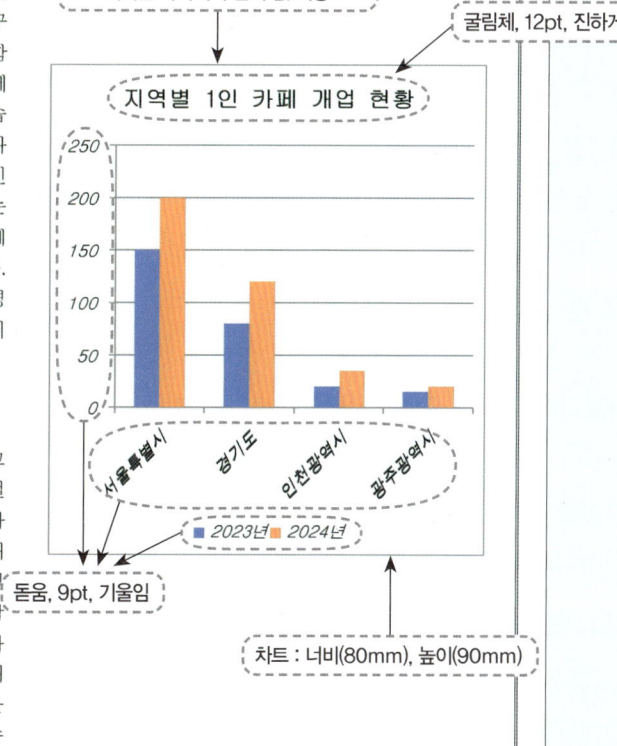

Ⓐ 위험이 생기거나 사고가 날 염려가 없음.

- 나 -

제 06 회 디지털정보활용능력 출제예상 모의고사

☑ 시험과목 : 워드프로세서(한글)
☑ 시험일자 : 20XX. XX. XX. (X)
☑ 응시자 기재사항 및 감독위원 확인

한컴오피스 한글 2022 버전용

수검번호	DIW - XXXX -	감독위원 확인
성 명		

· 응시자 유의사항 ·

1. 응시자는 신분증을 지참하여야 시험에 응시할 수 있으며, 시험이 종료될 때까지 신분증을 제시하지 못 할 경우 해당 시험은 0점 처리됩니다.

2. 시스템(PC작동여부, 네트워크 상태 등)의 이상여부를 반드시 확인하여야 하며, 시스템 이상이 있을시 감독위원에게 조치를 받으셔야 합니다.

3. 시험 중 부주의 또는 고의로 시스템을 파손한 경우는 응시자 부담으로 합니다.

4. 답안 전송 프로그램을 통해 파일을 다운로드하여 답안 파일을 작성하시기 바랍니다.

5. 작성한 답안 파일은 답안 전송 프로그램을 통하여 전송됩니다. 감독위원의 지시에 따라 주시기 바랍니다.

6. 다음 사항의 경우 실격(0점) 혹은 부정행위 처리됩니다.
   1) 답안 파일을 저장하지 않았거나, 저장한 파일이 손상되었을 경우
   2) 답안 파일을 지정된 폴더(바탕화면 – "KAIT" 폴더)에 저장하지 않았을 경우
      ※ 답안 전송 프로그램 로그인 시 바탕화면에 자동 생성됨
   3) 답안 파일을 다른 보조 기억장치(USB) 혹은 네트워크(메신저, 게시판 등)로 전송할 경우
   4) 휴대용 전화기 등 통신기기를 사용할 경우

7. **시험지에 제시된 글꼴이 응시 프로그램에 없는 경우, 반드시 감독위원에게 해당 내용을 통보한 뒤 조치를 받아야 합니다.**

8. 시험의 완료는 작성이 완료된 답안을 저장하고, 답안 전송이 완료된 상태를 확인한 것으로 합니다. 답안 전송 확인 후 문제지는 감독위원에게 제출한 후 퇴실하여야 합니다.

9. 답안 전송이 완료된 경우에는 수정 또는 정정이 불가능합니다.

10. 시험 시행 후 결과는 홈페이지(www.ihd.or.kr)에서 확인하시기 바랍니다.
    ※ 합격자 발표 : 20XX. XX. XX. (X)
    ※ 시험지 공개 : 20XX. XX. XX. (X)

계절별 선호 여행지

1. 여행의 역사

여행(旅行)이란 휴식을 위해 일상에서 벗어나 다른 지역이나 타국으로 떠나는 것을 뜻합니다. 크게 국내여행과 해외여행으로 구분이 되는데 2020년대 부터는 우주여행까지 본격적으로 새로운 여행(travel)으로 등장하기 시작하여 관광업계에서도 중요성을 두고 있습니다. 여유 있는 개인적인 시간으로 여겨졌던 관광(觀光)은 오늘날 산업의 관점으로 보기 시작했던 것은 18~19세기 유럽에서부터 시작되었습니다. 21세기가 시작되면서 많은 사람들은 여가시간을 보내기 시작했고 세계적으로 여행의 중요성이 더해지는 이유는 삶의 질을 향상시킬 수 있는 좋은 수단이 되었습니다. 인터넷이 발달하면서 편리한 여행의 수요Ⓐ는 더 급증하게 되었고 바다와 산, 계곡 등 다양한 여행지의 장소로 선호하는 나이대가 점차 낮아지고 있습니다.

2. 바다 여행

특히 바다는 지구 표면의 약 70.8%를 차지하고 있습니다. 육지(陸贄) 면적의 2.43배이고 지구에 존재하는 물은 바다에 저장되고 있습니다. 고운 모래나 자갈로 깔려 있는 바다는 안전하게 수영할 수 있는 곳과 낚시, 주변의 팔경(八景)을 보며 감탄을 자아내고 있습니다. 바다는 시원한 배경을 바탕으로 청량함이 뿜어져 나오고 최근에는 삐뚤어진 사각 프레임과 함께 포토존이 많이 생겨나고 있습니다. 매년 관광객들의 즐거운 추억이 될 축제를 즐기면서 바다는 우리에게 빠질 수 없는 여행지입니다.

여행 선호 계절 비율(%)

장소	남성	여성
봄	55	89
여름	73	45
가을	76	67
겨울	81	84
합계	285	285

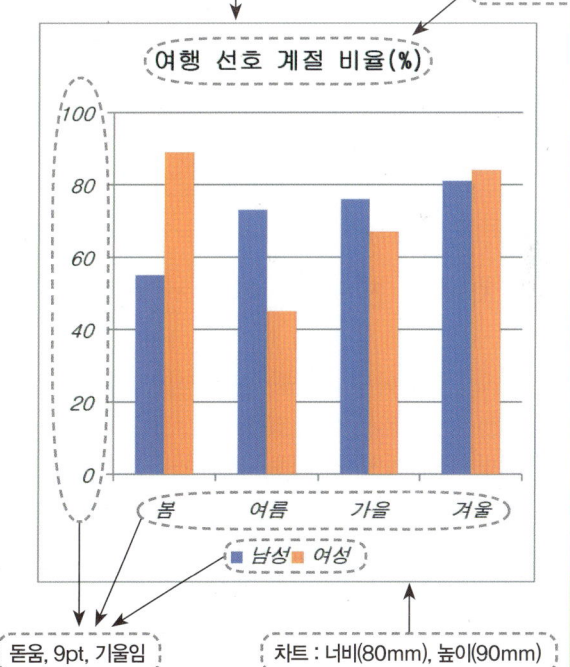

Ⓐ 구매자가 원하는 재화나 서비스의 양

사회복지사에 대하여

1. 사회복지사란?

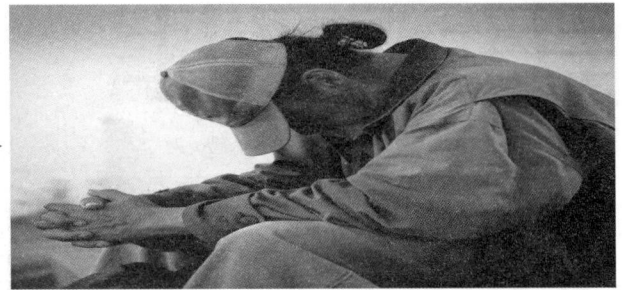

사회복지사란 사회복지에 관한 전문지식과 기술(技術)을 가진 자로서 보건복지부 장관으로부터 자격증(license)을 교부(交付)받은 사람을 일컫는다. 사회복지사는 청소년, 노인, 여성, 가족, 장애인 등 다양한 사회적, 개인적 욕구를 가진 사람들의 문제에 대한 사정과 평가를 통해 문제 해결을 돕고 지원한다. 사회복지사는 다른 사람의 욕구와 행동에 적절히 대응할 수 있는 문제해결능력과 협상, 설득할 수 있는 능력이 필요(必要)하다. 인간존중 및 사회정의에 대한 사명의식, 봉사정신이 필요하며 상대방에 대한 배려와 협동심, 원만한 대인관계를 유지시킬 수 있는 의사소통 능력이 요구된다.

2. 사회복지사의 전망

향후 5년간 사회복지사의 고용은 증가하는 수준이 될 것으로 전망된다. 정부 보고서에 따르면, 사회복지사를 요구(要求)하는 일자리는 향후 10년간 약 3만 명이 증가할 것으로 파악된다. 그러나 우리나라의 사회복지 수준은 아직까지 OECD 국가와 비교하여 현저히 낮은 수준이다. 사회가 발전함에 따라 복지 및 삶의 질 향상에 대한 수요가 증가하게 되므로, 향후 정부는 사회복지 정책(政策)을 지금보다 더 확대해야 할 것으로 보인다. 또한, 사회복지가 국가의 주요 정책으로 부각되면서 사회복지 담당인력에 대한 확충이 논의되고 있다ⓐ 사회복지 전담 공무원 및 민간 사회복지사의 수를 지속적으로 늘려나가야 할 때이다.

ⓐ 이는 사회복지 담당 공무원뿐만 아니라 민간 사회복지사도 포함된다.

연도별 사회복지사 취업률 (%)

연도	남성	여성
2019년	52	69
2020년	59	71
2021년	68	75
2022년	75	80
합계	254	295

연도별 사회복지사 취업률 (%)

명화 이야기

1. 명화 '별이 빛나는 밤'

작년 한해 우리나라에서 가장 사랑받던 명화(名畫) 10점을 선정하였습니다. 고전 작품부터 현대에 이르기까지 국내외적으로 가장 유명한 명화 10점 외에도 많은 작품이 쏟아져 나왔있는데 국외 작품ⓐ 중 가장 인기 있었던 작품은 바로 빈센트 반 고흐 작품의 '별이 빛나는 밤'입니다. 고흐에게 밤하늘은 무한함을 표현하는 대상이었고, 반짝이는 별로 밤의 정경을 다루었습니다. 이 작품은 고갱(Gauguin)과 다툰 뒤 자신의 귀를 자른 사건 이후 생레미의 요양원에 지내면서 그린 그림입니다. 그는 병실(病室) 밖으로 내다보이는 밤 풍경을 상상하며 그렸는데 자연에 대한 주관적이고 내적인 표현을 구현하고 있습니다. 땅과 하늘을 수직으로 높이 연결하는 사이프러스는 전통적으로 애도(哀悼)와 무덤이 관련된 나무이지만 반 고흐는 죽음을 불길하게 보지 않았다고 합니다.

2. 초등학교의 놀라운 변화

제주도의 한 초등학교에서는 미술실을 미술관으로 탈바꿈하여 세간의 화제가 되고 있습니다. 지역사회뿐만 아니라 교사, 학생, 관광객까지 몰리고 있고 전교생을 대상으로 미술관 수업을 진행하여 흥미롭고 긍정적인 효과를 거두고 있다고 합니다. 학교에서의 미술관 수업, 인성교육, 학부모 공개수업, 지역주민들을 대상으로 초청 관람회 등으로 다양하게 미술관을 활용하고 있습니다. 전시구성과 도슨트 교육(教育)은 전문 업체에서 맡아 하고 있는데 도슨트는 라틴어에서 유래된 말로 관람객들에게 전시물에 대해 설명을 해주는 사람을 말합니다.

ⓐ 예술 창작 활동으로 얻어지는 제작물

학생들이 선호하는 명화 작가 비율(%)

작가명	초등학생	중고등학생
고흐	45	55
고갱	35	65
르누아르	27	73
다빈치	50	50
합계	157	243

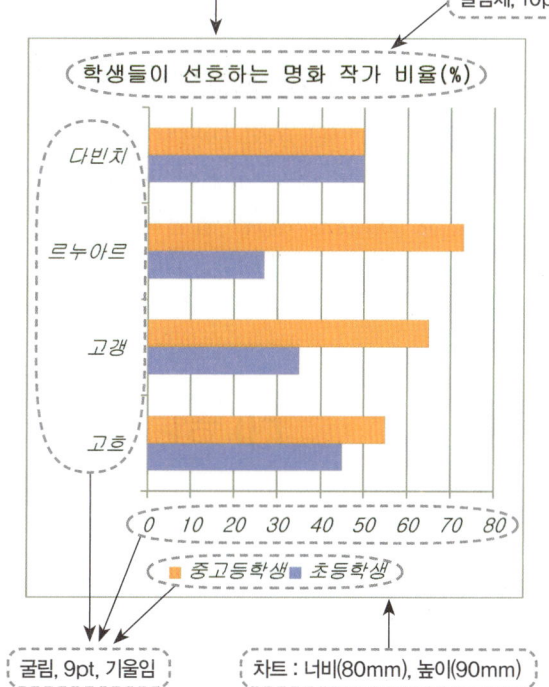

사회복지사진로설명회

대한사회복지사협회는 *매년 4회 사회복지사 자격증 시험을 개설하여* 사회복지사를 꿈꾸는 여러분들의 사회진출을 지원하고 있습니다. 사회복지사 시험에 응시하는 사람들의 수가 점점 늘어남에 따라, 어떻게 사회복지사 시험을 준비해야 하는지, 사회복지사 자격증 취득 이후 어떤 진로에 진출할 수 있는지에 대한 궁금증 또한 높아지고 있는 추세입니다. 각계 실무에서 근무하고 있는 사회복지사 분들을 초청하여 진로설명회를 개최하고 있습니다. 여러분의 많은 관심과 성원 바랍니다.

☆설명회 개요☆

1. 일   시 : ***2023년 11월 11일 (토) 오전 09:00 ~ 오후 05:00***
2. 장   소 : 대한사회복지사협회 대강당
3. 대   상 : 사회복지사에 관심이 있는 분들 누구나
4. 신청방법 : 대한사회복지사협회 홈페이지(http://www.ihd.or.kr)에서 신청

※ 기타사항
- 신청은 11월 6일 (월) 오전 09:00부터 홈페이지에서 신청하실 수 있습니다.
- 참여 신청자가 많을 경우 신청이 조기에 마감될 수 있습니다. 신청 후 참가하지 않는 경우를 방지하기 위해 보증금(1만 원)을 입금해 주시면 참여 신청이 완료됩니다.

2023. 10. 28.

대한사회복지사협회

디지털 권리장전

1. 디지털 권리란?

디지털(Digital) 권리는 개인이 디지털 미디어에 액세스, 사용, 생성 및 게시하거나 컴퓨터, 기타 전자 장치 및 통신 네트워크에 액세스하고 사용할 수 있도록 허용하는 인권 및 법적 권리이다. 이 개념은 디지털 기술, 특히 인터넷의 맥락에서 개인정보 보호 및 표현의 자유와 같은 기존 권리의 보호(保護) 및 실현과 관련있다. 디지털 심화 시대에 국가적 원칙과 기준을 제시하며 해외 사례와는 다르게 AI 중심의 논의를 넘어 리터러시 향상, 격차 해소 등 디지털 전반의 이슈를 포괄(包括)하고 있다는 점이 특징이다.

2. 디지털 권리장전

디지털 환경에서 사람들이 가지는 기본적인 권리(權利)와 자유를 명시한 문서를 의미한다. 인간의 존엄과 가치에 대한 존중을 기본으로 디지털 향유권이 인간의 보편적 권리로 보장되는 새로운 디지털 질서를 정립하여 디지털 혁신을 추구하면서도 그 혜택을 모두가 정의롭고 공정하게 향유하고자 하는데 그 목적을 두고 있다. 챗GPT① 및 인공지능을 비롯한 디지털 기술 개발 활용이 확산(擴散)되면서 개인정보 유출, 저작권 분쟁, 디지털 격차 등 새로운 사회적 문제들이 등장하고 이런 문제 해결을 위한 사회적 비용과 피해는 국민 모두에게 돌아갈 수 있다. 현재와 같은 새로운 국면에 디지털 규범 및 질서의 필요성이 대두되고 있는 시점이 디지털 환경에서의 공정성, 신뢰성 확보를 위해 함께 지켜나가야 할 규범과 질서(秩序)를 만들어나갈 필요성이 생기게 된 것이다.

① Open AI가 개발한 대화 전문 인공지능 챗봇

디지털 격차 실태조사(단위:%)

연도	저소득층	고령층
2020	87.8	64.3
2021	95.1	68.6
2022	95.4	69.1
2023	95.6	69.9
평균	93.48	67.97

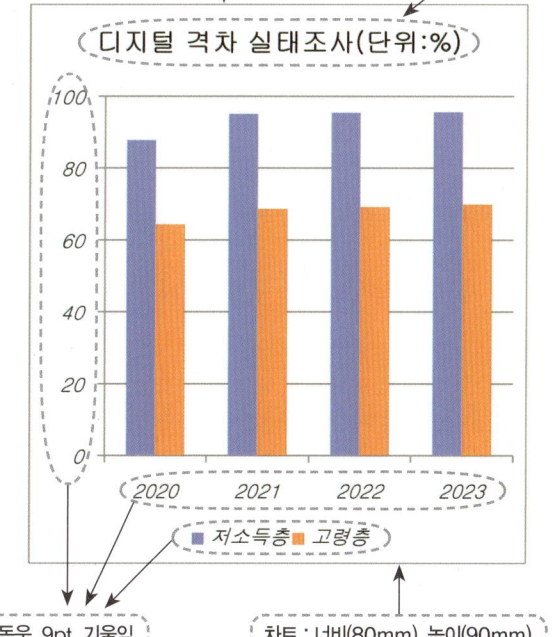

- B -

디지털정보활용능력   한글 [시험시간 : 40분]

【문제】 첨부된 문제를 다음의 조건을 적용하여 문서를 작성하시오.

① 문서는 A4(210mm×297mm) 크기, 세로 용지 방향으로 작성한다.

② 페이지 여백은 아래와 같이 설정한다.

왼쪽	오른쪽	위쪽	아래쪽	머리말	꼬리말	제본
20mm	20mm	20mm	20mm	10mm	10mm	0mm

③ 아래와 같이 "자동 글머리 기호 넣기"와 "자동 번호 매기기" 기능을 해제한다.

> 도구 → 빠른 교정 → 빠른 교정 내용 → 입력 자동 서식 ⇒ 자동 글머리 기호 넣기(해제)
> 자동 번호 매기기(해제)

※ 만약 입력 자동 서식 메뉴가 없는 경우에는 "자동 글머리 기호 넣기"와 "자동 번호 매기기" 기능이 설정되어 있지 않은 것이므로 별도의 기능 해제 없이 그대로 시험에 응시하시면 됩니다.

④ 글자는 별도의 지시사항이 없는 한 **바탕, 10pt, 양쪽정렬, 줄간격 160%**로 작성한다.

⑤ 영문, 숫자 등은 별도의 지시가 없는 한 반각(1byte) 문자를 사용한다.

⑥ 특수문자는 문자표(전각 기호)를 이용하여 작성한다.

⑦ 교정부호 및 화살표로 기재된 지시사항대로 처리하되, ⟨⋯⋯⟩→ 은 지시사항이므로 작성하지 않는다.

⑧ 1페이지에 [문제1]을 작성하고, 구역을 나누어 2페이지에 [문제2]를 작성한다.

※ 해당 페이지에 작성하지 않거나 의도적으로 텍스트 작성을 하지 않은 경우 0점 처리

⑨ [문제2]는 문제지와 같이 2단으로 다단을 나누어 작성한다.

⑩ '그림 삽입' 시에는 반드시 "KAIT 수검 프로그램"을 통해 다운로드 한 그림 파일을 사용한다.

⑪ 총점 : 200점

[공통사항1(기본설정, 용지설정)] : 8점, [공통사항2(오탈자)] : 40점
[문제1] : 46점, [문제2] : 106점

⑫ 기타 특별히 지시되어 있지 않은 사항은 문제지에 준하여 작성한다.

펫티켓 문화 확산

1. 펫티켓이란?

펫티켓(Pettiquette)은 'pet'과 'etiquette'의 합성어로, 반려인과 비반려인이 서로 지켜야 할 일종의 예의 및 예절을 뜻한다. 펫티켓의 가장 기본이 되는 것은 복종 훈련이다. 반려동물이 사람을 물거나 위협적인 상황이 발생할 때 반려동물을 컨트롤할 수 있어야하기 때문이다. 복종(服從) 훈련이라는 말에서 반려동물을 강압적으로 통제(統制)한다고 생각 할 수도 있으나, 복종 훈련은 반려동물이 보호자를 보호자로 명확하게 인식하고 스스로 따르도록 하는 예절 교육에 가깝다. 복종 훈련을 마친 후에도 안전장치는 꼭 필요하다. 자신의 반려동물이 아무리 얌전하더라도 처음 보는 사람이 그런 사실을 알 수는 없고, 반려동물을 무서워하는 사람과도 마주칠 수도 있기 때문에 안전장치는 꼭 필요한 사항이다. 예를 들어 많은 훈련사가 꼭 맹견(猛犬)이 아니더라도 일정 크기 이상의 개는 입마개를 착용하는 것을 권장하는 이유가 그런 좋은 사례라고 할 수 있다.

2. 비반려인의 펫티켓

반려인만이 아니라 비반려인①도 지켜야 할 기본적인 펫티켓이 있다. 우선 반려동물의 눈을 응시하지 않아야 한다. 반려동물이 공격의 신호로 받아들일 가능성(可能性)이 높기 때문이다. 자신이 좋아한다고 반려동물에게 갑자기 무작정 다가가서 함부로 만지는 등 반려동물과 그 보호자가 예상할 수 없는 돌발행동을 한다면 자칫 큰 사고로 이어질 수 있다. 반려동물을 자극(刺戟)할 수 있기 때문이다.

---
① 최근 6개월 이내에 동물을 키운 경험이 없는 사람

반려동물 양육가구 비율(단위:%)

년도	반려견	반려묘
2021	42	28
2022	45	25
2023	50	20
2024	52	22
합계	189	95

제 05 회 디지털정보활용능력 출제예상 모의고사

☑ 시험과목 : 워드프로세서(한글)
☑ 시험일자 : 20XX. XX. XX. (X)
☑ 응시자 기재사항 및 감독위원 확인

한컴오피스 한글 2022 버전용

수검번호	DIW - XXXX -	감독위원 확인
성 명		

·응시자 유의사항·

1. 응시자는 신분증을 지참하여야 시험에 응시할 수 있으며, 시험이 종료될 때까지 신분증을 제시하지 못 할 경우 해당 시험은 0점 처리됩니다.

2. 시스템(PC작동여부, 네트워크 상태 등)의 이상여부를 반드시 확인하여야 하며, 시스템 이상이 있을시 감독위원에게 조치를 받으셔야 합니다.

3. 시험 중 부주의 또는 고의로 시스템을 파손한 경우는 응시자 부담으로 합니다.

4. 답안 전송 프로그램을 통해 파일을 다운로드하여 답안 파일을 작성하시기 바랍니다.

5. 작성한 답안 파일은 답안 전송 프로그램을 통하여 전송됩니다. 감독위원의 지시에 따라 주시기 바랍니다.

6. 다음 사항의 경우 실격(0점) 혹은 부정행위 처리됩니다.
    1) 답안 파일을 저장하지 않았거나, 저장한 파일이 손상되었을 경우
    2) 답안 파일을 지정된 폴더(바탕화면 - "KAIT" 폴더)에 저장하지 않았을 경우
        ※ 답안 전송 프로그램 로그인 시 바탕화면에 자동 생성됨
    3) 답안 파일을 다른 보조 기억장치(USB) 혹은 네트워크(메신저, 게시판 등)로 전송할 경우
    4) 휴대용 전화기 등 통신기기를 사용할 경우

7. **시험지에 제시된 글꼴이 응시 프로그램에 없는 경우, 반드시 감독위원에게 해당 내용을 통보한 뒤 조치를 받아야 합니다.**

8. 시험의 완료는 작성이 완료된 답안을 저장하고, 답안 전송이 완료된 상태를 확인한 것으로 합니다. 답안 전송 확인 후 문제지는 감독위원에게 제출한 후 퇴실하여야 합니다.

9. 답안 전송이 완료된 경우에는 수정 또는 정정이 불가능합니다.

10. 시험 시행 후 결과는 홈페이지(www.ihd.or.kr)에서 확인하시기 바랍니다.
    ※ 합격자 발표 : 20XX. XX. XX. (X)
    ※ 시험지 공개 : 20XX. XX. XX. (X)

디지털 윤리

1. 디지털 윤리란?

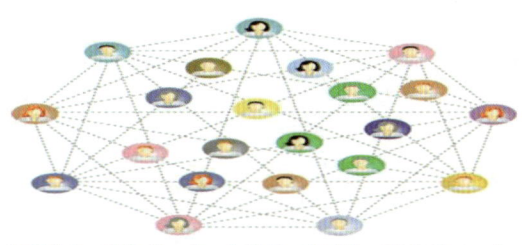

디지털을 활용할 때 자신의 감정을 조절하고 타인을 존중하며 상대방을 배려하는 긍정적인 사회 관계를 형성할 수 있는 기본 소양을 의미한다. 기술의 개발과 사용에 관련된 윤리적 문제를 다루는 학문으로 디지털을 윤리적으로 사용하기 위한 원칙들을 제시한다. 원칙(原則) 중 첫 번째는 존중이다. 이는 다양성과 개인의 권리를 포용하고 인간적(人間的) 가치를 존중하는 것을 의미한다.

2. 디지털 윤리 교육의 필요성

첫째, 디지털 윤리를 지킴으로써 우리는 개인 프라이버시를 보호하고 알고리즘 및 인공지능 사용의 공정성을 촉진하며 디지털 상호 작용에 대한 신뢰를 높일 수 있다. 둘째, 알고리즘과 인공지능이 점점 더 우리의 디지털 경험을 형성함에 따라 공정성과 알고리즘 편향(偏向)에 대한 우려가 대두되고 있다. 셋째, 디지털 격차를 해서하고 디지털 포용을 촉진할 필요가 있다. 넷째, 사이버 보안 위협이 만연한 시대에 디지털 윤리 교육은 사이버 보안 조치의 중요성(重要性)으로 강조되고 있다. 다섯째, 인공지능, 블록체인(Blockchain)ⓐ 및 가상현실과 같은 신흥 기술의 급속한 발전(發展)은 또 다른 윤리적 문제를 제기하고 있다. 빠르게 진화하는 디지털 환경의 벼랑에 서 있는 지금, 디지털 윤리의 중요성은 그 어느 때보다 강조되고 있다. 디지털 윤리 교육을 통해 책임 있는 행동을 위한 안내를 제시하고 사이버 보안을 보장함으로써 개인의 권리를 보호하며 사회 정의를 촉진하고 신뢰를 구축하는 디지털 사회를 형성할 수 있게 될 것이다.

ⓐ 가상 화폐로 거래할 때 해킹을 막기 위한 기술

디지털 윤리 교육 필요성(단위 : %)

영역	초등학생	중고등학생
정보 보호	30	20
온라인 소통	25	20
사이버 괴롭힘	15	25
법적 윤리	5	5
합계	75	70

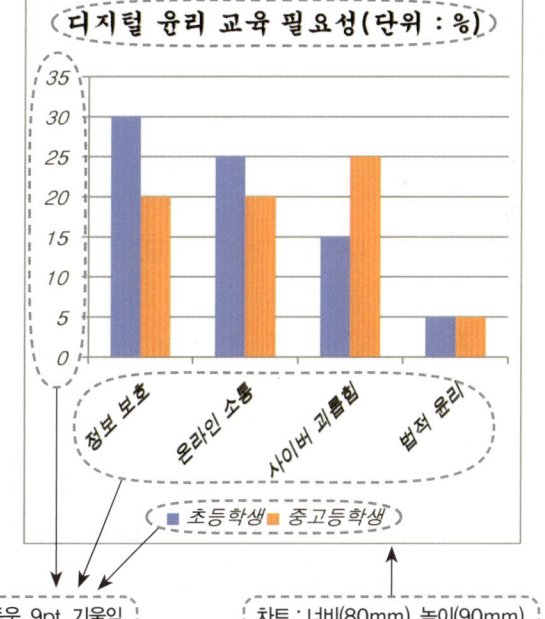

- 을 -

고교학점제

1. 고교학점제란?

고교학점제는 학생이 적성과 진로에 따라 다양한 교과목을 선택 및 이수해 누적 학점(學點)이 기준에 도달(到達)하면 졸업을 인정받는 제도(制度)이다. 교육부는 미래 사회에 필요한 핵심 역량을 학생이 자기 주도적으로 학습할 수 있도록 하고, 교육체제 전반의 변화(變化)를 이뤄가기 위해 고교학점제 도입을 추진하였다. 고교학점제가 도입되면 학생은 학습의 주체로서 적성 및 진로에 따라 필요한 과목을 선택해 학습(學習)할 수 있다. 교원은 수업 및 평가에 대한 전문성과 자율성을 높일 수 있는 계기를 맞을 것이다.
2023년부터 단계적으로 고교학점제가 적용될 예정이다.

2. 고교학점제 연구 및 선도학교 수

고교학점제①가 시행되면 수강신청, 평가와 학점 취득 등 다양한 단계에 걸쳐 학교교육이 이뤄진다. 학교는 다양한 과목개설을 통해 학생 맞춤형 교육과정 운영을 준비하고, 학생들은 학습 계획에 따라 수강 희망과목을 선택해 수업을 듣는다. 일정 정도의 성취수준에 도달하지 못한 학생은 보충 프로그램 등을 통해 학점을 이수할 수 있도록 지도를 받는다. 학생들은 이수한 누적 학점이 기준에 도달할 경우 졸업을 인정받는다. 고등학교 교육을 통해 배워야 하는 내용 등은 공통 과목으로 지정돼 학생이 의무적으로 수강해야 하며 이를 제외한 범위내에서 과목을 선택하여 수강하게 된다. 다만, 학교에서 학생수요를 반영해 최대한 많은 과목을 개설하도록 할 계획이다.

고교학점제 연구 및 선도학교 수

연도	연구학교	선도학교
2019	55	299
2020	77	658
2021	82	1,375
2022	86	1,392
합계	300	3,724

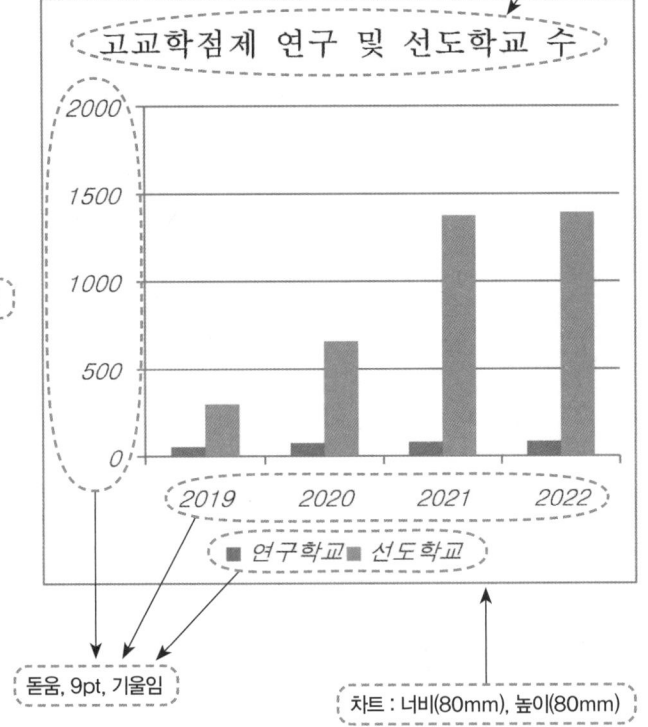

---

① 2020년 마이스터고(51개교) 대상으로 우선 도입

고교학점제수기공모전

2025년 전국 고등학교에 전면 적용되어 시행되는 고교학점에 도입을 위해서 이미 단계적 이행을 거친 학생과 교원을 대상으로 수기 공모전을 개최하고자 합니다. 공모 주제는 자유이지만 진로에 따른 과목 설계 경험담이거나 학점제형 교육과정 운영에 따른 사례를 중심으로 여러분의 경험을 들려주신다면 전면 시행되는 과정에서 올 수 있는 혼란을 조금이나마 줄이고 준비할 수 있는 기회를 얻을 수 있을 듯합니다. 관심 있는 여러분들의 많은 참여 바랍니다.

◎ 공모 안내 ◎

1. 공모기간 : 2023. 11. 6.(월) ~ 11. 24.(금) 24:00까지
2. 참가대상 : 고교학점제 연구, 선도학교 등에서 고교학점제를 경험해 본 학생 및 교원
3. 제출방법 : 고교학점제 홈페이지(https://www.ihd.or.kr) 공모전 카테고리에 원고 파일 제출
4. 결과발표 : 2023년 12월 5일(화) 홈페이지와 눈 공지 및 개별 연락

※ 기타사항
- 타 대회 출품 작품, 표절, 무단 도용 등 저작권 관련 문제가 있는 작품은 심사위원회의 심의를 거쳐 수상 결정을 취소할 수 있습니다.
- 작품의 완성도가 심사기준에 미달할 경우 당선작을 선정하지 않을 수 있습니다.

2023. 10. 28.

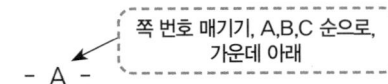

제 01 회 디지털정보활용능력 출제예상 모의고사

☑ 시험과목 : 워드프로세서(한글)
☑ 시험일자 : 20XX. XX. XX. (X)
☑ 응시자 기재사항 및 감독위원 확인

한컴오피스 한글 2022 버전용

수검번호	DIW - XXXX -	감독위원 확인
성 명		

·응시자 유의사항·

1. 응시자는 신분증을 지참하여야 시험에 응시할 수 있으며, 시험이 종료될 때까지 신분증을 제시하지 못 할 경우 해당 시험은 0점 처리됩니다.

2. 시스템(PC작동여부, 네트워크 상태 등)의 이상여부를 반드시 확인하여야 하며, 시스템 이상이 있을시 감독위원에게 조치를 받으셔야 합니다.

3. 시험 중 부주의 또는 고의로 시스템을 파손한 경우는 응시자 부담으로 합니다.

4. 답안 전송 프로그램을 통해 파일을 다운로드하여 답안 파일을 작성하시기 바랍니다.

5. 작성한 답안 파일은 답안 전송 프로그램을 통하여 전송됩니다. 감독위원의 지시에 따라 주시기 바랍니다.

6. 다음 사항의 경우 실격(0점) 혹은 부정행위 처리됩니다.
    1) 답안 파일을 저장하지 않았거나, 저장한 파일이 손상되었을 경우
    2) 답안 파일을 지정된 폴더(바탕화면 – "KAIT" 폴더)에 저장하지 않았을 경우
        ※ 답안 전송 프로그램 로그인 시 바탕화면에 자동 생성됨
    3) 답안 파일을 다른 보조 기억장치(USB) 혹은 네트워크(메신저, 게시판 등)로 전송할 경우
    4) 휴대용 전화기 등 통신기기를 사용할 경우

7. **시험지에 제시된 글꼴이 응시 프로그램에 없는 경우, 반드시 감독위원에게 해당 내용을 통보한 뒤 조치를 받아야 합니다.**

8. 시험의 완료는 작성이 완료된 답안을 저장하고, 답안 전송이 완료된 상태를 확인한 것으로 합니다. 답안 전송 확인 후 문제지는 감독위원에게 제출한 후 퇴실하여야 합니다.

9. 답안 전송이 완료된 경우에는 수정 또는 정정이 불가능합니다.

10. 시험 시행 후 결과는 홈페이지(www.ihd.or.kr)에서 확인하시기 바랍니다.
    ※ 합격자 발표 : 20XX. XX. XX. (X)
    ※ 시험지 공개 : 20XX. XX. XX. (X)

디지털정보활용능력 한글 [시험시간 : 40분]

【문제】 첨부된 문제를 다음의 조건을 적용하여 문서를 작성하시오.

① 문서는 A4(210mm×297mm) 크기, 세로 용지 방향으로 작성한다.

② 페이지 여백은 아래와 같이 설정한다.

왼쪽	오른쪽	위쪽	아래쪽	머리말	꼬리말	제본
20mm	20mm	20mm	20mm	10mm	10mm	0mm

③ 아래와 같이 "자동 글머리 기호 넣기"와 "자동 번호 매기기" 기능을 해제한다.

도구 → 빠른 교정 → 빠른 교정 내용 → 입력 자동 서식 ⇒	자동 글머리 기호 넣기(해제) 자동 번호 매기기(해제)

※ 만약 입력 자동 서식 메뉴가 없는 경우에는 "자동 글머리 기호 넣기"와 "자동 번호 매기기" 기능이 설정되어 있지 않은 것이므로 별도의 기능 해제 없이 그대로 시험에 응시하시면 됩니다.

④ 글자는 별도의 지시사항이 없는 한 **바탕, 10pt, 양쪽정렬, 줄간격 160%**로 작성한다.

⑤ 영문, 숫자 등은 별도의 지시가 없는 한 반각(1byte) 문자를 사용한다.

⑥ 특수문자는 문자표(전각 기호)를 이용하여 작성한다.

⑦ 교정부호 및 화살표로 기재된 지시사항대로 처리하되, ⌐ ̄ ̄ ̄¬→ 은 지시사항이므로 작성하지 않는다.

⑧ 1페이지에 [문제1]을 작성하고, 구역을 나누어 2페이지에 [문제2]를 작성한다.

※ 해당 페이지에 작성하지 않거나 의도적으로 텍스트 작성을 하지 않은 경우 0점 처리

⑨ [문제2]는 문제지와 같이 2단으로 다단을 나누어 작성한다.

⑩ '그림 삽입' 시에는 반드시 "KAIT 수검 프로그램"을 통해 다운로드 한 그림 파일을 사용한다.

⑪ 총점 : 200점

[공통사항1(기본설정, 용지설정)] : 8점, [공통사항2(오탈자)] : 40점
[문제1] : 46점, [문제2] : 106점

⑫ 기타 특별히 지시되어 있지 않은 사항은 문제지에 준하여 작성한다.

디지털정보활용능력 한글 [시험시간 : 40분]

【문제】 첨부된 문제를 다음의 조건을 적용하여 문서를 작성하시오.

① 문서는 A4(210mm×297mm) 크기, 세로 용지 방향으로 작성한다.

② 페이지 여백은 아래와 같이 설정한다.

왼쪽	오른쪽	위쪽	아래쪽	머리말	꼬리말	제본
20mm	20mm	20mm	20mm	10mm	10mm	0mm

③ 아래와 같이 "자동 글머리 기호 넣기"와 "자동 번호 매기기" 기능을 해제한다.

> 도구 → 빠른 교정 → 빠른 교정 내용 → 입력 자동 서식 ⇒ 자동 글머리 기호 넣기(해제)
> 자동 번호 매기기(해제)

※ 만약 입력 자동 서식 메뉴가 없는 경우에는 "자동 글머리 기호 넣기"와 "자동 번호 매기기" 기능이 설정되어 있지 않은 것이므로 별도의 기능 해제 없이 그대로 시험에 응시하시면 됩니다.

④ 글자는 별도의 지시사항이 없는 한 **바탕, 10pt, 양쪽정렬, 줄간격 160%**로 작성한다.

⑤ 영문, 숫자 등은 별도의 지시가 없는 한 반각(1byte) 문자를 사용한다.

⑥ 특수문자는 문자표(전각 기호)를 이용하여 작성한다.

⑦ 교정부호 및 화살표로 기재된 지시사항대로 처리하되, ⟮┈┈┈⟯→ 은 지시사항이므로 작성하지 않는다.

⑧ 1페이지에 [문제1]을 작성하고, 구역을 나누어 2페이지에 [문제2]를 작성한다.

※ 해당 페이지에 작성하지 않거나 의도적으로 텍스트 작성을 하지 않은 경우 0점 처리

⑨ [문제2]는 문제지와 같이 2단으로 다단을 나누어 작성한다.

⑩ '그림 삽입' 시에는 반드시 "KAIT 수검 프로그램"을 통해 다운로드 한 그림 파일을 사용한다.

⑪ 총점 : 200점

[공통사항1(기본설정, 용지설정)] : 8점, [공통사항2(오탈자)] : 40점
[문제1] : 46점, [문제2] : 106점

⑫ 기타 특별히 지시되어 있지 않은 사항은 문제지에 준하여 작성한다.

제 04 회 디지털정보활용능력 출제예상 모의고사

☑ 시험과목 : 워드프로세서(한글)
☑ 시험일자 : 20XX. XX. XX. (X)
☑ 응시자 기재사항 및 감독위원 확인

한컴오피스 한글 2022 버전용

수검번호	DIW - XXXX -	감독위원 확인
성 명		

·응시자 유의사항·

1. 응시자는 신분증을 지참하여야 시험에 응시할 수 있으며, 시험이 종료될 때까지 신분증을 제시하지 못 할 경우 해당 시험은 0점 처리됩니다.

2. 시스템(PC작동여부, 네트워크 상태 등)의 이상여부를 반드시 확인하여야 하며, 시스템 이상이 있을시 감독위원에게 조치를 받으셔야 합니다.

3. 시험 중 부주의 또는 고의로 시스템을 파손한 경우는 응시자 부담으로 합니다.

4. 답안 전송 프로그램을 통해 파일을 다운로드하여 답안 파일을 작성하시기 바랍니다.

5. 작성한 답안 파일은 답안 전송 프로그램을 통하여 전송됩니다. 감독위원의 지시에 따라 주시기 바랍니다.

6. 다음 사항의 경우 실격(0점) 혹은 부정행위 처리됩니다.
   1) 답안 파일을 저장하지 않았거나, 저장한 파일이 손상되었을 경우
   2) 답안 파일을 지정된 폴더(바탕화면 - "KAIT" 폴더)에 저장하지 않았을 경우
      ※ 답안 전송 프로그램 로그인 시 바탕화면에 자동 생성됨
   3) 답안 파일을 다른 보조 기억장치(USB) 혹은 네트워크(메신저, 게시판 등)로 전송할 경우
   4) 휴대용 전화기 등 통신기기를 사용할 경우

7. **시험지에 제시된 글꼴이 응시 프로그램에 없는 경우, 반드시 감독위원에게 해당 내용을 통보한 뒤 조치를 받아야 합니다.**

8. 시험의 완료는 작성이 완료된 답안을 저장하고, 답안 전송이 완료된 상태를 확인한 것으로 합니다. 답안 전송 확인 후 문제지는 감독위원에게 제출한 후 퇴실하여야 합니다.

9. 답안 전송이 완료된 경우에는 수정 또는 정정이 불가능합니다.

10. 시험 시행 후 결과는 홈페이지(www.ihd.or.kr)에서 확인하시기 바랍니다.
    ※ 합격자 발표 : 20XX. XX. XX. (X)
    ※ 시험지 공개 : 20XX. XX. XX. (X)

한국정보통신진흥협회 KAIT

아름다운눈꽃축제!북해도여행

눈 이 아름다운 그 곳, 일본 최북단에 위치한 북해도 패키지여행을 소개해드립니다. *이번 '2023 북해도 여행 패키지' 프로그램은 소중한 가족들, 친구들과 함께하는* 최고의 여행이 될 수 있도록 다채롭게 구성 되었습니다. 매년 3,000리터의 온천수가 나오는 노보리베츠의 지옥계곡에서 밤도깨비 축제를 관람하고, 아름다운 설경 속의 고급 온천욕을 즐길 수도 있습니다. 또한 삿포로의 맥주 박물관과 다양한 먹거리로 풍부한 여행이 될 것입니다.

■ 여행안내 ■

1. 기　　간 : 2023. 12. 26.(화) ~ 12. 29.(금), 3박 4일
2. 장　　소 : 북해도 삿포로, 오타루, 노보리베츠 등
3. 예약방법 : 여행사 홈페이지 및 전화 예약 **(10인 이상 단체는 전화 예약만 가능)**
4. 주　　관 : 북해도사랑 여행사, 북해도관광청사

※ 기타사항
- 여행 일정 7일 전에는 항공권 구입 관계로 취소가 불가능합니다.
- 이 상품은 특가로 진행되기 때문에 숙박 시설 및 기타의 옵션 선택이 불가능합니다. 기타 자세한 여행 일정은 북해도사랑 여행사 홈페이지(http://www.ihd.or.kr)를 참고하시기 바랍니다.

2023. 12. 16.

북해도사랑여행사

스키 상식 마당

1. 스키의 이해

스키는 길고 평평한 것을 신발 밑에 부착하여 눈 위에서 미끄러지며 나갈 수 있도록 만든 도구를 말하며 이를 이용한 스포츠의 명칭(名稱)이기도 하다. 스키 경기는 정해진 코스 안에서 시간으로 순위를 겨루는 경기로, 국제스키연맹의 국제경기 공통 규칙에 따르면 국제스키 경기의 종류에는 알파인, 노르딕, 스노보드 등의 종목으로 나누어진다. 노르딕 스키에는 크로스컨트리와 스키점프, 그리고 두 개지를 합친 노르딕 복합 종목이 있다. 알파인 스키에는 경사면을 100km 속도로 이상의 활주해 내려오는 활강과 기문을 지그재그로 지나치며 내려오는 회전 종목(種目)이 있다. 그 밖에 요즘은 젊은이들을 중심으로 고난도 묘기(妙技)를 선보이는 익스트림 게임(Extreme Game)Ⓐ 형태(形態)의 프리스타일 스키가 큰 인기를 끌고 있다.

2. 스키점프

활강과 비행하는 모습이 화려하고 아름다워 '스키 경기의 꽃'으로 불리는 스키점프는 북유럽의 언덕이 많은 지방에서 시작된 경기이며, 스키를 타고 인공으로 만들어진 급경사면을 활강하여 내려오다 도약대에서 직선으로 허공을 가능한 한 멀리 날아가 착지하는 스포츠이다. 크로스컨트리 스키와 더불어 노르딕 스키의 한 종목으로 점프하는 거리뿐만 아니라 점프 스타일에 따라서 점수를 준다. 스키 점프 경기는 노멀 힐 경기, 라지 힐 경기, 스카이 플라잉 경기로 개최된다.

스키캠프 참가자 현황

구분	남	여
초등부	34	38
중등부	35	40
고등부	23	25
대학생	26	22
합계	118	125

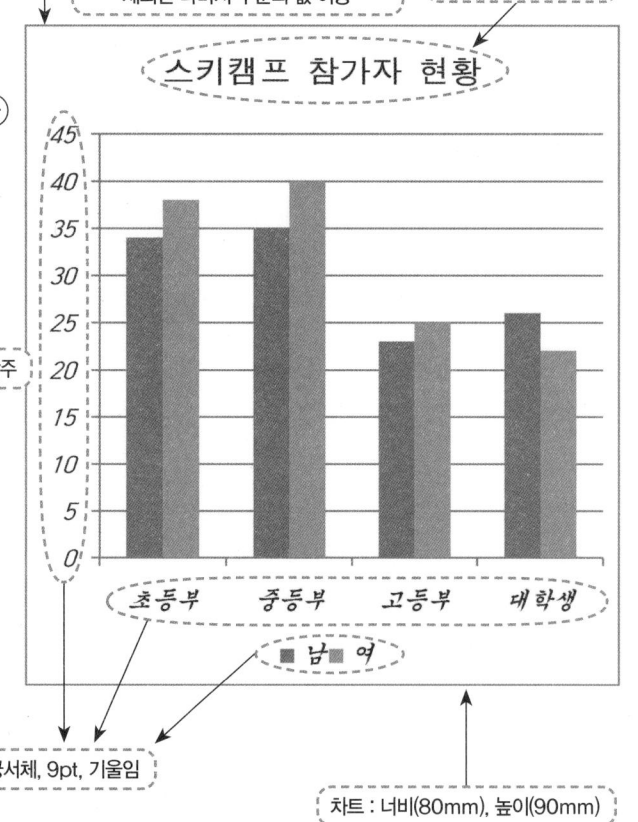

Ⓐ 여러 가지 묘기를 펼치는 레저스포츠를 통칭하며, X 게임이라고도 함

홋카이도 여행

1. 홋카이도의 매력

최근 가족여행지로 각광받고 있는 식도락의 천국인 일본은 다양한 관광지와 먹거리, 즐길 거리가 가득한 곳이다. 특히 겨울 관광지로 유명한 홋카이도 본섬은 일본 열도에서 혼슈ⓐ 다음으로 두 번째인 큰 섬이다. 북위 41도~50도 사이에 위치하여 냉대 습윤 기후와 같이 한랭한 기후(氣候)가 나타난다. 계절별 아름다움이 두드러지는 홋카이도는 깨끗한 공기와 푸른 하늘, 계절마다 형형색색의 꽃들과 나무들이 만발한다. 또한 삿포로시에 위치한 중요 문화재(Cultural properties) 중 하나인 홋카이도 구청사는 붉은 벽돌(아카렌가)로 불리며 메이지 시대(時代)를 대표하는 건물로 이른바 홋카이도의 상징(象徵)이 되었다. 이처럼 자연과 하나가 되어 관광객들의 오감(五感)을 만족시키는 일본의 대표 관광명소로 대두되고 있다.

2. 홋카이도 대표 관광지

삿포로는 홋카이도에서 가장 큰 도시이자 중심지이기도 한 대표적인 관광지이다. 겨울과 맥주가 유명한 이곳은 매년 세계 3대 축제 중 하나인 눈꽃축제가 열려 대자연을 만끽할 수 있다. 오타루는 대표적인 항구도시로 영화 촬영지로 유명하다. 오타루 운하는 일본 관광객들의 명소(名所)로 자리매김하였다. 또한 메르헨 교차지점에 있는 일본 최대의 전문점인 오르골 오르골당에서는 고풍스러운 분위기에서 가지각색의 오르골을 보고 체험할 수 있다. 일본 3대 온천 지역으로 꼽히는 노보리베츠는 설경에서 즐기는 온천욕과 신선한 해산물등이 유명하다.

홋카이도 대표 관광지 정보

도시	관광정보 제공	인구수(만명)
삿포로	357	197
오타루	255	11
하코다테	98	25
후라노	70	2
합계	780	235

ⓐ 일본을 구성하는 4개의 섬 중 크기가 가장 큰 섬.

2023전국청소년리더십스키캠프

이번 "**청소년 리더십 스키캠프**"는 전국 초, 중, 고 학생들의 리더십 함양과 체험 학습의 기회를 제공하고, 건강한 신체활동과 정신건강 함양을 위해 마련된 행사입니다. 국내 최상위 강사진들의 무료 강습을 통하여 초보자들도 쉽게 스키를 즐길 수 있으며, 강습을 받지 않으시는 분들도 자유롭게 스키를 즐길 수 있습니다. 이를 통하여 자아를 변화시킬 수 있는 기회를 만들어 드리고자 합니다. 여러분의 많은 관심과 참여 바랍니다.

■ 참가안내 ■

1. 참가일정 : 2023. 12. 29. ~ 12. 30.
2. 참가장소 : 강원도 평창 알펜시아 리조트
3. 참가대상 : 초중고생, 대학생, 일반인
4. 참가접수 : *청소년리더십캠프 홈페이지(http://www.ihd.or.kr)*

※ 기타사항
- 프로그램 : 리더십 찾기 프로그램(꿈 찾기, 자아 찾기, 함께 하는 법 등), 스키 보드 강습 및 자유 스키, 스포츠 레크리에이션, 마술 교실, 풍등 만들기 등
- 제공혜택 : 왕복 교통, 숙식 제공, 장비 렌탈, 리프트권, 무료 강습

2023. 12. 16.

청소년리더십캠프위원회

제 02 회 디지털정보활용능력 출제예상 모의고사

☑ 시험과목 : 워드프로세서(한글)
☑ 시험일자 : 20XX. XX. XX. (X)
☑ 응시자 기재사항 및 감독위원 확인

한컴오피스 한글 2022 버전용

수검번호	DIW - XXXX -	감독위원 확인
성 명		

·응시자 유의사항·

1. 응시자는 신분증을 지참하여야 시험에 응시할 수 있으며, 시험이 종료될 때까지 신분증을 제시하지 못 할 경우 해당 시험은 0점 처리됩니다.

2. 시스템(PC작동여부, 네트워크 상태 등)의 이상여부를 반드시 확인하여야 하며, 시스템 이상이 있을시 감독위원에게 조치를 받으셔야 합니다.

3. 시험 중 부주의 또는 고의로 시스템을 파손한 경우는 응시자 부담으로 합니다.

4. 답안 전송 프로그램을 통해 파일을 다운로드하여 답안 파일을 작성하시기 바랍니다.

5. 작성한 답안 파일은 답안 전송 프로그램을 통하여 전송됩니다. 감독위원의 지시에 따라 주시기 바랍니다.

6. 다음 사항의 경우 실격(0점) 혹은 부정행위 처리됩니다.
   1) 답안 파일을 저장하지 않았거나, 저장한 파일이 손상되었을 경우
   2) 답안 파일을 지정된 폴더(바탕화면 - "KAIT" 폴더)에 저장하지 않았을 경우
      ※ 답안 전송 프로그램 로그인 시 바탕화면에 자동 생성됨
   3) 답안 파일을 다른 보조 기억장치(USB) 혹은 네트워크(메신저, 게시판 등)로 전송할 경우
   4) 휴대용 전화기 등 통신기기를 사용할 경우

7. **시험지에 제시된 글꼴이 응시 프로그램에 없는 경우, 반드시 감독위원에게 해당 내용을 통보한 뒤 조치를 받아야 합니다.**

8. 시험의 완료는 작성이 완료된 답안을 저장하고, 답안 전송이 완료된 상태를 확인한 것으로 합니다. 답안 전송 확인 후 문제지는 감독위원에게 제출한 후 퇴실하여야 합니다.

9. 답안 전송이 완료된 경우에는 수정 또는 정정이 불가능합니다.

10. 시험 시행 후 결과는 홈페이지(www.ihd.or.kr)에서 확인하시기 바랍니다.
    ※ 합격자 발표 : 20XX. XX. XX. (X)
    ※ 시험지 공개 : 20XX. XX. XX. (X)

| 디지털정보활용능력 | 한글 [시험시간 : 40분] |

【문제】 첨부된 문제를 다음의 조건을 적용하여 문서를 작성하시오.

① 문서는 A4(210mm×297mm) 크기, 세로 용지 방향으로 작성한다.

② 페이지 여백은 아래와 같이 설정한다.

왼쪽	오른쪽	위쪽	아래쪽	머리말	꼬리말	제본
20mm	20mm	20mm	20mm	10mm	10mm	0mm

③ 아래와 같이 "자동 글머리 기호 넣기"와 "자동 번호 매기기" 기능을 해제한다.

도구 → 빠른 교정 → 빠른 교정 내용 → 입력 자동 서식 ⇒ 자동 글머리 기호 넣기(해제)   자동 번호 매기기(해제)

※ 만약 입력 자동 서식 메뉴가 없는 경우에는 "자동 글머리 기호 넣기"와 "자동 번호 매기기" 기능이 설정되어 있지 않은 것이므로 별도의 기능 해제 없이 그대로 시험에 응시하시면 됩니다.

④ 글자는 별도의 지시사항이 없는 한 **바탕, 10pt, 양쪽정렬, 줄간격 160%**로 작성한다.

⑤ 영문, 숫자 등은 별도의 지시가 없은 한 반각(1byte) 문자를 사용한다.

⑥ 특수문자는 문자표(전각 기호)를 이용하여 작성한다.

⑦ 교정부호 및 화살표로 기재된 지시사항대로 처리하되, ┈┈┈┈┈┈→ 은 지시사항이므로 작성하지 않는다.

⑧ 1페이지에 [문제1]을 작성하고, 구역을 나누어 2페이지에 [문제2]를 작성한다.

 ※ 해당 페이지에 작성하지 않거나 의도적으로 텍스트 작성을 하지 않은 경우 0점 처리

⑨ [문제2]는 문제지와 같이 2단으로 다단을 나누어 작성한다.

⑩ '그림 삽입' 시에는 반드시 "KAIT 수검 프로그램"을 통해 다운로드 한 그림 파일을 사용한다.

⑪ 총점 : 200점

 [공통사항1(기본설정, 용지설정)] : 8점, [공통사항2(오탈자)] : 40점
 [문제1] : 46점, [문제2] : 106점

⑫ 기타 특별히 지시되어 있지 않은 사항은 문제지에 준하여 작성한다.

디지털정보활용능력 한글 [시험시간 : 40분]

【문제】 첨부된 문제를 다음의 조건을 적용하여 문서를 작성하시오.

① 문서는 A4(210mm×297mm) 크기, 세로 용지 방향으로 작성한다.

② 페이지 여백은 아래와 같이 설정한다.

왼쪽	오른쪽	위쪽	아래쪽	머리말	꼬리말	제본
20mm	20mm	20mm	20mm	10mm	10mm	0mm

③ 아래와 같이 "자동 글머리 기호 넣기"와 "자동 번호 매기기" 기능을 해제한다.

도구 → 빠른 교정 → 빠른 교정 내용 → 입력 자동 서식 ⇒ 자동 글머리 기호 넣기(해제)
자동 번호 매기기(해제)

※ 만약 입력 자동 서식 메뉴가 없는 경우에는 "자동 글머리 기호 넣기"와 "자동 번호 매기기" 기능이 설정되어 있지 않은 것이므로 별도의 기능 해제 없이 그대로 시험에 응시하시면 됩니다.

④ 글자는 별도의 지시사항이 없는 한 **바탕, 10pt, 양쪽정렬, 줄간격 160%**로 작성한다.

⑤ 영문, 숫자 등은 별도의 지시가 없는 한 반각(1byte) 문자를 사용한다.

⑥ 특수문자는 문자표(전각 기호)를 이용하여 작성한다.

⑦ 교정부호 및 화살표로 기재된 지시사항대로 처리하되, ⌐⌐⌐⌐⌐→ 은 지시사항이므로 작성하지 않는다.

⑧ **1페이지에 [문제1]을 작성하고, 구역을 나누어 2페이지에 [문제2]를 작성한다.**

※ 해당 페이지에 작성하지 않거나 의도적으로 텍스트 작성을 하지 않은 경우 0점 처리

⑨ [문제2]는 문제지와 같이 2단으로 다단을 나누어 작성한다.

⑩ '그림 삽입' 시에는 반드시 "KAIT 수검 프로그램"을 통해 다운로드 한 그림 파일을 사용한다.

⑪ 총점 : 200점

[공통사항1(기본설정, 용지설정)] : 8점, [공통사항2(오탈자)] : 40점
[문제1] : 46점, [문제2] : 106점

⑫ 기타 특별히 지시되어 있지 않은 사항은 문제지에 준하여 작성한다.

제 03 회 디지털정보활용능력 출제예상 모의고사

☑ 시험과목 : 워드프로세서(한글)
☑ 시험일자 : 20XX. XX. XX. (X)
☑ 응시자 기재사항 및 감독위원 확인

한컴오피스 한글 2022 버전용

수검번호	DIW - XXXX -	감독위원 확인
성 명		

·응시자 유의사항·

1. 응시자는 신분증을 지참하여야 시험에 응시할 수 있으며, 시험이 종료될 때까지 신분증을 제시하지 못 할 경우 해당 시험은 0점 처리됩니다.

2. 시스템(PC작동여부, 네트워크 상태 등)의 이상여부를 반드시 확인하여야 하며, 시스템 이상이 있을시 감독위원에게 조치를 받으셔야 합니다.

3. 시험 중 부주의 또는 고의로 시스템을 파손한 경우는 응시자 부담으로 합니다.

4. 답안 전송 프로그램을 통해 파일을 다운로드하여 답안 파일을 작성하시기 바랍니다.

5. 작성한 답안 파일은 답안 전송 프로그램을 통하여 전송됩니다. 감독위원의 지시에 따라 주시기 바랍니다.

6. 다음 사항의 경우 실격(0점) 혹은 부정행위 처리됩니다.
   1) 답안 파일을 저장하지 않았거나, 저장한 파일이 손상되었을 경우
   2) 답안 파일을 지정된 폴더(바탕화면 – "KAIT" 폴더)에 저장하지 않았을 경우
      ※ 답안 전송 프로그램 로그인 시 바탕화면에 자동 생성됨
   3) 답안 파일을 다른 보조 기억장치(USB) 혹은 네트워크(메신저, 게시판 등)로 전송할 경우
   4) 휴대용 전화기 등 통신기기를 사용할 경우

7. **시험지에 제시된 글꼴이 응시 프로그램에 없는 경우, 반드시 감독위원에게 해당 내용을 통보한 뒤 조치를 받아야 합니다.**

8. 시험의 완료는 작성이 완료된 답안을 저장하고, 답안 전송이 완료된 상태를 확인한 것으로 합니다. 답안 전송 확인 후 문제지는 감독위원에게 제출한 후 퇴실하여야 합니다.

9. 답안 전송이 완료된 경우에는 수정 또는 정정이 불가능합니다.

10. 시험 시행 후 결과는 홈페이지(www.ihd.or.kr)에서 확인하시기 바랍니다.
    ※ 합격자 발표 : 20XX. XX. XX. (X)
    ※ 시험지 공개 : 20XX. XX. XX. (X)

카페창업 바리스타실무과정

우리나라에서 성인 1인당 연간 커피 소비량은 약 400잔에 이르며, 주요 거리 곳곳에 커피향이 가득할 정도로 커피 열풍이 불고 있습니다. 이와 함께 커피와 카페 창업에 대한 관심과 수요도 늘어나고 있습니다. 이에 한국바리스타육성협회에서는 카페 창업에 도움을 드리고자 *바리스타 실무 과정을 진행*하고 있습니다. 커피 추출에 대한 기본 이론부터 고급 로스팅 기법, 다양한 라떼 만들기, 커피와 함께 즐길 수 있는 디저트류 만들기까지 창업을 위한 완벽 대비를 하실 수 있습니다.

◆ 교육안내 ◆

1. 교육기간 : 매주 월, 수, 금 14:00 ~ 17:00 _총 24회, 72시간 과정_
2. 교육장소 : 서울시 강남구 역삼동 바로빌딩 8층
3. 수 강 료 : 250만원 (기계사용 및 재료비 포함)
4. 교육내용 : 창업 일반, 커피 이론, 커피 및 디저트 만들기 실습

※ 기타사항

- 교육 정보 및 상세 커리큘럼은 홈페이지(http://www.ihd.or.kr)를 참조해주시기 바랍니다.
- 무료 체험 교육 및 수강에 대한 자세한 사항은 한국바리스타육성협회 교육 담당자(02-123-4567)에게 문의하시기 바랍니다.

2023. 12. 16.

한국바리스타육성협회장

커피와 바리스타

1. 커피의 역사(History)

커피의 기원에 대해서는 여러 가지 설이 있다. 가장 유명한 전설은 7세기 무렵 에티오피아의 칼디라는 목동(牧童)에 의해 발견되었다는 것이다. 염소들이 빨간 열매를 먹고 흥분해서 뛰어다니는 모습을 본 칼디는 본인이 열매를 직접 먹어 보았고, 정신이 상쾌해지는 느낌을 받았다. 이를 수도승에게 전하면서 커피를 먹기 시작하였고, 졸음이 막아주고 기분을 상쾌하게 해주는 신비한 열매로 알려졌다. 13세기 이전에는 성직자만 마실 수 있었으나 여러 전파 과정을 거치며 대중화되었다. 커피의 원산지(原産地)는 에티오피아로 초반에는 세력의 이슬람 보호를 받아 아라비아 지역에서만 유통되었으나 십자군 전쟁 발발 이후 유럽에 전파되었다. 이후 인도네시아, 아시아 지역에 퍼져 나가며 케냐, 탄자니아 등의 지역에서도 재배(栽培)되기 시작하였다.

2. 바리스타(Barista)

커피를 제조하고 관리하는 사람을 바리스타라고 한다. 바리스타의 어원(語源)은 이탈리아어로 바 안에 있는 사람이라는 뜻이며, 맛있고 품질 좋은 커피를 추출하는 기술을 가진 사람을 의미한다. 최고 품질의 원두를 찾아내는 후각과 미각에서부터 고객의 취향을 맞추기 위한 커뮤니케이션 능력과 고객만족 마인드도 겸비해야 한다. 즉, 기존의 단순한 커피 로스팅㉠을 하는 사람의 의미에서 독특한 커피 맛을 구현하는 전문가로서 이미지가 강해지고 있다. 우리나라에서도 커피 열풍과 함께 바리스타는 각광받는 직업으로 떠오르고 있다.

나라별 커피 생산량(천 톤)

구분	2021년	2022년
인도네시아	683	645
페루	199	240
탄자니아	52	68
브라질	204	251
합계	1,138	1,204

㉠ 열을 가하여 특유의 맛과 향을 생성하는 공정

한컴오피스 한글 2022 버전용

디지털정보활용능력
(DIAT; Digital Information Ability Test)

■ 시험과목 : 워드프로세서(한글)
■ 시험일자 : 20XX. XX. XX.(X)
■ 응시자 기재사항 및 감독위원 확인

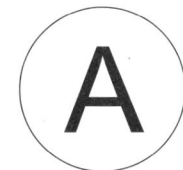

수 검 번 호	DIW - XXXX -	감독위원 확인
성 명		

응시자 유의사항

1. 응시자는 신분증을 지참하여야 시험에 응시할 수 있으며, 시험이 종료될 때까지 신분증을 제시하지 못 할 경우 해당 시험은 0점 처리됩니다.
2. 시스템(PC작동여부, 네트워크 상태 등)의 이상여부를 반드시 확인하여야 하며, 시스템 이상이 있을시 감독위원에게 조치를 받으셔야 합니다.
3. 시험 중 부주의 또는 고의로 시스템을 파손한 경우는 응시자 부담으로 합니다.
4. 답안 전송 프로그램을 통해 파일을 다운로드하여 답안 파일을 작성하시기 바랍니다.
5. 작성한 답안 파일은 답안 전송 프로그램을 통하여 전송됩니다. 감독위원의 지시에 따라 주시기 바랍니다.
6. 다음 사항의 경우 실격(0점) 혹은 부정행위 처리됩니다.
    1) 답안 파일을 저장하지 않았거나, 저장한 파일이 손상되었을 경우
    2) 답안 파일을 지정된 폴더(바탕화면 - "KAIT" 폴더)에 저장하지 않았을 경우
        ※ 답안 전송 프로그램 로그인 시 바탕화면에 자동 생성됨
    3) 답안 파일을 다른 보조 기억장치(USB) 혹은 네트워크(메신저, 게시판 등)로 전송할 경우
    4) 휴대용 전화기 등 통신기기를 사용할 경우
7. 시험지에 제시된 글꼴이 응시 프로그램에 없는 경우, 반드시 감독위원에게 해당 내용을 통보한 뒤 조치를 받아야합니다.
8. 시험의 완료는 작성이 완료된 답안을 저장하고, 답안 전송이 완료된 상태를 확인한 것으로 합니다. 답안 전송 확인 후 문제지는 감독위원에게 제출한 후 퇴실하여야 합니다.
9. 답안 전송이 완료된 경우에는 수정 또는 정정이 불가능합니다.
10. 시험 시행 후 결과는 홈페이지(www.ihd.or.kr)에서 확인하시기 바랍니다.
    ※ 합격자 발표 : 20XX. XX. XX.(X)
    ※ 시험지 공개 : 20XX. XX. XX.(X)

디지털정보활용능력 **한글** (시험시간 : 40분)

【문제】 첨부된 문제를 다음의 조건을 적용하여 문서를 작성하시오.

① 문서는 A4(210mm×297mm) 크기, 세로 용지 방향으로 작성한다.

② 페이지 여백은 아래와 같이 설정한다.

왼쪽	오른쪽	위쪽	아래쪽	머리말	꼬리말	제본
20mm	20mm	20mm	20mm	10mm	10mm	0mm

③ 아래와 같이 "자동 글머리 기호 넣기"와 "자동 번호 매기기" 기능을 해제한다.

도구 ⋯▶ 빠른 교정 ⋯▶ 빠른 교정 내용 ⋯▶ 입력 자동 서식 ⋯▶ 자동 글머리 기호 넣기(해제)
⋯▶ 자동 번호 매기기(해제)

※ 만약 입력 자동 서식 메뉴가 없는 경우에는 "자동 글머리 기호 넣기"와 "자동 번호 매기기" 기능이 설정되어 있지 않은 것이므로 별도의 기능 해제 없이 그대로 시험에 응시하시면 됩니다.

④ 글자는 별도의 지시사항이 없는 한 **바탕, 10pt, 양쪽정렬, 줄간격 160%**로 작성한다.

⑤ 영문, 숫자 등은 별도의 지시가 없은 한 반각(1byte) 문자를 사용한다.

⑥ 특수문자는 문자표(전각 기호)를 이용하여 작성한다.

⑦ 교정부호 및 화살표로 기재된 지시사항대로 처리하되, ▭▶ 은 지시사항이므로 작성하지 않는다.

⑧ **1페이지에 [문제1]을 작성하고, 구역을 나누어 2페이지에 [문제2]를 작성한다.**

※ 해당 페이지에 작성하지 않거나 의도적으로 텍스트 작성을 하지 않은 경우 0점 처리

⑨ [문제2]는 문제지와 같이 2단으로 다단을 나누어 작성한다.

⑩ '그림 삽입' 시에는 반드시 "KAIT 수검 프로그램"을 통해 다운로드 한 그림 파일을 사용한다.

⑪ 총점 : 200점

[공통사항1(기본설정, 용지설정)] : 8점, [공통사항2(오탈자)] : 40점

[문제1] : 46점, [문제2] : 106점

⑫ 기타 특별히 지시되어 있지 않은 사항은 문제지에 준하여 작성한다.

디지털정보활용능력 **한글** ・(시험시간 : 40분)

【문제】 첨부된 문제를 다음의 조건을 적용하여 문서를 작성하시오.

① 문서는 A4(210mm×297mm) 크기, 세로 용지 방향으로 작성한다.

② 페이지 여백은 아래와 같이 설정한다.

왼쪽	오른쪽	위쪽	아래쪽	머리말	꼬리말	제본
20mm	20mm	20mm	20mm	10mm	10mm	0mm

③ 아래와 같이 "자동 글머리 기호 넣기"와 "자동 번호 매기기" 기능을 해제한다.

도구 ⋯▶ 빠른 교정 ⋯▶ 빠른 교정 내용 ⋯▶ 입력 자동 서식 ⋯▶ 자동 글머리 기호 넣기(해제)
⋯▶ 자동 번호 매기기(해제)

※ 만약 입력 자동 서식 메뉴가 없는 경우에는 "자동 글머리 기호 넣기"와 "자동 번호 매기기" 기능이 설정되어 있지 않은 것이므로 별도의 기능 해제 없이 그대로 시험에 응시하시면 됩니다.

④ 글자는 별도의 지시사항이 없는 한 **바탕, 10pt, 양쪽정렬, 줄간격 160%**로 작성한다.

⑤ 영문, 숫자 등은 별도의 지시가 없은 한 반각(1byte) 문자를 사용한다.

⑥ 특수문자는 문자표(전각 기호)를 이용하여 작성한다.

⑦ 교정부호 및 화살표로 기재된 지시사항대로 처리하되, ☐ ▶ 은 지시사항이므로 작성하지 않는다.

⑧ **1페이지에 [문제1]을 작성하고, 구역을 나누어 2페이지에 [문제2]를 작성한다.**

※ 해당 페이지에 작성하지 않거나 의도적으로 텍스트 작성을 하지 않은 경우 0점 처리

⑨ [문제2]는 문제지와 같이 2단으로 다단을 나누어 작성한다.

⑩ '그림 삽입' 시에는 반드시 "KAIT 수검 프로그램"을 통해 다운로드 한 그림 파일을 사용한다.

⑪ 총점 : 200점

[공통사항1(기본설정, 용지설정)] : 8점, [공통사항2(오탈자)] : 40점

[문제1] : 46점, [문제2] : 106점

⑫ 기타 특별히 지시되어 있지 않은 사항은 문제지에 준하여 작성한다.

우리나라한식을세계로!

한식의 *세계화에 앞장서고 있는 한국토종음식연구회*에서는 지난 2002년부터 다양한 한국문화와 더불어 인기 있는 한국의 전통음식을 전 세계에 알리기 위하여 지속적인 연구와 박람회를 개최해 오고 있습니다. 올해도 한식의 다양한 변화와 함께 돌아온 '2024 코리아푸드박람회'에서는 기존의 한국 고유의 음식 외에 스낵류나 비건을 강조한 제품 다수를 선보일 예정입니다. 고영양의 간식들도 취향에 따라 골라 맛볼 수 있는 무료 시식 코너도 준비되어 있으니 여러분들의 많은 참여 바랍니다.

◎ 참여안내 ◎

1. 행사명 : 2024 코리아푸드박람회
2. 기 간 : 2024. 9. 1. ~ 9. 3.
3. 장 소 : 부산국제공연센터 로비 및 센트럴홀
4. 기 타 : *입장권은 소인, 대인으로 구분하며 현장 등록이 가능합니다.*

※ 기타사항
- 만 12세까지 소인 입장권으로 적용되며 보호자 동반이 필수입니다.
- 10인 이상의 단체 참여를 원하시는 경우 체험일 기준으로 1일 전까지 문화체육관광부 홈페이지 (http://www.ihd.or.kr)로 반드시 사전등록을 해주시기 바랍니다.

2024. 8. 24.

한국토종음식연구회

한식에 대한 연구

1. 한식의 특징

한식은 한국의 전통음식을 일컫는 말로 수세기 동안 발전된 요리의 전통과 풍미(風味)를 음식으로 하여금 구현한다. 특히 김치, 된장이나 고추장 등과 같이 발효(Fermentation)된 재료(材料)를 많이 사용하고 다양한 재료와 조화로운 맛뿐만 아니라 영양학적 균형과 건강을 중시하는 것이 특징이다. 쌀과 채소, 고기는 한식의 기본을 이루는데, 일반적인 한국 식단 메뉴는 종류별 야채와 대부분 양념된 요리로 구성된 수많은 반찬으로 구성된다. 이처럼 한국 음식은 건강(健康)과 웰빙에 중점을 두어 필수 영양소와 섬유질을 제공하여 장 건강과 소화 촉진에 도움이 된다.

2. 한식의 세계화

2017년 글로벌 한식당 현황조사에 따르면 90개국에 3만 3천여개의 한식당이 영업하는 것으로 조사되었다. 이미 한식은 여러 나라에 분포(分布)되어 있을 정도로 인기가 높은 편이라는 것을 짐작할 수 있다. 2023년 미국에서 떡볶이에 사용되는 떡 판매량이 전년 대비 450%나 증가했고 뉴욕을 중심으로 드라마①의 인기와 더불어 한국 대표 메뉴인 김밥은 다양한 국가에서 호평을 받으며 지금까지도 인기를 끌고 있다. 한국식 프라이드 치킨 또한 많은 사랑을 받는 음식(飮食) 중 하나이다. 프랑스 피에르 가니에르 셰프를 유명 비롯한 셰프들은 간장, 된장, 고추장과 같은 향신료가 한국의 대표 식재료라고 볼 수 있고, 다양한 음식에 활용하기에 장점이 좋은 많다고 입을 모아 환영하고 있다.

---

① 2022년 방영된 드라마 이상한 변호사 우영우

글로벌 한식당 현황표

국가	2014년 점포 수	2024년 점포 수
미국	1,420	1,560
영국	748	892
프랑스	804	911
일본	510	590
합계	3,482	3,953

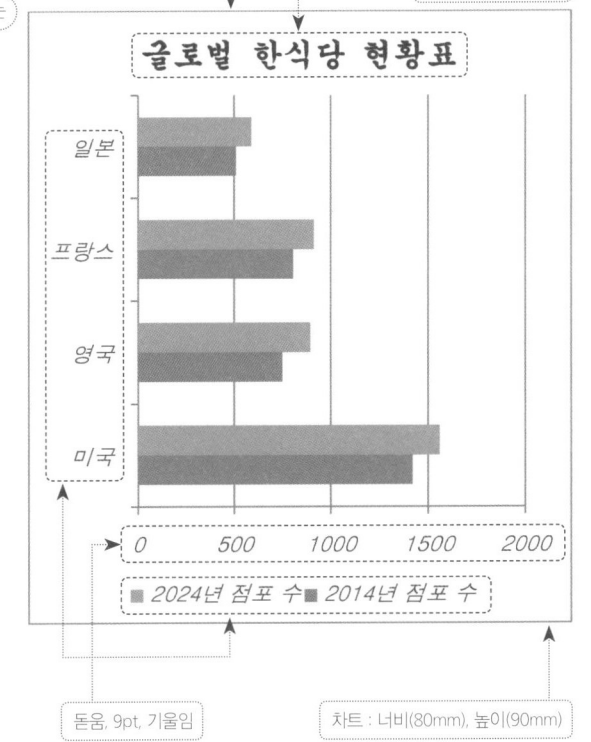

한컴오피스 한글 2022 버전용

디지털정보활용능력

(DIAT ; Digital Information Ability Test)

- 시험과목 : 워드프로세서(한글)
- 시험일자 : 20XX. XX. XX.(X)
- 응시자 기재사항 및 감독위원 확인

수검번호	DIW - XXXX -	감독위원 확인
성 명		

응시자 유의사항

1. 응시자는 신분증을 지참하여야 시험에 응시할 수 있으며, 시험이 종료될 때까지 신분증을 제시하지 못 할 경우 해당 시험은 0점 처리됩니다.
2. 시스템(PC작동여부, 네트워크 상태 등)의 이상여부를 반드시 확인하여야 하며, 시스템 이상이 있을시 감독위원에게 조치를 받으셔야 합니다.
3. 시험 중 부주의 또는 고의로 시스템을 파손한 경우는 응시자 부담으로 합니다.
4. 답안 전송 프로그램을 통해 파일을 다운로드하여 답안 파일을 작성하시기 바랍니다.
5. 작성한 답안 파일은 답안 전송 프로그램을 통하여 전송됩니다. 감독위원의 지시에 따라 주시기 바랍니다.
6. 다음 사항의 경우 실격(0점) 혹은 부정행위 처리됩니다.
    1) 답안 파일을 저장하지 않았거나, 저장한 파일이 손상되었을 경우
    2) 답안 파일을 지정된 폴더(바탕화면 - "KAIT" 폴더)에 저장하지 않았을 경우
        ※ 답안 전송 프로그램 로그인 시 바탕화면에 자동 생성됨
    3) 답안 파일을 다른 보조 기억장치(USB) 혹은 네트워크(메신저, 게시판 등)로 전송할 경우
    4) 휴대용 전화기 등 통신기기를 사용할 경우
7. **시험지에 제시된 글꼴이 응시 프로그램에 없는 경우, 반드시 감독위원에게 해당 내용을 통보한 뒤 조치를 받아야합니다.**
8. 시험의 완료는 작성이 완료된 답안을 저장하고, 답안 전송이 완료된 상태를 확인한 것으로 합니다. 답안 전송 확인 후 문제지는 감독위원에게 제출한 후 퇴실하여야 합니다.
9. 답안 전송이 완료된 경우에는 수정 또는 정정이 불가능합니다.
10. 시험 시행 후 결과는 홈페이지(www.ihd.or.kr)에서 확인하시기 바랍니다.
    ※ 합격자 발표 : 20XX. XX. XX.(X)
    ※ 시험지 공개 : 20XX. XX. XX.(X)

디지털정보활용능력 **한글** ・(시험시간 : 40분)

【문제】 첨부된 문제를 다음의 조건을 적용하여 문서를 작성하시오.

① 문서는 A4(210mm×297mm) 크기, 세로 용지 방향으로 작성한다.

② 페이지 여백은 아래와 같이 설정한다.

왼쪽	오른쪽	위쪽	아래쪽	머리말	꼬리말	제본
20mm	20mm	20mm	20mm	10mm	10mm	0mm

③ 아래와 같이 "자동 글머리 기호 넣기"와 "자동 번호 매기기" 기능을 해제한다.

도구 ⋯▶ 빠른 교정 ⋯▶ 빠른 교정 내용 ⋯▶ 입력 자동 서식 ⋯▶ 자동 글머리 기호 넣기(해제)
⋯▶ 자동 번호 매기기(해제)

※ 만약 입력 자동 서식 메뉴가 없는 경우에는 "자동 글머리 기호 넣기"와 "자동 번호 매기기" 기능이 설정되어 있지 않은 것이므로 별도의 기능 해제 없이 그대로 시험에 응시하시면 됩니다.

④ 글자는 별도의 지시사항이 없는 한 **바탕, 10pt, 양쪽정렬, 줄간격 160%**로 작성한다.

⑤ 영문, 숫자 등은 별도의 지시가 없은 한 반각(1byte) 문자를 사용한다.

⑥ 특수문자는 문자표(전각 기호)를 이용하여 작성한다.

⑦ 교정부호 및 화살표로 기재된 지시사항대로 처리하되, ▶은 지시사항이므로 작성하지 않는다.

⑧ **1페이지에 [문제1]을 작성하고, 구역을 나누어 2페이지에 [문제2]를 작성한다.**

※ 해당 페이지에 작성하지 않거나 의도적으로 텍스트 작성을 하지 않은 경우 0점 처리

⑨ [문제2]는 문제지와 같이 2단으로 다단을 나누어 작성한다.

⑩ '그림 삽입' 시에는 반드시 "KAIT 수검 프로그램"을 통해 다운로드 한 그림 파일을 사용한다.

⑪ 총점 : 200점

[공통사항1(기본설정, 용지설정)] : 8점, [공통사항2(오탈자)] : 40점

[문제1] : 46점, [문제2] : 106점

⑫ 기타 특별히 지시되어 있지 않은 사항은 문제지에 준하여 작성한다.

교통문화캠페인자원봉사자모집

도로에서 보행자와 운전자의 안전과 올바른 교통 문화를 정립하기 위해서는 **매년 변경되는 도로교통법에 대하여** 반드시 이해해야 합니다. 운전자가 미처 인지하지 못하는 다양한 돌발 상황의 발생 가능성을 최대한 낮추고, 도로에서 발생 가능한 분쟁을 보다 합리적으로 대처할 수 있는 환경을 함께 만들어가야 할 것입니다. 올해 상반기에 개최하는 '제2회 우리교통문화 캠페인'의 원활한 진행을 위해 적극적으로 활동해 주실 자원봉사자를 모집합니다.

◆ 지원방법 ◆

1. 행사일시 : 2024. 9. 14.(토) 13:00
2. 접수기간 : 2024. 9. 2.(월) ~ 9. 13.(금)
3. 신청방법 : 홈페이지 신청(현장 신청은 불가)
4. 세부내용 : *우리교통문화재단 홈페이지(http://www.ihd.or.kr) 참조*

※ 기타사항

- 행사 시작 1시간 전까지 행사장으로 도착해 주시기 바라며, 각 파트별 자원 봉사자를 확정하여 개별 연락을 드릴 예정이오니 참고하시기 바랍니다.
- 자원봉사가 종료된 후 총 3시간의 봉사확인증이 발급됩니다.

2024. 8. 24.

우리교통문화재단

도로교통법

1. 도로교통법이란?

도로교통법은 1961년 12월 31일 법률 제941호에 의해 도로에서 일어나는 교통상의 모든 위험(hazard)과 장해를 방지하고 제거하여 안전하고 원활한 교통을 확보함을 목적으로 제정되었다. 1962년 1월 20일부터 전면 시행된 도로교통법(道路交通法)은 도로교통에 관련된 내용을 규정한 법으로, 도로의 사용, 도로 상요자의 권리와 의무, 자동차 운전면허 제도에 관한 전반적인 내용을 규정하고 있다. 일반적으로 권한 설정 및 집행 절차, 도로 규칙(規則) 설명 및 기타 안전과 관련된 조항을 포함하기 법률이다. 운전자라면 일반적으로 쉽게 알 수 있는 운전 면허증, 차량 소유 및 등록, 보험, 차량 안전 검사 및 주차 위반에 대한 행정(行政) 대한 규정에 과태료 위반(違反) 등도 포함된다.

2. 도로교통법 개정

교통법규는 수시로 변경되는 도로 상황에 맞춰 운전자와 보행자 및 모든 사람들의 안전을 위해 매년 일부 변경되고 있다. 음주운전 단속 시 2회 이상 측정을 거부하면 가중 처벌을 하거나 5년 이내 2회 적발된 상습 음주운전자는 결격 기간 종류 후 면허 취득 시 조건부로 차 안에 음주운전 방지 장치 부착을 의무화할 예정이다. 또한 우회전 신호㉠를 설치하여 운전자의 보행자 보호 의무를 강화하며, 운전자가 운행 중 과속 단속카메라가 있는 곳에서만 속력을 줄이는 이른바 캥거루 운전을 막기 위해 양방향 단속카메라를 설치하는 곳이 점차 늘어날 전망이다.

도로교통법 단속 비율(단위:%)

항목	서울	부산
신호위반	45.1	51.2
음주운전	38.6	29.2
통행방해	6.3	4.5
기타	10.0	15.1
평균	25.00	25.00

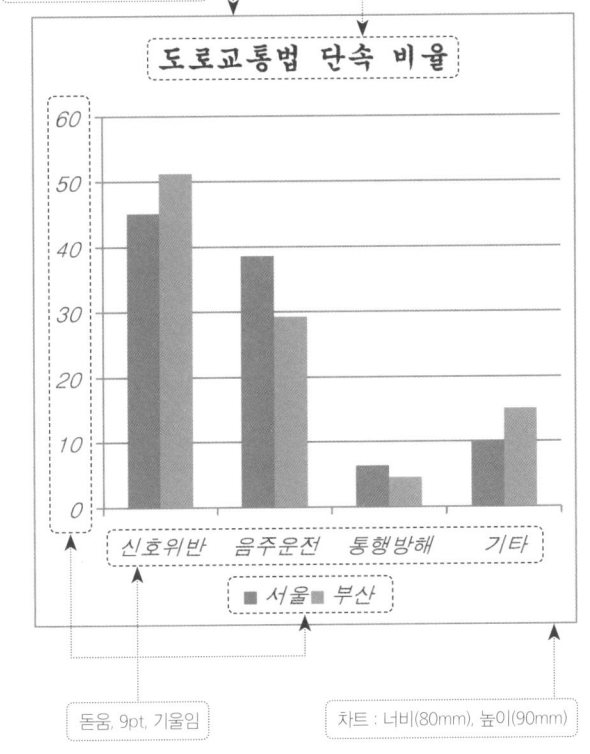

───────────────
㉠ 기존에는 대부분 비보호 우회전이 가능했다.

한컴오피스 한글 2022 버전용

디지털정보활용능력

(DIAT ; Digital Information Ability Test)

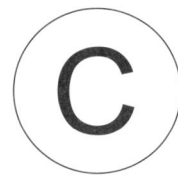

■ 시험과목 : 워드프로세서(한글)
■ 시험일자 : 20XX. XX. XX.(X)
■ 응시자 기재사항 및 감독위원 확인

수 검 번 호	DIW - XXXX -	감독위원 확인
성 명		

응시자 유의사항

1. 응시자는 신분증을 지참하여야 시험에 응시할 수 있으며, 시험이 종료될 때까지 신분증을 제시하지 못 할 경우 해당 시험은 0점 처리됩니다.

2. 시스템(PC작동여부, 네트워크 상태 등)의 이상여부를 반드시 확인하여야 하며, 시스템 이상이 있을시 감독위원에게 조치를 받으셔야 합니다.

3. 시험 중 부주의 또는 고의로 시스템을 파손한 경우는 응시자 부담으로 합니다.

4. 답안 전송 프로그램을 통해 파일을 다운로드하여 답안 파일을 작성하시기 바랍니다.

5. 작성한 답안 파일은 답안 전송 프로그램을 통하여 전송됩니다. 감독위원의 지시에 따라 주시기 바랍니다.

6. 다음 사항의 경우 실격(0점) 혹은 부정행위 처리됩니다.
   1) 답안 파일을 저장하지 않았거나, 저장한 파일이 손상되었을 경우
   2) 답안 파일을 지정된 폴더(바탕화면 – "KAIT" 폴더)에 저장하지 않았을 경우
      ※ 답안 전송 프로그램 로그인 시 바탕화면에 자동 생성됨
   3) 답안 파일을 다른 보조 기억장치(USB) 혹은 네트워크(메신저, 게시판 등)로 전송할 경우
   4) 휴대용 전화기 등 통신기기를 사용할 경우

7. **시험지에 제시된 글꼴이 응시 프로그램에 없는 경우, 반드시 감독위원에게 해당 내용을 통보한 뒤 조치를 받아야합니다.**

8. 시험의 완료는 작성이 완료된 답안을 저장하고, 답안 전송이 완료된 상태를 확인한 것으로 합니다. 답안 전송 확인 후 문제지는 감독위원에게 제출한 후 퇴실하여야 합니다.

9. 답안 전송이 완료된 경우에는 수정 또는 정정이 불가능합니다.

10. 시험 시행 후 결과는 홈페이지(www.ihd.or.kr)에서 확인하시기 바랍니다.
    ※ 합격자 발표 : 20XX. XX. XX.(X)
    ※ 시험지 공개 : 20XX. XX. XX.(X)